Schwerbehinderung

Nikolaus Ertl · Horst Marburger · Bernd Röger

Schwerbehinderung

- **So bekomme ich den Schwerbehindertenausweis**
- **So schöpfe ich die finanziellen Hilfen voll aus**

Topaktuelle Ausgabe

Doppelband

Weltbild

Genehmigte Lizenzausgabe für Verlagsgruppe Weltbild GmbH,
Steinerne Furt, 86167 Augsburg

Umschlaggestaltung: X-Design, München
Umschlagmotiv: istockphoto
Gesamtherstellung: CPI Moravia Books s.r.o., Pohorelice
Printed in the EU
978-3-8289-3533-4

2012 2011
Die letzte Jahreszahl gibt die aktuelle Lizenzausgabe an.

Schnellübersicht

Schnellübersicht

Schnellübersicht

Abkürzungen

Abs.	Absatz
BAföG	Bundesausbildungsförderungsgesetz
BEG	Bundesentschädigungsgesetz
BG	Berufsgenossenschaft
BMAS	Bundesministerium für Arbeit und Soziales
BMG	Bundesministerium für Gesundheit
BSG	Bundessozialgericht
BSHG	Bundessozialhilfegesetz
BU	Berufsunfähigkeit
BVerfG	Bundesverfassungsgericht
BVG	Bundesversorgungsgesetz
EDV	Elektronische Datenverarbeitung
EKG	Elektrokardiogramm
EStG	Einkommensteuergesetz
EU	Europäische Union
GdB	Grad der Behinderung
GdS	Grad der Schädigungsfolgen
GEZ	Gebühreneinzugszentrale
GHBG	Gesetz über die Hilfen für Blinde und Gehörlose
GKV	Gesetzliche Krankenversicherung
IfSG	Infektionsschutzgesetz
MdE	Minderung der Erwerbsfähigkeit
MZ	Merkzeichen (Gesundheitliche Merkmale)
OEG	Opferentschädigungsgesetz
PKV	Private Krankenversicherung
SG	Sozialgericht
SGB	Sozialgesetzbuch
SGB I	Sozialgesetzbuch – Erstes Buch (Allgemeiner Teil)

SGB VI	Sozialgesetzbuch – Sechstes Buch (Gesetzliche Rentenversicherung)
SGB IX	Sozialgesetzbuch – Neuntes Buch (Rehabilitation und Teilhabe behinderter Menschen)
SGB X	Sozialgesetzbuch – Zehntes Buch (Verwaltungsverfahren – Datenschutz)
SGB XII	Sozialgesetzbuch – Zwölftes Buch (Sozialhilfe)
SGG	Sozialgerichtsgesetz
StGB	Strafgesetzbuch
StVO	Straßenverkehrsordnung
VersMedV	Versorgungsmedizinverordnung
VVG	Versicherungsvertragsgesetz
WBS	Wohnberechtigungsschein
WHO	Weltgesundheitsorganisation

Alle Merkzeichen auf einen Blick

aG	Außergewöhnliche Gehbehinderung
B	Notwendigkeit einer ständigen Begleitung
Bl	Blindheit
G	Beeinträchtigung der Bewegungsfähigkeit im Straßenverkehr
Gl	Gehörlosigkeit
H	Hilflosigkeit
RF	Befreiung von der Rundfunkgebührenpflicht

Medizinische Fachbegriffe

Adipositas	Fettsucht
Ahorn-Sirup-Krankheit	seltene Stoffwechselkrankheit
Alkaptonurie	sehr seltene erbliche Stoffwechselerkrankung
Amputation	Abtrennung eines Körperteils
Amyloidose	seltene Stoffwechselkrankheit
Anämie	Blutarmut, Mangel an roten Blutkörperchen
Anus praeter	vorverlegter Darmausgang
arterielle Verschlusskrankheit	Blutgefäßverschluss mit Folge von Sauerstoffmangel des Gewebes im Versorgungsgebiet
Arthritis	entzündliche rheumatische Gelenkserkrankung
Ascites	Wasseransammlung in der Bauchhöhle
Autismus	angeborene, unheilbare Wahrnehmungs- und Informationsverarbeitungsstörung des Gehirns
Bandscheibenprolaps	Bandscheibenvorfall
Basedow	Erkrankung der Schilddrüse
Bronchiektasien	krankhafte Erweiterung bestimmter Bereiche der Atemwege
Borreliose	Infektionskrankheit, übertragen durch Zeckenbisse
Campylobakter	Magengeschwür verursachende Bakterien
Claudikatio intermittens	schmerzhafte Gehbehinderung bei arterieller Verschlusskrankheit
Cushing-Syndrom	Krankheitsbild bei Erkrankung der Nebennieren
Dilatation	therapeutische Gefäßerweiterung
Epilepsie	Fallsucht, spontan auftretende Krampfanfälle
Fibromyalgie	Schmerzsyndrom
Galaktosämie	seltene Stoffwechselkrankheit
Gasaustauschparameter	Sauerstoff-/Kohlenwasserstoffanalyse bei der Lungenfunktionsdiagnostik
Gelenk-Endoprothese	künstliches Gelenk
Hämophilie	Bluterkrankheit
Helicobakter	Magengeschwür verursachende Bakterien
Hemianopsie	Gesichtsfeldausfall
hepatische Enzephalopathie	durch Lebererkrankung bedingte Gehirnschädigung
Hirninsult	Gehirnschlag

Homocysteinurie	seltene Stoffwechselkrankheit
Hypertonie	Bluthochdruck(krankheit)
Immunsuppressiva	falsche Körperabwehrreaktionen unterbindende Medikamente
Insuffizienz	eingeschränkte Funktionsfähigkeit
Kammerflimmern	Herzrhythmusstörungen mit über 300 Schlägen/Min.
(dilatative) Kardiomypathie	Herzmuskelerkrankung mit krankhafter Erweiterung der Herzhöhlen
kardiovaskulär	das Herz-/Gefäßsystem betreffend
Kollagenose	Bindegewebserkrankung
Kreatininclearance	Wert, der die Filterleistung der Niere angibt
Leukämie	Krebserkrankung der Blutzellen
Lumboischialgie	Schmerzen durch Druck auf die Nervenwurzel
Lungenemphysem	Lungenblähung mit Beeinträchtigung der Atemfunktion
Lungenfibrilose	Bindegewebsvermehrung in der Lunge
Morbus Bechterew	chronisch-rheumatische entzündl. Wirbelsäulenerkrankung
Morbus Crohn	chronische Entzündung des Dünndarms
MRT	Magnetresonanztherapie (auch Kernspintomographie)
Mukoviszidose	genetisch bedingte Stoffwechselerkrankung
nephrogen	von der Niere ausgehend
Ödem	Wassereinlagerung im Bindegewebe
Osteogenesis imperfecta	krankhafte Knochenbrüchigkeit
Osteomylitis	entzündliche Erkrankung des Knochenmarks
Osteopathie	krankhafte Veränderung der Knochenstrukturen
Osteoporose	Kochengewebeschwund
PcP	chronisch-rheumatische entzündl. Gelenkserkrankung
Periostitis	entzündliche Knochenhauterkrankung
Phenylketonurie	seltene Stoffwechselkrankheit
Polyarthritis	entzündliche Erkrankung mehrerer Gelenke gleichzeitig
Polyneuropathie	Nervenleiden mit Empfindungsstörungen
Protrusion	(Bandscheiben-)Vorwölbung
Skotom	Gesichtsfeldausfall
Stent	Drahtgeflecht, das in das Koronargefäß eingesetzt wird
Ulkusbildung	Geschwürbildung
Varizenbildung	Krampfadernbildung
Zöliakie	Darmerkrankung durch Unverträglichkeit von Speisen
Zytostatika	Zellwachstum hemmende Medikamente

Teil 1: So bekomme ich den Schwerbehindertenausweis

Der Weg zum Schwerbehindertenausweis

Krankheiten, Unfälle oder genetische Anomalien können Behinderungen zur Folge haben – mit Nachteilen für die Betroffenen, beruflich wie privat.

Der Sozialstaat bemüht sich, durch gesetzgeberische Maßnahmen behinderten Menschen ihre Selbstbestimmung und gleichberechtigte Teilhabe am gesellschaftlichen Leben zu ermöglichen, indem er ihre Nachteile abmildert oder ausgleicht.

In diesem Sinne wurden zahlreiche Rechte zugunsten behinderter Menschen in Gesetzen und Erlassen festgeschrieben. Die Inanspruchnahme bindet der Gesetzgeber an Auflagen, zum Beispiel die Anerkennung einer Schwerbehinderung. Der vorliegende Fachratgeber unterstützt Sie Schritt für Schritt auf Ihrem Weg zum Schwerbehindertenausweis.

Die Versorgungsämter haben den Auftrag, das Anerkennungsverfahren entsprechend dem Schwerbehindertengesetz bzw. Sozialgesetzbuch – Neuntes Buch (SGB IX) durchzuführen. Entscheidend für jeden behinderten Menschen ist, dass der Antrag zur Anerkennung einer Behinderteneigenschaft klug und umsichtig vorbereitet und abgefasst wird. Das Ergebnis einer ärztlichen Begutachtung durch das Versorgungsamt, das über den Schweregrad der Gesamtbehinderung und Behinderungsmerkzeichen entscheidet, richtet sich nach den ärztlich bescheinigten Erkrankungen.

Das Ergebnis des Verfahrens ist ein ausgehändigter Schwerbehindertenausweis. Welche Begünstigungen bzw. Unterstützungen verschafft er nun dem Antragsteller? Unter welchen Umständen ist es sinnvoll, einen Antrag zu stellen? Wie ist der Antrag auf Ausstellung des Schwerbehindertenausweises zu formulieren? Diese und alle anderen wichtigen Fragen finden Sie im vorliegenden Buch ausführlich erörtert.

Dr. Nikolaus Ertl
Horst Marburger

Krankheit – Behinderung

1

Wie werden „Krankheit“ und „Behinderung“ definiert?

Eine allgemein anerkannte, sowohl für die Medizin als auch für die Rechtsprechung und Politik verbindliche Definition des Begriffes Krankheit gibt es nicht.

Die von der Weltgesundheitsorganisation (WHO) vorgegebene indirekte Begriffsbestimmung als ein „gestörter Zustand vollkommenen körperlichen, seelischen und sozialen Wohlbefindens“ ist wegen des fließenden oder wechselhaften Übergangs von Gesundheit zur Unpässlichkeit, Befindlichkeitsstörung, Krankheit, chronischem Gebrechen und Behinderung wenig hilfreich. Nach dieser Definition stellt sich automatisch die Frage: Wer ist in unserer Gesellschaft überhaupt noch gesund?

Nach dem Sozialgesetzbuch (SGB) ist Krankheit ein regelwidriger körperlicher, geistiger oder seelischer Zustand. Regelwidrig ist nach dem SGB ein Gesundheitszustand, „der von der durch das Leitbild des gesunden Menschen geprägten Norm abweicht“.

Behinderung ist ein möglicher Folgezustand nach Erkrankung, wenn diese nicht abheilt. Dies gilt auch bei krankhafter Veränderung von Chromosomen, die angeborene Behinderungen verursachen. Unter Behinderung versteht der Mediziner eine Störung physiologischer Funktionen, sei dies eine Einschränkung der Beweglichkeit von Gelenken, der Denkfähigkeit oder zum Beispiel der Verlust des Sehvermögens.

Die WHO definiert Behinderung einschließlich ihrer sozialen Konsequenzen durch das Vorhandensein folgender Faktoren:

- Gesundheitsschaden mit persönlichen Folgen, wie Einschränkung der Unabhängigkeit, Beweglichkeit, Freizeitaktivitäten, der sozialen Integration, wirtschaftlichen und beruflichen Möglichkeiten, sowie mit familiären Folgen wie Pflegebedarf
- funktionelle Einschränkungen
- wirtschaftliche bzw. finanzielle Belastungen sowie
- gestörte soziale Beziehungen mit gesellschaftlichen Folgen wie Fürsorgebedürftigkeit, soziale Isolierung etc.

Was sagt das Gesetz zur Definition einer Behinderung?

§ 2 SGB IX Behinderung

(1) Menschen sind behindert, wenn ihre körperliche Funktion, geistige Fähigkeit oder seelische Gesundheit mit hoher Wahrscheinlichkeit länger als sechs Monate von dem für das Lebensalter typischen Zustand abweichen und daher ihre Teilhabe am Leben in der Gesellschaft beeinträchtigt ist. Sie sind von Behinderung bedroht, wenn die Beeinträchtigung zu erwarten ist.

(2) Menschen sind im Sinne des Teils 2 schwerbehindert, wenn bei ihnen ein Grad der Behinderung von wenigstens 50 vorliegt und sie ihren Wohnsitz, ihren gewöhnlichen Aufenthalt oder ihre Beschäftigung auf einem Arbeitsplatz im Sinne des § 73 rechtmäßig im Geltungsbereich dieses Gesetzbuches haben.

(3) Schwerbehinderten Menschen gleichgestellt werden sollen behinderte Menschen mit einem Grad der Behinderung von weniger als 50, aber wenigstens 30, bei denen die übrigen Voraussetzungen des Absatzes 2 vorliegen, wenn sie infolge ihrer Behinderung ohne die Gleichstellung einen geeigneten Arbeitsplatz im Sinne des § 73 nicht erlangen oder nicht behalten können (gleichgestellte behinderte Menschen).

Absatz 2 bezieht sich auf den zweiten Teil des SGB IX, der sich mit der Schwerbehinderung beschäftigt. Dieser zweite Teil entspricht im Wesentlichen dem früheren Schwerbehindertengesetz.

Im Entwurf der Bundesregierung zum SGB IX wird ausdrücklich darauf hingewiesen, dass eine förmliche Feststellung der Behinderung und ihres Grades nur für folgende Leistungen von Bedeutung ist:

- besondere Hilfen zur Teilhabe Schwerbehinderter am Arbeitsleben
- Nachteilsausgleiche

Beachten Sie Einzelheiten zu den zustehenden Leistungen in diesem Kapitel und in Kapitel 6.

In der Regierungsbegründung wird ferner zum Ausdruck gebracht, dass eine förmliche Feststellung nur dann erfolgen muss, wenn die Schwerbehinderung nicht offensichtlich ist. Dieser Hinweis hat in der Praxis keine besondere Bedeutung.

Leistungen und sonstige Vergünstigungen für schwerbehinderte Menschen werden im Wesentlichen nur bei Vorlage eines Schwerbehindertenausweises gewährt.

Schwerbehinderte Menschen

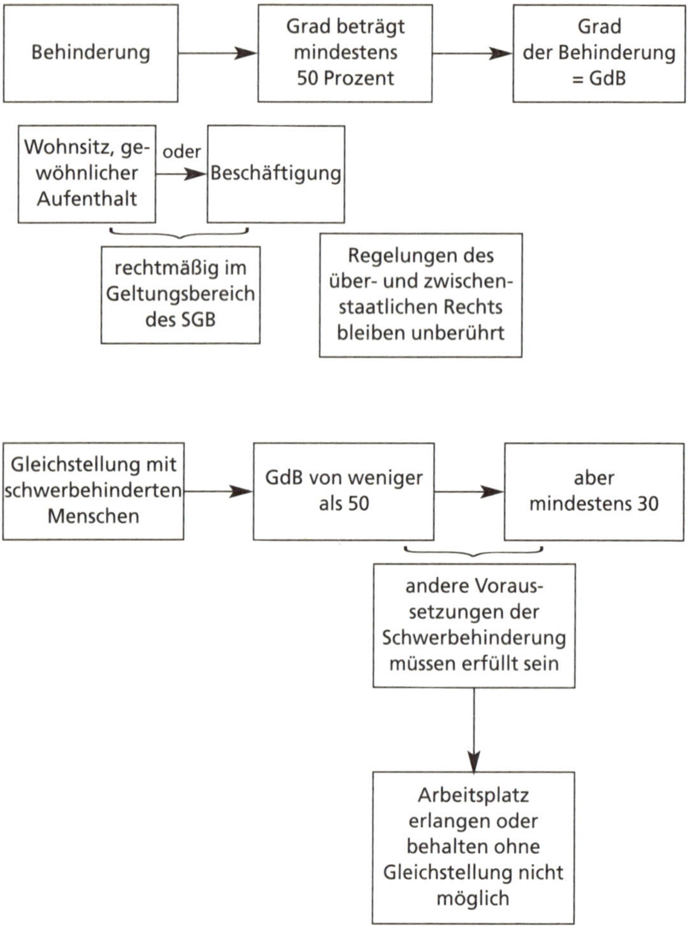

Der im SGB IX verwendete Begriff des schwerbehinderten Menschen entspricht dem des Schwerbehinderten, der im früher maßgebenden Schwerbehindertengesetz verwendet wurde. Infolgedessen sind die Feststellungsbescheide der zuständigen Behörden aus der Zeit vor der Geltung des SGB IX (also vor dem 1. Juli 2001) weiterhin gültig.

Die Schwerbehinderung (GdB von wenigstens 50) reicht allein nicht aus, um einen Schwerbehindertenausweis zu erhalten. Vielmehr muss – wie bereits erwähnt – der schwerbehinderte Mensch

- seinen Wohnsitz,
- seinen gewöhnlichen Aufenthalt oder
- seine Beschäftigung an einem Arbeitsplatz

rechtmäßig im Geltungsbereich des SGB haben. Hier sind die Vorschriften des für alle Sozialleistungsbereiche maßgebenden SGB – Erstes Buch (SGB I) relevant.

Hiernach hat jemand seinen Wohnsitz dort, wo er eine Wohnung unter Umständen innehat, die darauf schließen lassen, dass er die Wohnung beibehalten und benutzen wird.

Den gewöhnlichen Aufenthalt hat dagegen jemand dort, wo er sich unter Umständen aufhält, die erkennen lassen, dass er an diesem Ort oder in diesem Gebiet nicht nur vorübergehend verweilt.

Wie kommen Behinderungen zustande?

Die Kreissäge im Betrieb oder zu Hause trennt Finger ab, ein Sturz von der Leiter verursacht einen Wirbelkörperbruch mit Querschnittslähmung, ein Nagel springt ins Auge, Folge: Erblindung. Man spricht über Unfälle. Bei Verkehrs-, Betriebs- und Sportunfällen oder in der Freizeit können sich die unterschiedlichsten Verletzungen ergeben. Diese haben Verwundungen, Quetschungen, Verbrennungen, Knochenbrüche etc. zur Folge. Die Verletzungen sind häufig äußerlich gut sichtbar. Schwierig wird es, wenn der Verletzte bewusstlos ist, zum Beispiel aufgrund innerer Verletzungen wie einem Leberriss.

Trotz schneller Hilfe und sofortiger Versorgung kann sich ein langwieriger Heilungsprozess ergeben und unterschiedlichste Unfallfolgen wie Taubheit, Sehminderung oder Gehbehinderung zurückbleiben. Die aus den Verletzungsfolgen resultierenden bleibenden Funktionsstörungen gelten als Behinderungen oder Schwerbehinderungen.

Infektionen

Wir alle überstehen viele infektiöse Erkrankungen im Kindesalter und später als Erwachsene. Die meisten davon, wie eine saisonale Bronchitis, Darminfekte, heilen ab, scheinbar ohne bleibende Schäden zu hinterlassen.

Es kann allerdings vorkommen, dass ein sogenanntes rheumatisches Fieber im Kindesalter Herzklappenschaden und somit eine Herzfunktionsstörung oder häufige Bronchitis, Bronchiektasien (krankhafte Erweiterung bestimmter Bereiche der Atemwege) und damit eine Lungenfunktionsstörung als Behinderung zur Folge haben.

Bekanntlich schädigt eine eitrige Mandelentzündung Nieren und Herzmuskel ebenso nachhaltig wie Herpesviren die Nerven, Campylobakter (Magengeschwüre verursachende Bakterien) die Magenschleimhaut und Hepatitisviren die Leber.

Bis heute ist unklar, ob bakterielle oder virale Infektionen mit bestimmten Erregern später degenerative Gelenkerkrankungen verursachen. Mehrfach war es Gegenstand wissenschaftlicher Diskussionen, ob auch Diabetes mellitus (Zuckerkrankheit) durch Erreger verursacht werden kann.

Eine große Zahl von infektiösen Erkrankungen wie Tuberkulose, Borelliose (Infektionskrankheit nach Zeckenbissen), Aids, Pocken, Cholera, Rinderwahnsinn, Osteomyelitis (Knochenmarksentzündung) etc. führt zu schweren Organfunktionsstörungen und bleibenden Behinderungen.

Organische Erkrankungen

Unter organischen Erkrankungen versteht man die strukturelle Schädigung von Organen, zum Beispiel Herz, Lunge, Leber, Gehirn mit der Folge von Funktionseinschränkungen, die sich für den Patienten als Beschwerden oder Behinderungen, für den behandelnden Arzt durch Symptome wie Angina pectoris (Schmerzattacken bei koronarer Herzkrankheit), Atemnot, Schmerzen, Lähmung äußern.

Die einzelnen Organe im Körper sind nicht autonom, sie unterliegen übergeordneten Steuerungen durch Nerven und Hormone.

Somit wirkt sich zum Beispiel eine Behinderung bei der Sauerstoffaufnahme in der Lunge bei Lungenfibrilose (Bindegewebsvermehrung in der Lunge) nachteilig auf Gehirn, Herz, Niere etc. aus (defizitäre Sauerstoffversorgung).

Stoffwechselstörungen wie erhöhte Fette oder Harnsäure im Blut, Diabetes mellitus, oder die weniger bekannten Stoffwechselprodukte wie Amyloid, Alkapton, Homocystein verursachen ebenfalls sekundäre krankhafte Beeinträchtigungen wie Herzinfarkt, Blindheit, Gefäßverschlüsse und diverse Entwicklungsstörungen, die zu schweren Behinderungen führen können.

Beeinträchtigungen von Steuerungsfunktionen

Störungen der Steuerungsfunktionen von hormonproduzierenden Drüsen (wie Wachstumsstörungen, Unfruchtbarkeit, Basedow, Cushing-Syndrom), des Nervensystems (Multiple Sklerose, Polyneuropathie), der blutbildenden Organe (Leukämie, Blutgerinnungsstörung, Blutarmut) und des Immunsystems (Infektanfälligkeit, Aids) sind für zahlreiche folgenschwere Erkrankungen verantwortlich.

Hierzu gehören auch allergische Reaktionen, die so intensiv auftreten können, dass sie eine Erwerbsminderung bewirken (zum Beispiel Mehlallergie bei Bäckern) und als Behinderung gelten.

Viele Krankheiten und damit auch Behinderungen verschuldet der Patient durch seine unvernünftige Lebensweise bzw. Ignoranz gegenüber präventiv-ärztlichen Mahnungen zumindest teilweise mit. Heute weiß jeder, dass Nikotinsucht, ja selbst das Passivrauchen zum Herzinfarkt führen kann, übermäßiger Alkoholkonsum zur Leberzirrhose (Leberschrumpfung) und Rauschgiftabhängigkeit zu psychischem Versagen.

So führt die Fress-Sucht aufgrund der daraus resultierenden Gewichtszunahme hauptsächlich durch Überlastungsfolgen des Bewegungs- und Stützapparates sowie durch Bluthochdruck und Stoffwechselstörungen zu Behinderungen.

Bewegungsmangel ist Gift für uns Wohlstandsbürger. Die physische Belastung im Betrieb wurde uns von Maschinen abgenommen, unterwegs sind wir meist mit dem Auto. Zu Hause suchen wir in einem bequemen Sessel vor dem Fernsehschirm Erholung – Erholung von viel Stress, keineswegs von schwerer körperlicher Arbeit.

Bei uns Menschen ist eine bestimmte Menge an täglich zu absolvierender körperlicher Bewegung genetisch verankert. Wenn dieser Bedarf an Bewegung unterschritten wird, kommt es zwangsläufig zur Unterforderung und Degeneration der sogenannten Versorgungsorgane unserer Muskulatur (Blutversorgung, nervliche und hormonelle Steuerung). Deshalb gilt Bewegungsmangel auch als Risikofaktor. Koronare Herzkrankheiten und Herzinfarkt führen trotz Dilatation (therapeutische Gefäßerweiterung), Stent (Drahtgeflecht, das in ein Koronargefäß eingesetzt wird) oder Bypass zu einer Herzminderleistung und Behinderung, wenn nicht schon vorher zum Tod.

Man kennt heute viele sogenannte Risikofaktoren, die – oder deren Zusammentreffen – später zu Krankheiten und Behinderungen führen. Infarktrisiken und Übergewicht wurden bereits als Beispiele erwähnt. Durch Rauchen kommt es zu arteriellen Gefäßverschlüssen in den Beinen. Die „Raucherbeine" sind mit Schmerzen und Gehbehinderung verbunden. Durch Bypässe kann eine Amputation nicht immer abgewendet werden.

Als Arzt staunt man oft, wenn der keuchende Asthmatiker immer noch am Glimmstängel hängt oder nach dem zweiten Herzinfarkt die ärztlichen Mahnungen immer noch als Unsinn abtut.

Körperliche Anomalien aus der Kindheit

Im Kindesalter sorgt der Gesetzgeber durch Schutzimpfungen dafür, dass schlimme Infektionskrankheiten verhindert werden. Zahlreiche Empfehlungen der Kinderärzte zu Ernährung, Erziehung, Vitamingaben, Sport etc. helfen, eine gesunde körperliche und geistige Entwicklung des Kindes zu ermöglichen und insbesondere Entwicklungsschäden (zum Beispiel Knochendeformitäten durch Vitamin-D-Mangel, Blutarmut, Infektfolgen etc.) und somit späteren Schwerbehinderungen vorzubeugen.

Viele spätere Behinderungen resultieren aus der Unkenntnis körperlicher Anomalien, die bereits im Kindesalter vorhanden sind, jedoch noch nicht in Erscheinung traten. Als Beispiel seien die bei schulärztlichen Untersuchungen diagnostizierten Wirbelsäulendeformitäten (Skoliose) zu nennen. Diese Wirbelsäulenschäden bedürfen einer korrigierenden Heilgymnastik oder sportmedizinischen Therapie.

Schweres Heben und Tragen aus eigener Kraft (Industrie, Handel und Transportwesen) ist mit einer konstitutionell bedingten Wirbelsäulendeformität nicht vereinbar. Man wird früher oder später häufig arbeitsunfähig (zum Beispiel wegen Hexenschuss, Lumboischialgie – Schmerzen durch Druck auf die Nervenwurzel, Bandscheibenvorfall). Danach folgt zwangsläufig der Antrag auf Anerkennung einer Schwerbehinderung und später häufig der Antrag auf Frührente. Die gesetzliche Jugendschutzuntersuchung durch den Hausarzt vor Beginn der Berufsausbildung bringt nur sehr selten verborgene Anomalien zu Tage.

Berufliche Belastungen

Einseitige berufliche Belastungen werden häufig nicht beachtet. Wenn die Mutter schon an Venenthrombose litt und bei der Tochter während der Schwangerschaft Krampfadern in Erscheinung treten, ist ein stehender Beruf wie Verkäuferin denkbar ungünstig, vor allem wegen der Gefahr venöser Stauungen in den Beinen mit möglichen Folgen wie Venenentzündung, Thrombose oder „offenes Bein".

Einseitige berufliche Belastungen treffen natürlich Personen mit Krankheitsprädisposition (Vorschädigung) noch härter. „Steter Tropfen höhlt den Stein": Dieses Prinzip gilt auch in der Medizin. Die Halswirbelsäule wird durch die Bildschirmarbeit beruflich einseitig stark belastet. Ein tragischer Fall hierzu aus der Gutachterpraxis: ein 38-jähriger Informatiker, der kurz vor seiner Beförderung seinen Beruf wegen mehrerer Bandscheibenvorfälle und Operationen im Bereich der Halswirbelsäule aufgeben musste.

Wichtig: Jeder sollte für sich und seine berufliche Karriere eine frühzeitige Prävention (Vorbeugung) von Krankheiten bzw. Behinderungen betreiben.

Die berufliche Beanspruchung des Einzelnen wächst ständig und damit verbunden steigen auch die Anforderungen an eine komprimierte Arbeitsleistung. Dies ist Folge der sinkenden Gesamtzahl der produktiv Erwerbstätigen – immer weniger Erwerbstätige müssen immer mehr arbeiten.

Wenn jemand seine Arbeitsleistung im Betrieb – um seinen Arbeitsplatz zu erhalten – permanent steigern muss, gerät er irgendwann zwangsläufig in die Situation der Überforderung mit den Folgen psychischer und körperlicher Erschöpfung, Krankheit und Behinderung.

Man benötigt für permanent gute Leistungen, insbesondere solche, die mit Karrierebestrebungen verbunden sind, eine gute physische und psychische Verfassung. Systematische Gesundheitspflege und -kontrollen sowie Präventivsport sind die Grundlage für Dauerleistungen und für die Vorbeugung gegen Krankheit und Behinderung.

Prävention tut not

Gesundheit ist nicht selbstverständlich. Als kostbarsten Wert unseres Lebens müssen wir sie pflegen, dann ermöglicht sie es uns auch, das Unmögliche zu erreichen. Bequem und falsch hingegen ist die Auffassung, dass der Sozialstaat oder die Krankenkasse bei einem bereits eingetretenen „gesundheitlichen Schadensfall" mit medizinischer und sozialer Zuwendung, ohne Rücksicht auf Kosten, helfen oder die gesetzliche Rentenversicherung durch eine „noch" rechtzeitige Rehabilitation eine Behinderung oder Frührente aufschieben kann. Warum also auf gesundheitliche Schäden warten und diese dann teuer reparieren lassen, wenn man sie vorbeugend verhindern kann und sich dabei viel Leid und Kosten erspart?

Genetisch bedingte oder angeborene Schäden

Nicht nur Rollstuhlfahrer als schwerbehinderte Unfallopfer begegnen uns häufig im Alltag, sondern auch Behinderte, die durch angeborene bzw. genetische Schäden körperlich entstellt sind oder mit uns nur schwer oder gar nicht kommunizieren können.

Zum einen macht die Genforschung große Fortschritte. Diese werden in den humangenetischen Sprechstunden in die Praxis umgesetzt. Man kann sich in solchen Sprechstunden von Spezialärzten beraten lassen. Zum anderen tut die Rekonstruktionschirurgie ihr Bestes.

Demgegenüber steht jedoch eine große Zahl von Produkten in Form von neuen chemischen Substanzen, Medikamenten, Konservierungs-, Spritz- und Düngemittel etc. mit unbekannter und/oder ungeprüfter Wirkung auf unsere Gene.

Sind Behinderungen vermeidbar?

Die Prävention von Gesundheitsstörungen bzw. Krankheiten hat sich trotz der Allround-Versorgung durch unseren Sozialstaat allmählich zu einem diskussionswürdigen Thema entwickelt.

In der Praxis heißt dies: Teilnahme an Krebsvorsorge und Check-up-Untersuchungen im Sinne der Primärprävention. Die Teilnahme der gesetzlich Versicherten ist hierbei relativ gering.

Die Sekundärprävention wie Aufdeckung und Therapie von Risikofaktoren (für Herzinfarkt, Schlaganfall, Nierenerkrankungen etc.) und Krankheiten im Frühstadium wird bereits durch Quotierung und Budgetierung in den Arztpraxen unterlaufen.

Auf dem Gebiet der tertiären Prävention werden – allerdings etwas zu spät – die Rehabilitationsmaßnahmen der Rentenversicherungsträger gesetzlich durchgeführt, um sozusagen in letzter Minute Invalidität oder Frührente zu verhindern oder hinauszuzögern.

Der behandelnde Arzt hat rehabilitationsbedürftige Erkrankungen, das heißt drohende Behinderungen im Einzelfall rechtzeitig zu erkennen und die individuell erforderlichen Rehabilitationsmaßnahmen anzuregen.

Die Erkenntnis über Bedeutung und Stellenwert der Prävention von Behinderungen und Schwerbehinderungen kann allerdings nicht einfach mit der Vorbeugung von Krankheiten gleichgestellt werden. Die soziale Komponente für die Gesellschaft rückt hier stärker in den Mittelpunkt: Bei der Prävention von Behinderungen werden nicht nur erhebliche Kosten für die medizinische Versorgung eingespart, sondern auch die sozialen Folgekosten für die Behinderten. Die Präventivmaßnahmen müssten dementsprechend wesentlich breit gefächerter angelegt werden (Schulmedizin, Betriebsmedizin, Genforschung etc.), als dies bei der heutigen Krankheitsprävention (Risikoprofil, Schutzimpfungen, Check-up, Schwangerenbetreuung etc.) der Fall ist.

Leistungen zur Teilhabe

Wir alle kämpfen für den beruflichen Erfolg. Die persönliche Karriere eines jeden in der Gesellschaft bedingt auch die Integration in die Gesellschaft. Das gesellschaftliche Zusammenleben ohne Verpflichtungen des Einzelnen, aber auch ohne uneigennütziges Engagement für unsere Mitmenschen war schon immer undenkbar:

- Unfälle oder Krankheit mit den Folgen von Behinderung, das heißt der Verlust an Fähigkeiten und Möglichkeiten für ein gleichberechtigtes Leben in der Gesellschaft, können jeden treffen.
- Behinderte Menschen mit eingeschränkten körperlichen Funktionen oder geistigen Fähigkeiten sind schutzbedürftig.

Durch die Sozialpolitik werden behinderte Menschen besonders gefördert. Sie ist bemüht, auch Behinderten die Grundvoraussetzungen für eine Integration wie zum Beispiel individuelle behinderungsgerechte berufliche Ausbildung, besonderer Bestandschutz des Arbeitsplatzes, Milderung finanzieller Not etc. zu ermöglichen.

Allein die Eingliederung in das Arbeitsleben erleichtert es behinderten Menschen bereits, sich in der Gesellschaft zu behaupten und eine Existenz aufzubauen. Die angestrebte Integration oder Wiedereingliederung ist dann erreicht, wenn sie dem behinderten Menschen langfristig ein menschenwürdiges Leben sichert, das er so weit wie möglich selbst und eigenverantwortlich führen kann.

Die Gesetze für das soziale Miteinander sind seit 1975 im Sozialgesetzbuch (SGB) zusammengefasst. Das Schwerbehindertengesetz wurde am 1. Juli 2001 in das SGB IX unter der Bezeichnung „Rehabilitation und Teilhabe behinderter Menschen" integriert. Es regelt das amtliche Verfahren zur Feststellung einer Behinderung, den Grad der Behinderung, die gesundheitlichen Voraussetzungen für die Inanspruchnahme von Nachteilsausgleichen auf Grundlage einer ärztlichen Begutachtung und der Ausstellung eines Behindertenausweises.

Die Hilfe der Gemeinschaft für behinderte Menschen ist ein Beispiel für praktizierte soziale Gerechtigkeit im Alltag. Man geht selbstverständlich davon aus – da es um die Gesundheit, das höchste Gut eines jeden geht –, dass die Betroffenen, falls sie dazu in der Lage sind, bereits selbst alles unternommen haben, um Krankheitsfolgeschäden, zum Beispiel durch ärztliche Behandlungen, Operationen, stationäre rehabilitative Maßnahmen, abzuwenden. Hierzu gehört auch eine Änderung der Lebensführung.

Ansprüche behinderter Menschen – allgemein

Menschen, die
- körperlich
- geistig
- seelisch

behindert sind

oder

denen eine solche Behinderung droht

Ursache der Behinderung ist gleichgültig

Anspruch besteht auf
- Förderung der Selbstbestimmung
- gleichberechtigte Teilhabe

Hilfe ist notwendig, um:
- die Behinderung abzuwenden, zu beseitigen, zu mindern, ihre Verschlimmerung zu verhüten oder ihre Folgen zu mildern
- Einschränkungen der Erwerbsfähigkeit oder Pflegebedürftigkeit zu vermeiden, zu überwinden, zu mindern oder eine Verschlimmerung zu verhüten sowie den vorzeitigen Bezug von Sozialleistungen zu vermeiden oder laufende Sozialleistungen zu mindern
- behinderten Menschen einen ihren Neigungen und Fähigkeiten entsprechenden Platz im Arbeitsleben zu sichern
- ihre Entwicklung zu fördern und ihre Teilhabe am Leben in der Gesellschaft und eine möglichst selbstständige und selbstbestimmende Lebensführung zu ermöglichen oder zu erleichtern
- Benachteiligungen aufgrund der Behinderung entgegenzuwirken

Das Anerkennungsverfahren einer Schwerbehinderteneigenschaft ist relativ unbürokratisch und für jedermann überschaubar. Die dadurch gewonnenen Schutzrechte und Leistungsansprüche haben den Zweck, wirtschaftliche, soziale und berufliche Nachteile durch eine krankheitsbedingte Behinderung auszugleichen.

Vorrang von Leistungen zur Teilhabe

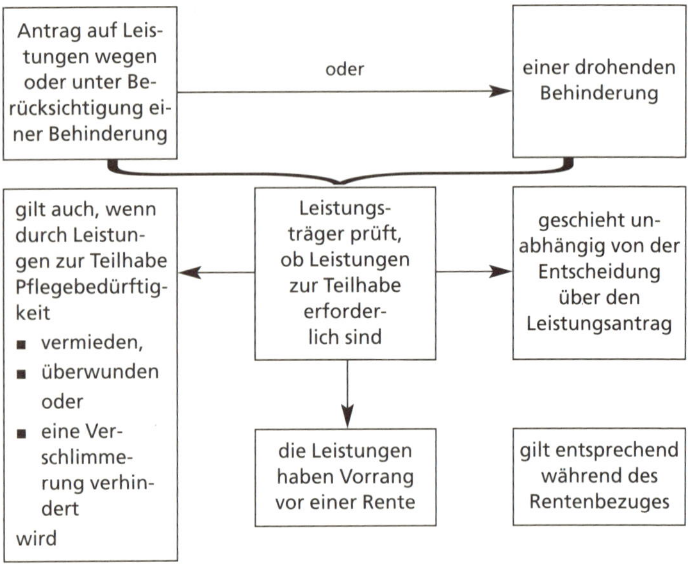

Nach ausdrücklicher Vorschrift in § 8 SGB IX haben die Leistungen zur Teilhabe Vorrang vor Rentenansprüchen. Gleichzeitig ist aber zu beachten, dass die Leistungen zur Teilhabe auch behinderten sowie von Behinderung bedrohten Menschen zustehen. Dabei ist allerdings nicht Voraussetzung, dass eine Schwerbehinderung vorliegt, beantragt oder anerkannt ist.

Die Leistungen werden nicht von einem bestimmten Leistungsträger oder gar ingesamt vom Versorgungsamt gewährt. Vielmehr gibt es zahlreiche Leistungsträger, die entsprechend der für sie geltenden Vorschriften für die einzelnen Leistungsarten zuständig sind:

Leistungsgruppen der Leistungen zur Teilhabe und zuständige Rehabilitationsträger

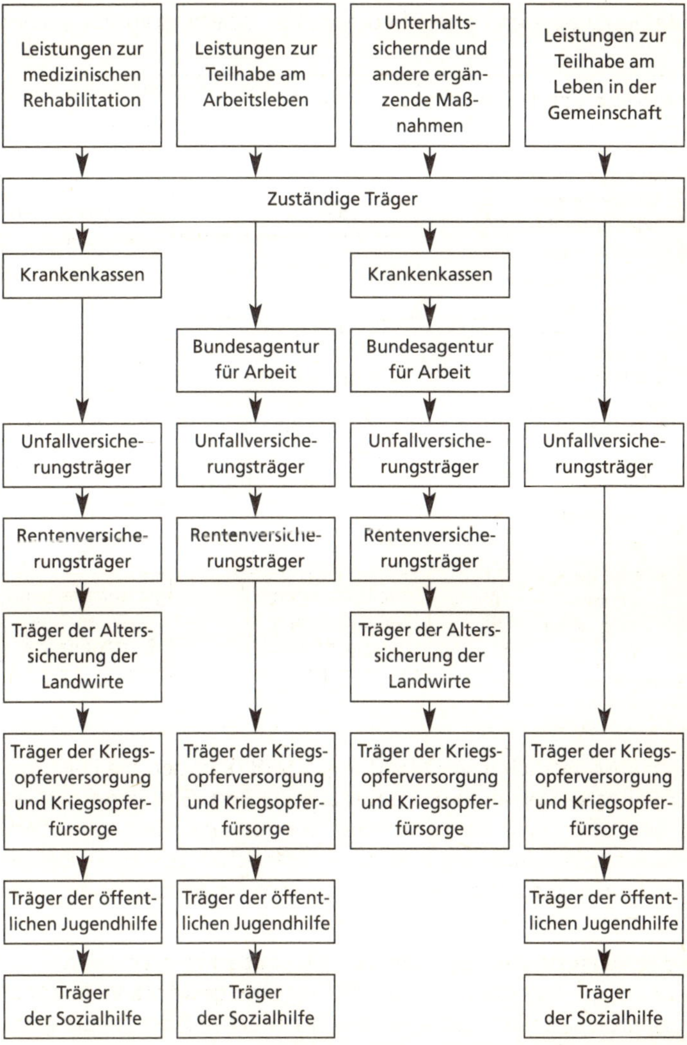

Leistungen zur medizinischen Rehabilitation sind deshalb so wichtig, weil sie darauf ausgerichtet sind, Behinderungen zu vermeiden oder zu beseitigen. Behinderungen sollen gemindert und ausgeglichen sowie eine Verschlimmerung verhindert werden.

Ebenso sollen durch die Leistungen zur medizinischen Rehabilitation Einschränkungen der Erwerbsfähigkeit und der Pflegebedürftigkeit überwunden, gemindert und eine Verschlimmerung verhindert werden. Die Leistungen sollen aber auch dazu dienen, laufende Sozialleistungen zu vermeiden oder zu mindern.

Um diese Ziele zu erreichen, sieht das Gesetz (§ 26 SGB IX) zahlreiche Leistungen vor:

Leistungen zur medizinischen Rehabilitation

Behandlung durch Ärzte, Zahnärzte und Angehörige anderer Heilberufe	→ Behandlung durch Angehörige anderer Heilberufe: Leistungen müssen unter ärztlicher Aufsicht oder auf ärztliche Anordnung ausgeführt werden
Anleitung zur Entwicklung eigener Heilkräfte	
Früherkennung und Frühförderung behinderter und von Behinderung bedrohter Kinder Arznei- und Verbandmittel	
Heilmittel	→ einschließlich physikalischer, Sprach- und Beschäftigungstherapie
Psychotherapie	→ als ärztliche und psychotherapeutische Behandlung
Hilfsmittel	
Belastungserprobung und Arbeitstherapie	
Bestandteile der Leistungen sind auch medizinische, psychologische und pädagogische Hilfen	→ soweit diese Leistungen im Einzelfall erforderlich sind, um die Ziele der medizinischen Rehabilitation zu erreichen

Die Leistungen zur Teilhabe am Arbeitsleben wurden früher als berufsfördernde Maßnahmen oder auch als Umschulungsmaßnahmen bezeichnet. Heute sind diese Leistungen unter anderem auch darauf ausgerichtet, Arbeitsplätze zu erhalten oder zu erlangen. Auch hier ist der Leistungskatalog sehr umfangreich:

Leistungen zur Teilhabe am Arbeitsleben (Leistungsumfang)

Hilfen zur Erhaltung oder Erlangung eines Arbeitsplatzes →	einschließlich Leistungen zur Beratung und Vermittlung sowie Trainingsmaßnahmen und Mobilitätshilfen
Berufsvorbereitung →	einschließlich einer wegen der Behinderung erforderlichen Grundausbildung
berufliche Anpassung und Weiterbildung →	auch soweit die Leistungen einen zur Teilhabe erforderlichen schulischen Abschluss einschließen
berufliche Ausbildung →	auch soweit die Leistungen in einem zeitlich nicht überwiegenden Abschnitt schulisch durchgeführt werden
Überbrückungsgeld →	wird unter bestimmten Voraussetzungen zur Aufnahme einer selbstständigen Tätigkeit gewährt
sonstige Hilfen zur Förderung der Teilhabe am Arbeitsleben →	um behinderten Menschen eine angemessene und geeignete Beschäftigung oder eine selbstständige Tätigkeit zu ermöglichen und zu erhalten
Die Leistungen umfassen auch medizinische, psychologische und pädagogische Hilfen →	Voraussetzungen: die Leistungen müssen im Einzelfall erforderlich sein, um die Ziele der Leistungen zur Teilhabe am Arbeitsleben zu erreichen oder zu sichern und Krankheitsfolgen zu vermeiden, zu überwinden, zu mindern oder ihre Verschlimmerung zu verhüten

Leistungen zur Teilhabe bedürfen der Zustimmung des Leistungsberechtigten. Sie sollen im Übrigen den Leistungsberechtigten möglichst viel Raum zu eigenverantwortlicher Gestaltung ihrer Lebensumstände lassen und ihre Selbstbestimmung fördern.

Die Leistungsberechtigten haben auch die Möglichkeit, durch Wünsche und der Ausübung von Wahlrechten die Leistungsgewährung wesentlich zu beeinflussen:

Wunsch und Wahlrecht des Leistungsberechtigten (Rechtsgrundlagen: § 9 SGB IX, § 33 SGB I)

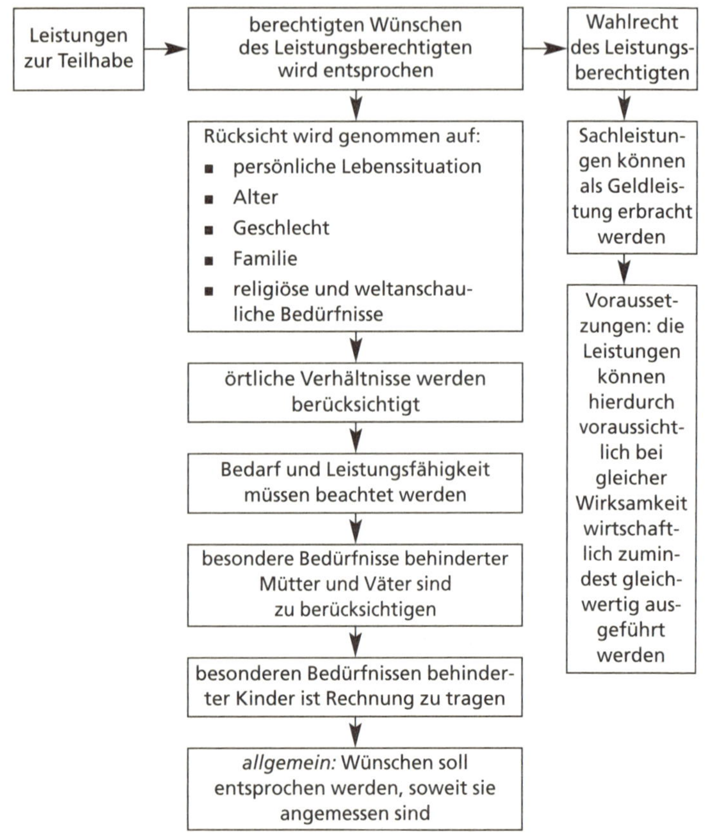

Das SGB IX enthält in diesem Zusammenhang auch Vorschriften über die Werkstätten für behinderte Menschen.

§ 136 SGB IX Begriff und Aufgaben der Werkstatt für behinderte Menschen

(1) Die Werkstatt für behinderte Menschen ist eine Einrichtung zur Teilhabe behinderter Menschen am Arbeitsleben im Sinne des Kapitels 5 des Teils 1 und zur Eingliederung in das Arbeitsleben. Sie hat denjenigen behinderten Menschen, die wegen Art oder Schwere der Behinderung nicht, noch nicht oder noch nicht wieder auf dem allgemeinen Arbeitsmarkt beschäftigt werden können,

1. eine angemessene berufliche Bildung und eine Beschäftigung zu einem ihrer Leistung angemessenen Arbeitsentgelt aus dem Arbeitsergebnis anzubieten und
2. zu ermöglichen, ihre Leistungs- oder Erwerbsfähigkeit zu erhalten, zu entwickeln, zu erhöhen oder wiederzugewinnen und dabei ihre Persönlichkeit weiterzuentwickeln.

Sie fördert den Übergang geeigneter Personen auf den allgemeinen Arbeitsmarkt durch geeignete Maßnahmen. (...)

(2) Die Werkstatt steht allen behinderten Menschen im Sinne des Absatzes 1 unabhängig von Art oder Schwere der Behinderung offen, sofern erwartet werden kann, dass sie spätestens nach Teilnahme an Maßnahmen im Berufsbildungsbereich wenigstens ein Mindestmaß wirtschaftlich verwertbarer Arbeitsleistung erbringen werden. (...)

(3) Behinderte Menschen, die die Voraussetzungen für eine Beschäftigung in einer Werkstatt nicht erfüllen, sollen in Einrichtungen oder Gruppen betreut und gefördert werden, die der Werkstatt angegliedert sind.

Bedingt Frührente die Schwerbehinderteneigenschaft?

Die Ausstellung des Schwerbehindertenausweises ist keinesfalls die Voraussetzung dafür, dass ein Anspruch auf Frührente besteht.

Andererseits schadet es natürlich auch nicht, die Schwerbehinderung anerkennen zu lassen, wenn die Beantragung von Frührente beabsichtigt ist. Unter Frührente versteht man eine Rente, die vor Vollendung des (derzeit) 65. Lebensjahres gewährt wird.

Die Tatsache, dass die meisten Menschen heute vor Vollendung des 65. Lebensjahres in Rente gehen, sorgt seit langem für Zündstoff in Politik und Öffentlichkeit. Trotz des Umstandes der frühen Berentung ist eine Heraufsetzung der Regelaltersgrenze ein

Dauerthema, und die „Rente ab 67“ ist nun auch Wirklichkeit geworden. Dies erscheint wirklich nicht sehr sinnvoll, da es zurzeit bereits nicht gelingt, dass die Altersgrenze von 65 allgemein eingehalten wird.

Bei den Frührenten unterscheidet man zwei Gruppen:

- die Renten wegen verminderter Erwerbsfähigkeit
- die vorzeitig gewährten Altersrenten

Die Erwerbsminderungsrenten sind an keine Altersgrenze gebunden – sie werden insbesondere behinderten Menschen gewährt. Es werden hier mehrere Rentenarten unterschieden, die verschiedene Voraussetzungen haben:

Anspruchsvoraussetzungen für Renten wegen verminderter Erwerbsfähigkeit

Rentenart	Rente wegen teilweiser Erwerbsminderung	Rente wegen voller Erwerbsminderung	Rente für Bergleute
Leistungseinschränkung	teilweise Erwerbsminderung	volle Erwerbsminderung	verminderte bergmännische Berufsfähigkeit
Wartezeit	5 Jahre	5 oder 20 Jahre	5 Jahre vor Eintritt der verminderten Berufsfähigkeit
	Versicherter ist wegen Krankheit oder Behinderung auf nicht absehbare Zeit außerstande, unter den üblichen Bedingungen des allgemeinen Arbeitsmarktes mindestens 6 Stunden täglich erwerbstätig zu sein	Versicherter ist wegen Krankheit oder Behinderung auf nicht absehbare Zeit außerstande, unter den üblichen Bedingungen des allgemeinen Arbeitsmarktes mindestens 3 Stunden täglich erwerbstätig zu sein	vermindert berufsfähig sind Versicherte, die wegen Krankheit oder Behinderung nicht imstande sind, die von ihnen ausgeübte knappschaftliche Beschäftigung und eine andere wirtschaftlich im Wesentlichen gleichwertige knappschaftliche Beschäftigung auszuüben

Die Renten wegen teilweiser Erwerbsminderung werden lediglich als Teilrente erbracht. Dies kommt durch den sogenannten Rentenartfaktor zum Ausdruck, der beispielsweise bei einer Altersrente 1,0 beträgt, sich bei einer Rente wegen teilweiser Erwerbsminderung aber lediglich auf 0,5 beläuft. Bei einer Rente wegen voller Erwerbsminderung beträgt der Rentenartfaktor wie bei den Altersrenten 1,0.

Die Rente wegen teilweiser Erwerbsminderung wird entsprechend dem verbliebenen Leistungsvermögen des Versicherten also in Höhe der halben Vollrente geleistet.

Übt der Versicherte trotz Rente wegen teilweiser Erwerbsminderung eine Beschäftigung aus, kann dies zu einer Kürzung seiner Rente führen.

Wichtig ist hier die Höhe des Hinzuverdienstes. Entsprechend dieser Höhe wird nämlich die Rente wegen teilweiser Erwerbsminderung entweder in voller Höhe oder in Höhe der Hälfte erbracht.

Sowohl bei der Rente wegen teilweiser Erwerbsminderung als auch bei der Rente mit voller Erwerbsminderung kann an zwei Monaten im Jahr bis zum Doppelten der jeweiligen Hinzuverdienstgrenze hinzuverdient werden.

Wichtig: Unabhängig von einem Hinzuverdienst wird bei Renten wegen Erwerbsminderung für jeden Kalendermonat, für den eine Rente vor Vollendung des 63. Lebensjahres in Anspruch genommen wird, die Rente um 0,3 Prozent gekürzt. Eine Kürzung über 10,8 Prozent wird allerdings nicht vorgenommen.

Die Renten wegen verminderter Erwerbsfähigkeit gibt es erst seit dem 1. Januar 2001. Sie haben die früheren Berufs- und Erwerbsunfähigkeitsrenten abgelöst. Berufs- und Erwerbsunfähigkeitsrenten, auf die am 31. Dezember 2000 ein Anspruch bestand, werden weiterhin gewährt.

In diesem Zusammenhang ist zu beachten, dass für die Zeit nach dem 31. Dezember 2000 unter bestimmten Voraussetzungen ein Anspruch auf Rente wegen teilweiser Erwerbsminderung bei Berufsunfähigkeit besteht. Dafür müssen die Voraussetzungen für die teilweise Erwerbsminderungsrente erfüllt sein.

„Vorzeitige" Altersrenten einschließlich Voraussetzungen				
Voraussetzungen / Renten	ab Lebensalter bzw. Jahrgang	Wartezeiten	Qualifizierte Wartezeiten	Sonstige Voraussetzungen
Frauenaltersrente	Vollendung des 60. Lebensjahres (ab Jahrgang 1940 nur mit Abschlägen)	15 Jahre (180 Kalendermonate)	nach Vollendung des 40. Lebensjahres mehr als 10 Jahre Pflichtbeitragszeiten für versicherte Beschäftigung oder Tätigkeit	Gilt für Frauen, die vor dem 1. Januar 1952 geboren sind
Altersrente für schwerbehinderte Menschen	Vollendung des 65. Lebensjahres (vorzeitige Inanspruchnahme ist nach Vollendung des 63. Lebensjahres möglich)	35 Jahre (420 Kalendermonate)		Schwerbehinderung (Geburt vor dem 1.1.1952, für spätere Jahrgänge: schrittweise Anhebung der Altersgrenze)
Altersrente für langjährige Versicherte	Vollendung des 65. Lebensjahres, Anhebung der Altersgrenze ab Geburtstag im Januar 1952 (früher nur mit Abschlag)	15 Jahre (180 Kalendermonate)		
Altersrente für besonders langjährige Versicherte	Vollendung des 65. Lebensjahres	45 Jahre		
Altersrente für Arbeitslosigkeit und nach Altersteilzeit	Vollendung des 60. Lebensjahres, Anhebung der Altersgrenze ab Geburtstag im Januar 1937, vorzeitige Inanspruchnahme mit Abschlägen möglich	15 Jahre (180 Kalendermonate)	in den letzten 10 Jahren vor Rentenbeginn: 8 Jahre Pflichtbeiträge	innerhalb der letzten 1,5 Jahre vor Arbeitslosigkeit: 52 Wochen arbeitslos (Sonderregelung für Arbeitnehmer des Bergbaus), bei Altersteilzeitbeziehern: 24 Kalenlendermonate Altersteilzeit
Altersrente für langjährige, unter Tage beschäftigte Bergleute	Vollendung des 62. Lebensjahres (vor 1952 Geborene: 60. Lebensjahr)	25 Jahre (300 Kalendermonate)		

Der Anspruch besteht bis zur Vollendung des 65. Lebensjahres. Anspruch haben Versicherte, die

- vor dem 2. Januar 1961 geboren sind – also bei In-Kraft-Treten der Reform am 1. Januar 2001 das 40. Lebensjahr bereits vollendet hatten – und
- berufsunfähig sind.

Bei Erwerbsunfähigkeitsrenten können bis zu 400 Euro (gilt im gesamten Bundesgebiet) monatlich hinzuverdient werden. Zwei Monate im Jahr ist das Überschreiten bis zum Doppelten des jeweils maßgebenden Betrags möglich. Wird die zulässige Grenze überschritten, wird die Rente als Berufsunfähigkeitsrente weitergezahlt. Dies bedeutet, dass sie als Vollrente etwa ein Drittel niedriger als die Erwerbsunfähigkeitsrente ist.

Vorgezogene Altersrente bei Schwerbehinderung

Die Altersrente für schwerbehinderte Menschen wird in § 37 SGB VI geregelt. Dort wird auch aufgeführt, dass die vorzeitige Inanspruchnahme einer solchen Altersrente (mit Abschlägen) nach Vollendung des 62. Lebensjahres möglich ist.

Außerdem gibt es noch Übergangsregelungen (§ 236a SGB VI):

Versicherte, die vor dem 1. Januar 1952 geboren sind, haben nämlich Anspruch auf Altersrente für schwerbehinderte Menschen, wenn sie

- das 63. Lebensjahr vollendet haben,
- bei Beginn der Altersrente als schwerbehinderte Menschen anerkannt sind und
- die Wartezeit von 35 Jahren erfüllt haben.

Die Altersgrenze von 63 Jahren wird allerdings für Versicherte angehoben, die nach dem 31. Dezember 1951 geboren sind. Hiervon gibt es aber Ausnahmen. Die vorzeitige Inanspruchnahme der Altersrente ist möglich.

Für vor 1941 geborene Versicherte sieht das Gesetz hier keine Rentenabzüge vor. Für Versicherte, die ab Januar 1952 geboren sind, wird das Renteneintrittsalter ohne Rentenabzug schrittweise angehoben. So können Personen, die im Dezember 1952 geboren sind, eine Altersrente mit 63 Jahren und fünf Monaten noch ohne Rentenabschlag beziehen.

Die erwähnten Abschläge betragen für jeden früher in Anspruch genommenen Monat 0,3 Prozent. Höchstens werden aber 10,8 Prozent in Abzug gebracht.

Auch für Altersrentner gibt es die Möglichkeit, einen Hinzuverdienst zu erzielen. Bei Regelaltersrentnern (Vollendung des 65. Lebensjahres) hat dies keine Auswirkungen auf die Rentenhöhe. Vor Vollendung des 65. Lebensjahres ist ein Hinzuverdienst ohne Auswirkungen auf die Rentenhöhe in Höhe von 400 Euro möglich. Dieser Betrag gilt in den alten und den neuen Bundesländern.

Altersrenten können aber auch als Teilrenten bezogen werden. Dann ist ein höherer Hinzuverdienst möglich. Es wird dabei unterschieden in Renten von

- einem Drittel der Vollrente,
- der Hälfte der Vollrente und
- zwei Dritteln der Vollrente.

Diese Regelung soll dem dynamischen Eintritt in den Ruhestand dienen. Deshalb sind die Hinzuverdienstgrenzen für diese Rentenbezieher wesentlich höher als bei einer Vollrente.

Praxis-Tipp:

Beachten Sie zum Thema „Früher in Rente" das gleichnamige im Walhalla Fachverlag erschienene Buch (ISBN 978-3-8029-3605-0).

Die Versorgungsämter und ihre Aufgaben

Die Versorgungsämter sind Landesbehörden im Wirkungsbereich der Sozialministerien. Die Bezeichnung dieser Behörden ist nicht in allen Bundesländern gleich (zum Beispiel Rheinland-Pfalz: Amt für soziale Angelegenheiten). Sie sind Sozialleistungsträger und haben den gesetzlichen Auftrag zur Durchführung des

- sozialen Entschädigungsrechts und
- Schwerbehindertenrechts.

Die Versorgungsämter und ihre Aufgaben

Versorgungsamt

=

die für die Durchführung des BVG sowie Feststellung und Anerkennung der Schwerbehinderung zuständigen Behörden

↓

also zuständig für Kriegsopfer

↓

aber beispielsweise auch für Gewaltopfer (Opferentschädigungsgesetz – OEG)

↓

sowie für Geschädigte bei Schutzimpfungen (Infektionsschutzgesetz – IfSG)

Die Durchführung des Schwerbehindertenrechts ist eine der Hauptaufgaben der Versorgungsämter. Sie prüfen die Anträge auf Anerkennung der Schwerbehinderteneigenschaft und auf Nachteilsausgleiche und durch Erlass eines Feststellungsbescheids bestimmen sie den Grad der Behinderung (GdB) und die sogenannten gesundheitlichen Merkzeichen (MZ).

Entsprechend dem Feststellungsbescheid stellt das Versorgungsamt den Behindertenausweis aus.

Durch diese Entscheidungen erhalten schwerbehinderte Menschen Schutzrechte. Sie haben Anspruch auf einen sozialen Nachteilsausgleich. Dabei erstrecken sich die gewonnenen Schutzrechte des schwerbehinderten Menschen

- auf den Beruf,
- auf die Einkommens- und Lohnsteuer,

- auf Benutzung von Verkehrsmitteln,
- auf Kommunikation und Medien sowie
- auf Sozialversicherung (vorgezogene Altersrente).

Die Zahl der schwerbehinderten Menschen ist in der Bundesrepublik Deutschland erheblich. All diese Personen sind von den Versorgungsämtern zu betreuen.

Um welche Zahlen es hier geht und wie sich die schwerbehinderten Menschen bezüglich der Art der Behinderung und des Grades der Behinderung aufteilen, zeigt die nachfolgende Statistik:

Schwerbehinderte Menschen am Jahresende*

Gegenstand der Nachweisung	**Einheit**	**1999**	**2001**	**2003**
		Deutschland		
Insgesamt	**Anzahl**	**6 633 466**	**6 711 797**	**6 638 892**
männlich	Anzahl	3 497 458	3 530 018	3 485 341
weiblich	Anzahl	3 136 008	3 181 779	3 153 551
nach Alter von … bis unter … Jahren				
unter 4	Anzahl	15 693	15 938	15 276
4– 6	Anzahl	14 344	15 026	14 885
6–15	Anzahl	97 394	96 197	93 824
15–18	Anzahl	36 114	37 740	40 471
18–25	Anzahl	96 482	101 247	106 209
25–35	Anzahl	247 819	227 247	210 406
35–45	Anzahl	442 721	464 455	476 492
45–55	Anzahl	665 975	734 219	770 516
55–60	Anzahl	688 449	591 238	568 325
60–62	Anzahl	381 717	390 301	319 984
62–65	Anzahl	541 288	570 797	596 952
65 und mehr	Anzahl	3 405 470	3 467 392	3 425 552
nach Art der Behinderung				
■ körperliche	Anzahl	4 358 885	4 639 558	4 477 147
■ zerebrale Störungen, geistige und/oder seelische	Anzahl	996 292	1 097 277	1 158 251
■ sonstige und ungenügend bezeichnete	Anzahl	1 278 289	974 962	1 003 494

nach Ursache der Behinderung				
▪ angeborene	Anzahl	298 225	312 410	312 146
▪ allgemeine Krankheit[1]	Anzahl	5 715 410	5 728 353	5 546 519
▪ Unfall, Berufskrankheit[2]	Anzahl	162 794	169 568	163 661
▪ anerkannte Kriegs-, Wehr- oder Zivildienstbeschädigung	Anzahl	166 596	146 635	120 599
▪ sonstige	Anzahl	290 441	354 831	495 967
nach Grad der Behinderung				
50	Anzahl	1 942 333	2 005 326	2 039 827
60	Anzahl	1 065 083	1 071 372	1 062 939
70	Anzahl	775 890	772 737	756 466
80	Anzahl	855 724	840 886	815 512
90	Anzahl	355 969	353 681	343 392
100	Anzahl	1 638 467	1 667 795	1 620 756

* mit gültigem Schwerbehindertenausweis
[1] einschließlich Impfschaden
[2] einschließlich Wege- und Betriebswegeunfall

Quelle: Statistisches Bundesamt Deutschland

Verschiedene Begriffe zur Leistungsminderung

Krankheiten bzw. Gesundheitsschäden können mit unterschiedlichen Folgen sowohl für den Betroffenen als auch für die sozialen Einrichtungen, in die diese eingebunden sind, einhergehen. Ausschlaggebend ist, ob die Betroffenen im Arbeitsleben stehen oder nicht.

Die nachfolgenden Begriffe von Krankheitsfolgen im Alltag besser zu verstehen, ist nicht nur für den Antragsteller, sondern für jeden Bürger von Bedeutung.

Arbeitsunfähigkeit, Dienstunfähigkeit

Arbeitsunfähig ist ein Kranker, der seine Erwerbstätigkeit wegen seiner Erkrankung nicht oder nur auf Kosten der Restgesundheit verrichten kann. Die bezeichnete Krankheitsfolge gewährt einem gesetzlich Versicherten das Recht auf Heilbehandlung und Krankengeld. Wenn ein Kranker von seinem behandelnden Arzt krankgeschrieben wird, ist zunächst die Schwere der Erkrankung und nicht die Dauer, die häufig gar nicht vorherzusehen ist, maßgeblich.

Dienstunfähig sind Beamte, Soldaten oder Zivildienstpflichtige, wenn sie wegen Krankheit nicht in der Lage sind, ihren Dienst zu versehen.

Leistungsminderung

Wenn jemand wegen Erkrankung bzw. Gesundheitsschäden seine allgemeine körperliche Leistungsfähigkeit einbüßt, kann er seine berufliche oder Erwerbstätigkeit folgerichtig wegen Leistungsminderung nicht oder nur teilweise verrichten.

Minderung der Erwerbsfähigkeit (MdE)

Der Begriff MdE drückt das Ausmaß von Schädigungsfolgen als Dauerzustand in der Unfallversicherung, Kriegsopferversorgung, im sonstigen Entschädigungsrecht und im Übrigen auch bei der Versorgungsrente aus. Sie ist kausal bedingt.

Als Schädigungsfolge wird im sozialen Entschädigungsrecht jede Gesundheitsstörung bezeichnet, die mit einer nach dem entsprechenden Gesetz zu berücksichtigenden Schädigung in ursächlichem Zusammenhang steht.

Zu den Schädigungsfolgen gehören auch funktionell bedeutungslose Gesundheitsstörungen, die keine MdE bedingen.

Die Regelungen in der Kriegsopferversorgung sind übrigens auch dann maßgebend, wenn es um Rentenansprüche aus dem Opferentschädigungsgesetz geht. Dort werden die Opfer von Gewalttaten angesprochen.

Schwerbehinderung, Schwerbeschädigung

Nach § 2 Abs. 1 SGB IX sind Menschen behindert, wenn ihre körperliche Funktion, geistige Fähigkeit oder seelische Gesundheit mit hoher Wahrscheinlichkeit länger als sechs Monate von dem für das Lebensalter typischen Zustand abweichen und daher ihre Teilhabe am Leben in der Gesellschaft beeinträchtigt ist.

Gemäß § 3 Abs. 2 SGB IX sind Menschen schwerbehindert, wenn bei ihnen ein Grad der Behinderung von wenigstens 50 vorliegt.

Der Grad der Behinderung bezieht sich auf alle Gesundheitsstörungen unabhängig von deren Ursache.

Grad der Behinderung (GdB)

Das Ausmaß der Behinderung wird mit dem Grad der Behinderung (GdB) bemessen. Er ist eine Wertung für körperliche, seelische, geistige und soziale Auswirkungen von bleibendem Schaden nach Gesundheitsstörungen.

Berufsunfähigkeit (BU)

Dieser Begriff ist bedeutend für zugebilligte Frührenten ab dem 1. Januar 2001, wenn Antragsteller mit teilweiser Erwerbsminderung vor dem 2. Januar 1961 geboren wurden (Übergangsregelung), außerdem auch für die vor dem 1. Januar 2001 zugebilligten Berufsunfähigkeitsrenten. Beachten Sie dazu die Ausführungen auf den vorausgegangenen Seiten.

Erwerbsunfähigkeit

Im Bereich der gesetzlichen Rentenversicherung änderte das Rentenreformgesetz 1999 mit Wirkung ab 1. Januar 2001 die Bezeichnung Erwerbsunfähigkeit ebenso wie die von Berufsunfähigkeit. Die Begriffe wurden zusammengefasst und in teilweise und volle Erwerbsminderung umgewandelt. Die entsprechenden Inhalte der Begriffe wurden ebenfalls mit gravierenden Umgestaltungen der Voraussetzungen für entsprechende Frührenten geändert. Beachten Sie dazu bitte die Ausführungen auf den vorausgegangenen Seiten. Weitere Einzelheiten finden Sie in dem im Walhalla Fachverlag erschienenen Buch „Früher in Rente“ (ISBN 978-3-8029-3605-0).

Der Begriff „Erwerbsunfähigkeit“ wird auch im sozialen Entschädigungsrecht und nach dem Einkommensteuergesetz (EStG) mit unterschiedlichem Inhalt definiert.

Teilweise Erwerbsminderung – volle Erwerbsminderung

Seit dem 1. Januar 2001 gibt es die zweistufige Erwerbsminderungsrente.

Wichtig: Aus dem GdB/MdE-Grad ist *nicht* auf das Ausmaß der Leistungsfähigkeit im Erwerbsleben zu schließen. GdB und MdE sind grundsätzlich unabhängig vom ausgeübten oder angestrebten Beruf zu beurteilen, es sei denn, dass bei Begutachtungen im sozialen Entschädigungsrecht ein besonderes berufliches Betroffensein berücksichtigt werden muss.

Die Anerkennung von teilweiser oder voller Erwerbsminderung durch einen Rentenversicherungsträger oder die Feststellung einer Arbeitsunfähigkeit oder Dienstunfähigkeit erlaubt keine Rückschlüsse auf den GdB-Grad, wie umgekehrt aus dem GdB-Grad nicht auf die genannten Leistungsvoraussetzungen anderer Rechtsgebiete geschlossen werden kann.

Medizinische Voraussetzungen für die Anerkennung der Schwerbehinderteneigenschaft

2

Beschwerden, Befunde, Diagnosen, Funktionsstörungen

Das Schwerbehindertenrecht legt für die Anerkennung der Schwerbehinderteneigenschaft das Vorhandensein folgender medizinischer Voraussetzungen zugrunde:

Schwerbehinderteneigenschaft: medizinische Voraussetzungen

- Dauerhafte Abweichung von körperlichen Funktionen, geistigen Fähigkeiten oder seelischer Gesundheit von dem für das Lebensalter typischen Zustand in solchem Maße, dass eine Teilhabe am Leben in der Gesellschaft beeinträchtigt ist.
- Die Funktionsbehinderungen müssen durch ärztliche Befunde nachweisbar und für die medizinische Begutachtung des Versorgungsamtes nach Aktenlage nachvollziehbar sein.
- Die Funktionsbehinderungen müssen mindestens über sechs Monate bestehen.
- Das Ausmaß einer nicht vorübergehenden Funktionsbehinderung muss, um als Behinderung anerkannt zu werden, mindestens 10 Einzel-GdB betragen.
- Die Billigung einer Schwerbehinderteneigenschaft bedingt mindestens einen Gesamt-GdB von 50.
- Die Tatsache des Vorliegens einer Arbeitsunfähigkeit, Dienstunfähigkeit, Erwerbsunfähigkeit, Berufsunfähigkeit oder teilweise bzw. volle Erwerbsminderung allein reicht zur Anerkennung einer Behinderung nicht aus.
- Die geltend gemachten Gesundheitsstörungen müssen eine „Regelwidrigkeit gegenüber dem für das Lebensalter typischen Zustand" darstellen. „Alterserscheinungen" oder Fehlen der biologischen entwicklungsbedingten Fähigkeiten (Kinder) gelten nicht als Behinderung.

Unter Gesundheitsstörungen stellt man sich im Allgemeinen Schwäche, Kopfschmerzen, Hautjucken oder Verstopfung vor, ebenso wie Herzkrankheiten, Bronchialasthma, Krebserkrankung oder der Zustand nach einer Beinamputation.

Gesundheitsstörung und Krankheit drücken für den Mediziner denselben Zustand aus. Was sich hinter dem Begriff Krankheit verbirgt, wurde bereits durch die WHO-Definition – juristische und medizinische Interpretation – verdeutlicht.

Krankheiten verursachen Beschwerden. Sie werden vom Arzt nach den klinischen Symptomen, die durch die Krankheiten verursacht werden, unterschieden. Typische Beschwerden sind Schwäche, Schmerzen, Schwindelgefühl, Verstopfung, schwache Harnblase etc.

Hinter den genannten Beschwerden können sich zahlreiche Erkrankungen als Ursache verbergen. Denken Sie an Kopfschmerz. Er kann durch Migräne, Kieferhöhlenentzündung, Hirntumor, Augendruckerhöhung, Halswirbelsäulenerkrankung etc. entstehen. Brustschmerzen zum Beispiel werden vor allem durch Angina pectoris hervorgerufen, treten aber auch bei Erkrankung der Speiseröhre, der Brustwirbelsäule, der Nervenbahnen etc. auf. Unzählige medizinische Gründe könnte man für Bauchschmerzen aufzählen, zum Beispiel Gallen- oder Nierenkoliken, Magengeschwüre, Bauchspeicheldrüsenerkrankung, Darmverschluss etc.

Aus oben aufgeführten Gründen ist es ungeschickt, wenn Sie ohne Rücksprache mit Ihrem Hausarzt Kopf-, Bauch-, Bein- oder sonstige Schmerzen als Behinderungsgrund geltend machen möchten. Die verursachende Krankheit dazu muss benannt werden.

Unter Krankheitssymptomen versteht der Arzt alle Erscheinungsformen einer Erkrankung. Dazu gehört zum Beispiel Hinken, Hautblässe, Erbrechen, Doppelsehen ebenso wie typische Schmerzformen etc. Sie haben sicher schon einmal beim Arzt den Ausspruch gehört, die vorliegenden Symptome seien typisch für diese oder jene Krankheit. Die Krankheitssymptome weisen häufig auf eine Verdachtsdiagnose hin, die dann mit Hilfe von Untersuchungsbefunden bestätigt oder widerlegt wird.

Die Untersuchungsbefunde sind die Ergebnisse von medizinischen Untersuchungen, die anlässlich eines Hausbesuchs, in der Arztpraxis oder in einer Krankenanstalt durchgeführt und sorgsam dokumentiert werden. Viele EDV-gesteuerte Untersuchungsgeräte des Arztes drucken Untersuchungsprotokolle wie EKG-Streifen, Ultraschall-, Röntgen- und MRT (Magnetresonanztomographie, auch als Kernspintomographie bekannt)-Bilder, Messwerte, Diagramme aus. Die damit gewonnenen Messwerte oder Erkenntnisse werden vom Arzt in einem Untersuchungsbefund festgehalten und bezüglich der Diagnose interpretiert.

Die Auswahl einzelner Untersuchungsmethoden zur Klärung einer klinischen Fragestellung wird durch die geltende medizinische Lehrmeinung bestimmt. Das diagnostische Vorgehen des Arztes richtet sich streng danach. Daher wird heute zum Beispiel ein vergrößertes Herz mit der Echokardiographie, ein Gallenstein mit Sonographie, ein Magengeschwür mittels Gastroskop etc. untersucht.

Die genannten Beispiele zeigen, dass die jeweiligen Untersuchungsmethoden ganz gezielt nur zum Zwecke der Abklärung jener klinischen Fragestellungen angewandt werden, für die sie konstruiert wurden.

Unsinnig und laienhaft ist die Meinung, dass bestimmte Geräteuntersuchungen wie EKG und MRT vom Arzt zu häufig wegen der Geräteamortisation angesetzt werden. Wahr ist, dass Herz und Kreislauf bei sehr vielen Krankheiten in Mitleidenschaft gezogen werden. MRT zum Beispiel ist die sicherste Untersuchungsmethode zur schnellen Klärung, ob ein Schlaganfall vorliegt.

Die Diagnose, d.h. die Feststellung einer Krankheit, ist Ergebnis der ärztlichen Abklärung. Eine Diagnose zu stellen, bedeutet einen komplizierten Prozess. Es gibt wohl die berühmte Blickdiagnose, die allerdings wenig treffsicher ist. Die gelbe Hautfarbe ist typisch für Gelbsuchtkranke oder für einen Chinesen. Schwieriger ist es, die entscheidende diagnostische Feststellung zu treffen, welche Art von Gelbsucht vorliegt.

Zur Diagnosestellung gehören selbstverständlich die Befragung über Beschwerden, zur Geschichte der Beschwerden, die Beobachtung klinischer Symptome und eine möglichst gezielte Anwendung von Untersuchungsmethoden. Die Diagnose hat dann weit reichende Konsequenzen sowohl für den Kranken (Operation, Chemotherapie, Strahlenbehandlung etc.) als auch für den Kostenträger und nicht zuletzt für den Arzt (Verantwortung, Haftung, Ruf etc.).

Mit der Diagnose wird die Krankheit definiert. Sie bedeutet für den Erkrankten Leid, das teilweise auf Funktionsstörungen zurückzuführen ist. Diese können in allen Organ- oder Organsystem-Bereichen auftreten, wie bereits in den vorangehenden Abschnitten eingehend erörtert.

Die ärztlichen Befunde über Funktionsstörungen

Aus den vorgelegten ärztlichen Befunden erfährt der Gutachter, ob die geltend gemachten Gesundheits- bzw. Funktionsstörungen bei oder nach einer Krankheit in der Tat vorliegen. Außerdem erlangt er Kenntnis darüber, in welchem Maße die körperlichen Funktionen, geistigen Fähigkeiten oder die seelische Gesundheit in dem jeweiligen Fall von dem für das Lebensalter typischen Zustand abweichen. Wie weit ist dadurch die Teilhabe des Erkrankten am Leben in der Gesellschaft beeinträchtigt?

Die ärztlichen Befunde Ihres Hausarztes und der behandelnden Fachärzte sowie weitere ärztliche Gesundheitszeugnisse stellen eine sachkundige Einschätzung Ihres gesamten Gesundheitszustandes dar. Ihnen kommt im Begutachtungsverfahren nach dem Schwerbehindertenrecht eine große Bedeutung zu.

Rechtlich gilt, dass „ärztliche Gesundheitszeugnisse gewichtigen Beweiswert haben, sie müssen somit inhaltlich richtig sein". Deshalb ist für den Arzt bei der Abfassung des Attests der § 278 Strafgesetzbuch (StGB) bindend. Dieses Gesetz untersagt dem Arzt streng, Gefälligkeitszeugnisse auszustellen.

Wie erfährt der begutachtende Arzt im Versorgungsamt von den Leiden des Antragstellers?

- Durch das ausgefüllte Antragsformular,
- durch Untersuchungsberichte, die im Rahmen der Sachaufklärung des Versorgungsamtes angefordert werden,
- durch Attest des Hausarztes oder behandelnder Ärzte, die der Antragsteller selbst besorgt.

Bei den vorgelegten Befundberichten, Befundscheinen oder Attesten ist es unerheblich, ob sie durch den Antragsteller eingereicht oder von Amts wegen angefordert wurden.

Wichtig dagegen ist, dass sie

- das aktuelle Ausmaß der Funktionsstörungen und Behinderungen infolge der vorliegenden Krankheiten oder Unfallfolgen des Antragstellers im Einzelnen beschreiben,
- Stadium, Schweregrad und Prognose der Krankheiten angeben,
- die Dauer der Erkrankung aufzeichnen und
- nach dem letzten Stand der klinisch-medizinischen Lehrmeinung abgefasst sind.

Der behandelnde Arzt kann auch den Grad der Behinderung (GdB) der einzelnen Funktionsstörungen angeben, er sollte jedoch die dazugehörige Randnummer in den „Anhaltspunkten" (Leitfaden zur Begutachtung) ebenfalls aufführen.

Alle Gesundheitsstörungen sollten angegeben werden. Der ganze Mensch mit all seinen Erkrankungen wird begutachtet. Viele, eventuell gleichzeitig vorliegende Behinderungen können einander nachteilig beeinflussen. So wird zum Beispiel ein schwaches Herz eines Beinamputierten bei Alltagsbelastungen mehr Behinderungsnachteile verursachen oder ein Gehörschaden bei Blinden Unbeholfenheit bewirken.

Die Beschreibung der pathologischen Befunde oder die Aufzählung der klinischen Diagnosen alleine sind in einem ärztlichen Attest wohl wichtig, jedoch für das Aktengutachten ungenügend.

Wenn im vorgelegten ärztlichen Befundbericht eine Diagnose ohne Nennung der damit verbundenen Funktionsstörungen aufgeführt wird, kann der Gutachter Ihre Behinderung nur grob schätzen. Daraus kann sich für Sie möglicherweise eine Enttäuschung oder das Gefühl, ungerecht eingestuft worden zu sein, ergeben.

Beispiel:

Bei einer Nierenerkrankung im „Stadium der kompensierten Retention" kann die Einschränkung der Ausscheidungsfunktion der Nieren mit vermehrtem Trinken aufgehoben werden. Dementsprechend wird keine oder nur eine geringfügige Behinderung festzustellen sein. Im fortgeschrittenen Stadium kann die Erkrankung jedoch so schwer sein, dass die Ausscheidung harnpflichtiger Substanzen nicht mehr gewährleistet ist. Der Folgezustand – Nierenversagen – macht eine lebenslange Dialysebehandlung erforderlich. Es handelt sich hier um eine schwerwiegende Behinderung. Dazwischen liegen viele Übergangsstufen. Zur realistischen Beurteilung benötigt der Gutachter also Auskunft über den körperlichen Zustand, Blutdruckverhalten, Laborbefunde, Therapie etc. Dies gilt auch für Bronchialasthma, arterielle Verschlusskrankheit, Diabetes etc.

Falls das Versorgungsamt pflichtgemäß die Sachaufklärung bei Ihrem Antrag führen muss, werden nicht nur der Hausarzt, behandelnde niedergelassene Fachärzte, Krankenhausärzte, die Sie in den letzten zwei Jahren behandelt haben, sondern auch gegebenenfalls Kurklinik, Sanatorium, Badeanstalt, Gesundheitsamt, BG etc. angeschrieben und um Einsichtnahme der ärztlichen Unterlagen ersucht.

Die vom Versorgungsamt angeforderten Unterlagen, Kopien oder Originale, werden nach Bearbeitung Ihres Antrages in Ihrer Akte abgelegt bzw. wunschgemäß der betreffenden ärztlichen Stelle zurückgesandt.

Maßgebliche Aspekte der Bewertung von Gesundheitsstörungen

Der Antragsteller hat ein Anrecht auf eine ärztliche Beurteilung nach einheitlichen Grundsätzen unter Würdigung der besonderen Lage des Einzelfalles.

Diese prinzipielle Betrachtung machte es erforderlich, die Gesundheitsstörung als „Regelwidrigkeit gegenüber dem für das Alter typischen Zustand" zu definieren. Dadurch wird die Anwendung des GdB und der MdE für Kinder in gleicher Weise wie für alte, gebrechliche Menschen möglich.

Bei Kindern werden die altersbedingt noch nicht entwickelten Fähigkeiten ebenso wie altersbedingtes Nachlassen der allgemeinen körperlichen und geistigen Leistungsfähigkeit bei älteren Menschen bei der Beurteilung des GdB *nicht* berücksichtigt.

Einschränkung der Beweglichkeit, Minderung der Kraft und Schnelligkeit, Nachlassen der Libido, des Gedächtnisses, des Seh- und Hörvermögens im Alter wird als regelhaft betrachtet. Nicht regelhaft ist im Alter zum Beispiel Altersdiabetes, Altersstar, hoher Blutdruck, Lungenblähung oder Gelenk- und Wirbelsäuledeformierung, vermehrte Krankheits- und Unfallanfälligkeit etc.

Grundsätzlich erkranken alte Menschen ebenso wie junge. Man kann aber im Alter von schwererem Krankheitsverlauf, Krankheitsfolgen und Komplikationen sprechen. Hier sei nur auf die im Alter erschwerte Pflege- und aufwandbedürftige ärztliche Betreuung von bettlägerig Erkrankten hingewiesen.

Dazu kommen noch bestimmte Krankheiten wie bösartige Tumoren, Schlaganfall, seelische Störungen etc., die bei Älteren häufiger auftreten.

Es überwiegt die Zahl der Antragsteller, die sich nicht nur durch eine, sondern durch mehrere Gesundheitsstörungen beeinträchtigt fühlen. Daraus können eine oder mehrere Funktionseinschränkungen resultieren. So verstärkt zum Beispiel ein Knorpelschaden im Kniegelenk und eine arterielle Verschlusskrankheit (Blutgefäßverschluss mit Folge von Sauerstoffmangel des Gewebes im Versorgungsgebiet) eine Gehbehinderung. Hingegen wird ein Kniegelenkschaden bei Beinlähmung durch Gehirninsult nicht zum Tragen kommen.

Eine chronische Erkrankung kann periodisch (zum Beispiel Bronchitis, Magengeschwür), in Schüben verlaufen (zum Beispiel PcP – chronisch-entzündlich rheumatische Gelenkserkrankung, Morbus Crohn – chronische Entzündung des Dünndarms) oder über längere Zeit zum Stillstand kommen (zum Beispiel Kieferhöhlenentzündung, Leberzirrhose). Die akuten Phasen solcher Erkrankungen gehen oft mit schweren Funktionsstörungen einher. Zuckerkrankheit und ein Bandscheibenschaden sind beispielsweise Störungen, die verschiedene Lebensbereiche betreffen.

Kompliziert ist die Behinderungssituation, wenn

- eine Gesundheitsstörung mit Komplikationen einhergeht, zum Beispiel Leberzirrhose mit Blutungen in der Speiseröhre, Wasser in der Bauchhöhle oder Gehirnfunktionsstörungen;

- eine chronische Erkrankung mit langsamer, jedoch nachhaltiger Verschlechterung, zum Beispiel Tuberkulose, Kardiomyopathie (Herzmuskelerkrankung mit krankhafter Erweiterung der Herzhöhlen), vorliegt;
- mehrere Gesundheitsstörungen voneinander unabhängig vorliegen, diese aber gemeinsam eine oder mehrere Funktionsstörungen verursachen. Beispiel: Wenn bei Verlust einer Niere (durch Operation eines Nierentumors) die verbliebene durch Diabetes geschädigt ist, wird die Ausscheidungsfunktion harnpflichtiger Substanzen dadurch eingeschränkt. Als weitere Komplikation kann eine Hochdruckkrankheit hinzukommen, unter Umständen auch noch Gicht und Nierensteine;
- mehrere Gesundheitsstörungen vorliegen, die miteinander die Gesamtbehinderung verschlimmern. Beispiel: gleichzeitig vorliegende Taubheit und Sehminderung, Gehhilfebedarf und gleichzeitige Greifschwäche der Hände etc. Eine periphere arterielle Verschlusskrankheit eines gelähmten Beins nach Hirninsult (Schlaganfall) ist bei Bewertung der Gesamtbehinderung unerheblich. Bei einer noch nicht sehr fortgeschrittenen Herzinsuffizienz kann eine gleichzeitig bestehende Hüftgelenkarthrose die Fortbewegung zusätzlich erschweren. Dagegen ist bei einer schweren Herzschwäche und damit bedingter Bettlägerigkeit eine Gehbehinderung durch Gelenkarthrose von der Funktionseinbuße her ohne Bedeutung.

Die aufgeführten Beispiele zeigen, dass der Gutachter bei gewissenhafter Betrachtung aller Erkrankungen eines Antragstellers und den daraus resultierenden Funktionsbeeinträchtigungen in allen seinen Lebensbereichen eine Vielzahl von medizinischen Gesichtspunkten zu berücksichtigen hat.

Die medizinischen Gesichtspunkte müssen der Objektivität wegen aus den Diagnosen abgeleitet werden. Diese wiederum sind Ergebnisse medizinischer Untersuchungen, die mit dem wissenschaftlichen Fortschritt immer komplizierter und teurer werden. Dafür liefern sie genauere Aussagen hinsichtlich Organschäden, Funktionsausfällen, Therapierbarkeit und Prognosen.

Ganz besondere Bedeutung kommt solchen ärztlichen Befunden zu, die quantitativ messbare Untersuchungsergebnisse mit altersbezogenen Referenzwerten beinhalten. Solche Untersuchungen sind Lungenfunktionsdiagnostik, Herz-Kreislauf-Belastungstest am Ergometer, orthopädische Messmethoden zur Gelenkbeweglichkeit etc.

Die verschiedenen Krankheiten zeigen in ihrem Verlauf große Abweichungen, die bei der Bewertung des GdB berücksichtigt werden müssen. Die Krankheitscharakteristik – schneller oder langsamer Heilungsprozess, periodisches oder anfallsweises Auftreten oder Rückfälle etc. – ergibt unterschiedliche Arten funktioneller Beeinträchtigungen und Behinderungen.

Im Endeffekt kommt es bei der Begutachtung darauf an, dass festgestellt wird, welche Funktionseinschränkungen die vorliegenden Erkrankungen im Einzelnen verursachen und inwieweit diese in ihrer Gesamtheit die Lebensqualität des Antragstellers beeinträchtigen.

Der GdB als Maßstab für eine Schwerbehinderteneigenschaft setzt eine Organfunktionsstörung oder Behinderung infolge Erkrankung voraus, die länger als sechs Monate besteht. Dementsprechend wird immer – falls der Antrag früher gestellt wurde – eine Bewertung festgesetzt, die einem verbleibenden Schaden entspricht, der voraussichtlich auch nach Ablauf von sechs Monaten noch vorliegt.

Dies kann zu Enttäuschungen führen, weil erstens der Antragsteller verständlicherweise von seinem gegenwärtigen Leidensdruck ausgeht und erwartet, dass dieser entsprechend gewürdigt wird. Zweitens kann der Gutachter den Zustand nach sechs Monaten nur abschätzen.

Beispiel:

Eine schwere Lungenentzündung wird nach sechs Monaten erwartungsgemäß abgeheilt sein, deshalb mit keinem GdB gewürdigt. Ein Herzinfarkt hingegen wird nach Akutbehandlung in der Klinik und Anschlussheilverfahren Folgeschäden weit über sechs Monate hinaus aufweisen.

Wenn der Antragsteller innerhalb von sechs Monaten nach Beginn der Erkrankung stirbt, wird die Behinderung nach den in sechs Monaten zu erwartenden Funktionseinschränkungen bewertet. Falls der Eintritt der Gesundheitsstörung und der Tod in einem einheitlichen Vorgang zu betrachten sind, kann eine Bewertung der Behinderung nicht vorgenommen werden.

Bei bestimmten schweren chronischen Erkrankungen, insbesondere bei Tumorerkrankungen, die zu Rezidiven neigen, wird vorerst dem Behinderungszustand entsprechend eine höhere Bewertung vorgenommen, zumal die therapeutischen Maßnahmen wie Operation, Nachbestrahlung, Chemotherapie, psychisches Trauma etc. den Zustand des Kranken noch zusätzlich abschwächen. Die endgültig zurückgebliebenen Behinderungen werden erst nach Abwarten einer sogenannten Heilungsbewährung von ca. zwei bis fünf Jahren beurteilt.

Die Heilungsbewährung beginnt mit dem Zeitpunkt der sogenannten Primärtherapie (Operation, Bestrahlung etc.) der Erkrankung.

Gesundheitsstörungen, die erst in Zukunft zu erwarten sind, können nicht als vorliegende Behinderungen bewertet werden. In einem solchen Fall handelt es sich um eine Gefährdung des Gesundheitszustandes bzw. der körperlichen Leistungsfähigkeit mit Konsequenzen im Bereich der medizinischen Rehabilitation.

Einer besonderen Abhandlung bedürfen Schmerzen und sogenannte seelische Begleiterscheinungen. Sie sind einerseits das übliche Maß betreffend bereits bei den einzelnen GdB-Bewertungen (zum Beispiel Bandscheibenvorfall, Nierensteinerkrankung) mitberücksichtigt. Auch besonders schlimme Schmerzzustände (bei Angina pectoris, Spannungskopfschmerzen, Nierenkolik, Gürtelrose), die gewöhnlich bei bestimmten Krankheiten auftreten, sind in den GdB-Positionen bereits bemessen.

Andererseits wird der Gutachter die über das übliche Maß hinausgehenden starken Schmerzzustände (zum Beispiel Phantomschmerzen nach Amputation oder qualvolle glühend-brennende Schmerzen nach Nervenverletzung, Schmerzen bei Gehirntumoren) – wenn diese geltend gemacht wurden – zusätzlich berücksichtigen. Diese außergewöhnlichen Schmerzen benötigen eine spezielle Schmerztherapie und Betreuung unter ärztlicher Führung.

Was außergewöhnliche Schmerzzustände betrifft, gilt auch für erhebliche, über das übliche Maß hinausgehende seelische Belastungszustände. So wird die Mitteilung des Klinikarztes über die Erkrankung an einem bösartigen Tumor bei jedem Betroffenen einen Schock auslösen. Gleichzeitig beginnt eine schwere psychische Dauerbelastung durch den häufig aussichtslosen Kampf mit der Krankheit: „Außergewöhnliche seelische Begleiterscheinungen sind anzunehmen, wenn anhaltende psychoreaktive Störungen (d. h. psychische Reaktionen) in einer solchen Ausprägung vorliegen, dass eine spezielle ärztliche Behandlung dieser Störungen, zum Beispiel mit Hilfe der Psychotherapie, erforderlich ist." Der Gutachter sollte im Antrag über solche Zustände Kenntnis erhalten.

Wenn eine schwere Erkrankung voll und ganz abgeheilt ist und keinen Folgeschaden hinterlässt, kann nicht von bleibenden Funktionsstörungen oder Behinderungen gesprochen werden. Wenn beispielsweise ein großer Kropf mit Überfunktion der Schilddrüse erfolgreich operiert wurde, wird eine Hormontherapie angesetzt. Der Hausarzt kontrolliert regelmäßig die Funktionswerte und sorgt somit für normale Stoffwechselverhältnisse. Eine Funktionsstörung oder Behinderung liegt dann nicht vor. Dies gilt prinzipiell für alle erfolgreich durchgeführten Operationen, die zum Ziel haben, gestörte Funktionen wiederherzustellen (gutartige Prostatavergrößerung, Darmverschluss, Nierenstein etc.)

Wenn der operative Eingriff nur eine Korrektur bezweckt, das heißt ein Resultat „So gut wie möglich" erbracht wurde (zum Beispiel Gelenk-Endoprothesen – künstliche Gelenke), wird die verbliebene Behinderung gewürdigt.

Will sich dagegen jemand nicht behandeln lassen, kann dies für ihn erhebliche Nachteile mit sich bringen. Beachten Sie dazu die Ausführungen in Kapitel 3.

Beispiel:

> Ein zerstörtes Hüftgelenk kann ebenso zur völligen Gehunfähigkeit führen wie ein Raucherbein zur Amputation. Es kann viele Gründe geben, warum jemand die heute routinemäßig durchgeführte Hüftgelenkoperation oder einen arteriellen Bypass ablehnt.
>
> Die Einnahme von Allopurinol-Tabletten verhindert Gichtanfälle und Gichtarthrose.

Bei Verweigerung solcher Behandlungen kommt es unter Umständen zu schweren Behinderungen mit allen sozialen Konsequenzen.

Laut Gesetz ist nicht die Ursache der Behinderung, sondern allein das Vorhandensein einer solchen maßgeblich. Dies gilt auch für selbstverschuldete Behinderungen, sei das infolge Sport- oder sonstiger Unfälle, sei es infolge übermäßigen Tabak-, Alkohol-, Medikamenten- oder Drogenkonsums etc.

Bei der Vielfalt von Krankheitsverläufen ist es wichtig, dass die Begutachtung nach einheitlichen Grundsätzen unter Würdigung der besonderen Lage des Einzelfalles geschieht, wobei die „Auswirkungen der einzelnen Funktionseinschränkungen in ihrer Gesamtheit und unter Berücksichtigung ihrer wechselseitigen Beziehungen zueinander" bewertet werden.

Die ärztliche Begutachtung

Zur Bewertung einer Behinderung muss bei den meisten Anträgen ein ärztliches Gutachten – ein sogenanntes Aktengutachten – im Auftrag des zuständigen Versorgungsamtes erstellt werden.

Das Gutachten dient als wichtige Entscheidungsgrundlage für Ihren Antrag. Es greift allerdings keineswegs einer Entscheidung des Versorgungsamtes als Verwaltungsbehörde vor. Wenn eine Versorgungsbehörde im Verwaltungsverfahren ein medizinisches Gutachten einholt, so erfüllt sie ihre Pflicht, den Sachverhalt von Amts wegen zu ermitteln (§ 20 SGB X).

Verfassungsmäßig gelten die oben genannten Behörden wie alle anderen Verwaltungsbehörden als vollziehende Gewalt und somit an Gesetz und Recht gebunden. Deshalb sind sie verpflichtet, ein Höchstmaß an Sorgfalt aufzuwenden und den Sachverhalt in allen für die Entscheidung wesentlichen Fragen abzuklären, bevor sie einen Bescheid erlassen.

Insbesondere die medizinische Abklärung von Sachverhalten in großen Bereichen der sozialen Absicherung breiter Bevölkerungsschichten liefert den Sozialverwaltungen in Form von Gutachten die Grundlage für die Entscheidungen, die sie über bestimmte soziale Rechte und Ansprüche eines Bürgers tagtäglich zu treffen haben.

Jeder freie Sachverständigen-Gutachter muss seinen Auftrag unter Einhaltung bindender Richtlinien bearbeiten. Diese Richtlinien sind:

- maximale Objektivität
- wissenschaftliche Gründlichkeit
- Unabhängigkeit

Sehr wichtig ist die Klarstellung des Bundessozialgerichtes darüber, dass ein Verwaltungsgutachten, dazu gehört auch das medizinische Sachverständigengutachten, als sogenanntes unparteiisches Gutachten zu betrachten ist (§ 128 SGG).

Dies bedeutet im Alltag, dass der Gutachter in seinen Entscheidungen von seinem Auftraggeber – in unserem Fall vom Versorgungsamt – unabhängig ist. Er prüft mit medizinischem Sachverständnis für den Auftraggeber Versorgungsamt, ebenso aber auch für Sie als Antragsteller, ob die in Ihrem Antrag geltend gemachten Gesundheitsstörungen einen berechtigten Anspruch zur Anerkennung als Schwerbehinderung darstellen. Dabei hat er sich um eine kritische Würdigung und neutrale Wertung aller mit dem Antrag eingereichten ärztlichen Befunde bzw. sonstigen Unterlagen zu bemühen.

Krankheiten, Funktionsstörungen, Behinderungen oder daraus resultierende Nachteile in allen Lebensbereichen, die im Antrag nicht angegeben wurden, können vom Gutachter nicht berücksichtigt werden.

Die gutachterliche Bewertung von Untersuchungsergebnissen und die daraus gezogenen Schlussfolgerungen bezüglich des Ausmaßes von Funktionseinschränkungen etc. richten sich streng nach der heute geltenden allgemeinen Lehrmeinung in der Medizin und nicht nach persönlichen Ansichten des Gutachters.

Begutachtung nach Aktenlage

Für die Anerkennung einer Schwerbehinderung ist eine ärztliche Begutachtung erforderlich. Diese ärztliche Begutachtung ist ein sogenanntes Aktengutachten, das heißt es wird nach Aktenlage entschieden. Dies bedeutet, dass hauptsächlich die von Ihnen schriftlich dargelegten Angaben oder eingereichten ärztlichen Befunde zur Entscheidung beitragen.

Eine Begegnung, ein ärztliches Gespräch oder eine Untersuchung durch den Gutachterarzt findet nicht statt. Diese Tatsache hat den Nachteil für den Antragsteller, dass er seine gesundheitlichen Beeinträchtigungen und sozialen Nachteile in seinem Alltag nicht persönlich vermitteln kann. Der Gutachter vermisst seinerseits den für die ärztliche Arbeit auf allen medizinischen Fachgebieten so wichtigen persönlichen Eindruck und die Möglichkeit, sich in die gesundheitlichen und sozialen Probleme eines behinderten Menschen einzufühlen.

Nur in Ausnahmefällen findet ein persönliches Gespräch bzw. eine Untersuchung statt.

Nicht angegebene Leiden oder Krankheitsfolgen bleiben, und seien sie noch so schwerwiegend, im Allgemeinen unberücksichtigt. Erleidet ein älterer Patient beispielsweise einen Schlaganfall mit Folgelähmungen, wird gewöhnlich sofort ein Antrag auf Anerkennung einer Schwerbehinderung gestellt. Dass hinter dem Schlaganfall eine Herzerkrankung, Gefäßkrankheit oder Thrombose steckt, wird häufig nicht weiter ausgeführt, obwohl die klinisch-diagnostische Abklärung sich immer bemüht, die Ursachen aufzudecken. Die Abklärung eines Schlaganfalles ist heute ohne Erfassung der möglichen krankheitsverursachenden Faktoren undenkbar.

Vor einer endgültigen Entscheidung des Versorgungsamtes (durch Verwaltungsakt) muss der Antragsteller nochmals (schriftlich) angehört werden.

Die Akte zum Aktengutachten

Zur medizinischen Begutachtung Ihrer gesundheitlichen Beeinträchtigungen nach Aktenlage benötigt der Gutachter die Akte. Sie wird in dem für Sie zuständigen Versorgungsamt erstellt. Sie beinhaltet Ihren Antrag auf Anerkennung einer Schwerbehinderung, die von Ihnen geltend gemachten Gesundheitsstörungen und ärztliche Befunde, die Sie eingereicht haben oder das Amt angefordert hat.

Auch Ihre Mitteilungen über die Einbuße an Fähigkeiten in sozialen Verhältnissen, gesellschaftlichen Kontakten oder über sonstige persönliche Angaben bleiben in der Akte aufbewahrt. Die gleiche Akte wird auch später bei einem eventuellen Antrag auf Neubewertung wegen Verschlimmerung, zur Nachprüfung von Amts wegen oder bei Widersprüchen zur Bearbeitung vorgelegt.

Die Akte kann vom Betreffenden, seinem bevollmächtigten Vertreter, anderen Gesundheitsbehörden oder Gerichten eingesehen werden.

Der medizinische Gutachter hat andere Aufgaben als Ihr Hausarzt

Ein ärztlicher Gutachter unterscheidet sich durch seine Aufgaben von Ihrem Hausarzt. Sie gehen zu Ihrem Hausarzt wegen körperlicher oder psychischer Beschwerden. Bei einer hausärztlichen Konsultation stehen diese im Mittelpunkt. Um die Beschwerden zu beheben bzw. zu lindern, führt der Hausarzt selbst Untersuchungen durch oder veranlasst sie. Er stellt die Diagnosen, bestimmt und überwacht die Therapie.

Im Gegensatz dazu hat ein Gutachter die Beschwerden über gesundheitliche Funktionseinschränkungen von einem ganz anderen Gesichtspunkt aus zu bewerten. Er setzt sie mit den im Vorfeld abgeklärten Diagnosen (durch Hausarzt, Facharzt, Klinik etc.) in Verbindung, prüft die daraus abzuleitenden Behinderungen, um so zum Beispiel Erwerbsminderung, Schädigungsfolgen oder den Grad der Behinderung festzustellen.

Für den Antragsteller ist weiterhin wichtig zu wissen, dass der Arzt – Hausarzt ebenso wie Gutachter – bei der Verarbeitung von medizinischen Problemen folgendermaßen vorgeht:

- Beschwerdenanalyse
- Diagnosefindung
- Therapiebestimmung oder Feststellung eines Behinderungsgrades

Die Funktionsstörungen werden von den Gutachtern folgenden Organen bzw. Organsystemen zugeordnet:

- Gehirn und Psyche
- Augen
- Ohren
- Atmung
- Herz-Kreislauf
- Verdauung
- Harnorgane
- Geschlechtsapparat
- Haut
- Blut, blutbildende Systeme, Immunsystem
- innere Sekretion, Stoffwechsel
- Arme
- Beine
- Rumpf

Als Grundlage seines Gutachtens dienen dem ärztlichen Gutachter die vorliegenden Krankheiten des Antragstellers. Diese sollten gutachterlich einerseits bestätigt werden, andererseits sollen die aus den Erkrankungen resultierenden Folgeschäden und die damit verbundenen Funktionsstörungen bzw. Behinderungen oder Nachteile definiert und entsprechend des Gutachtenauftrages (zum Beispiel Prüfung der Erwerbsminderung in der Rentenversicherung, Untersuchung von bleibenden Schädigungsfolgen in der

Unfallversicherung oder Funktionsbeeinträchtigungen in allen Lebensbereichen nach dem Gesetz etc.) interpretiert werden.

Der Gutachter ist bei seiner Beurteilung über den Grad der Behinderung nach SGB IX nicht an Feststellungen, die bereits früher nach anderen Gesetzen getroffen wurden, gebunden. Im umgekehrten Fall gilt das Gleiche.

Der Antrag auf Anerkennung der Schwerbehinderteneigenschaft

3

Gründe für die Antragstellung

Einen Antrag auf Anerkennung von Schwerbehinderung kann jeder Bürger ohne Kostenbelastung stellen, der meint, dass er durch Funktionseinschränkungen infolge Krankheit oder Unfall in bestimmten Lebensbereichen – nicht nur bei seiner Erwerbstätigkeit – Nachteile hinnehmen muss.

Eine Feststellung über die Behinderteneigenschaft ist nicht zu treffen, wenn eine entsprechende Entscheidung schon in einem Rentenbescheid oder dergleichen festgestellt wurde. Beispielsweise sind hier der Bescheid einer Berufsgenossenschaft oder eines Versorgungsamtes zu nennen. Bescheide der Rentenversicherungsträger über Berufs- oder Erwerbsunfähigkeitsrenten bzw. über Erwerbsminderungsrenten sind hier aber nicht angesprochen.

Ist die Schwerbehinderung (einschließlich Grad der Behinderung) durch eine andere Stelle festgestellt worden, so stellt Ihnen trotzdem das Versorgungsamt einen Schwerbehindertenausweis aus.

Der Antrag auf Anerkennung einer Schwerbehinderung muss beim zuständigen Versorgungsamt gestellt werden. Ohne Antrag ist eine Anerkennung von Behinderungen oder ein Nachteilsausgleich nicht möglich. Die Vorlage eines vom Antragsteller angeforderten ärztlichen Attests ist nicht Bedingung.

Maßgebend ist die Tatsache des Vorliegens einer Behinderung und nicht deren Herkunft oder Ursache. Einkommen oder (soziale) Herkunft des Antragstellers sind ebenso unerheblich.

Man kann davon ausgehen, dass der instinktive Lebens- und Gesundungswille jedes Erkrankten ihn dazu bewegt, sich in ärztliche Behandlung zu begeben oder gar schwere Operationen über sich ergehen zu lassen, um Gesundheit, Kraft und Leistungsfähigkeit zurückzuerlangen. Waren diese Bemühungen erfolglos, so bleiben häufig dauerhafte Behinderungen zurück.

Ein längerer Leidensweg im Falle einer Erkrankung führt zwangsläufig dazu, dass der Antragsteller Informationen über seine Krankheit, Behandlungsmöglichkeiten, Heilungsaussichten gewinnt. Daher ist zu erwarten, dass er seine Funktionsstörungen, die er als Behinderung geltend machen will, kennt und dass er weiß, dass er Messwerte zum Nachweis der Schwere oder des Ausmaßes der Behinderung durch den behandelnden Arzt für den Antrag zur Verfügung zu stellen hat (siehe dazu die Ausführungen in diesem Kapitel).

Ihr Antrag sollte auch dann, wenn Sie die Diagnose zu Ihren Erkrankungen nicht nennen können, zumindest die Auswirkungen (Kopfschmerz, Schwindel etc.) und Begleiterscheinungen (zum Beispiel psychische Belastung bei Krebserkrankung) Ihrer Gesundheitsstörungen beinhalten.

Der Patient ist der Antragsteller, nicht sein Hausarzt oder der behandelnde Facharzt.

Häufig werden Anträge von älteren Berufstätigen gestellt, um durch Erwerb der Schwerbehinderteneigenschaft in Frührente gehen zu können.

Der Arbeitgeber wird am Antragsverfahren nicht beteiligt. Wegen des Kündigungsschutzes, Sonderurlaub etc. soll er jedoch benachrichtigt werden. Man legt dem Arbeitgeber eine beim Versorgungsamt angeforderte Eingangsbestätigung des Antrages zur Wahrung von Rechten vor.

Das Versorgungsamt prüft jeden Antrag gemäß den gesetzlichen Vorgaben dahin gehend, ob die zur Begründung des Antrages aufgeführten bzw. geltend gemachten Funktionseinschränkungen nachweislich vorliegen und in welchem Maße diese eine Behinderung oder Schwerbehinderung darstellen.

Die als Nachweis dienenden Untersuchungsbefunde müssen

- zu jeder geltend gemachten Funktionsbehinderung vorhanden sein,
- zutreffend sein und
- jüngeren Datums sein (dies gilt auch dann, wenn Sie ältere Befunde einreichen, um den Krankheitsverlauf darzustellen).

Aus den Untersuchungsbefunden erfährt der Gutachter häufig von Funktionsbehinderungen oder Schädigungsfolgen, die im Antrag nicht als Gesundheitsstörungen geltend gemacht wurden. Diese werden im Interesse des Antragstellers mitberücksichtigt.

Eine Schwerbehinderung wird, im Falle berechtigter Ansprüche, ab dem Datum des Antrages anerkannt, wenn nicht ausdrücklich die Anerkennung zu einem früheren Datum beantragt wird. Der Nachweis der konkreten Entstehung der Behinderung oder des Funktionsausfalls (Lähmungen durch Hirninsult) muss erbracht werden.

Auch dann, wenn Sie zur Wahrnehmung Ihrer Rechte die Antragstellung einem Rechtsanwalt oder Verbands-Funktionsträger in Auftrag geben, sollten Sie daran denken, dass kein anderer als Sie Ihre Behinderungen nachempfinden kann.

Praxis-Tipp:

Kopieren Sie den Antrag nach Fertigstellung für eigene Unterlagen. Wenn ein Beratungsgespräch mit Ihren behandelnden Ärzten über den Antrag auf Anerkennung einer Schwerbehinderung nicht schon vorher stattgefunden hat, wird Ihr Arzt Sie diesbezüglich spätestens dann ansprechen, wenn er durch das Versorgungsamt zur Stellungnahme aufgefordert wird. Die Kopie Ihres Antrages wird für ihn wichtig sein. Es ist allerdings ein Nachteil, dieses hausärztliche Gespräch erst im Nachhinein zu führen.

Das Versorgungsamt bestätigt Ihnen den Eingang Ihres Antrages nur auf ausdrücklichen Wunsch. Die Eingangsbestätigung sollte dem Arbeitgeber vorgelegt werden.

Keine Ausstellung des Ausweises von Amts wegen, aber …

Mit der Feststellung der Behinderung und dem Ausstellen von Ausweisen beschäftigt sich § 69 SGB IX. Ausdrücklich heißt es in dieser Vorschrift, dass die Feststellung der Schwerbehinderung und die Ausstellung des Schwerbehindertenausweises auf Antrag des behinderten Menschen erfolgen. Die Versorgungsbehörden müssen hier nicht von Amts wegen vorgehen.

Aus dem Gesetzestext ergibt sich zwar eindeutig, dass von den Behörden nichts ausgehen muss, was zu einem Antrag führt. Hier ist aber § 17 SGB I zu beachten. Danach sind die Leistungsträger

– also auch die Träger der Versorgungsverwaltung – verpflichtet, darauf hinzuwirken, dass

- jeder Berechtigte die ihm zustehenden Sozialleistungen in zeitgemäßer Weise, umfassend und zügig erhält,
- die zur Ausführung von Sozialleistungen erforderlichen sozialen Dienste und Einrichtungen rechtzeitig und ausreichend zur Verfügung stehen,
- der Zugang zu den Sozialleistungen möglichst einfach gestaltet wird, insbesondere durch Verwendung allgemein verständlicher Antragsvordrucke

  und
- ihre Verwaltungs- und Dienstgebäude frei von Zugangs- und Kommunikationsbarrieren sind und Sozialleistungen in barrierefreien Räumen und Anlagen ausgeführt werden.

Hörbehinderte Menschen haben das Recht, bei der Ausführung von Sozialleistungen, insbesondere auch bei ärztlichen Untersuchungen und Behandlungen, Gebärdensprache zu verwenden. Die für die Sozialleistungen zuständigen Leistungsträger sind verpflichtet, die durch die Verwendung der Gebärdensprache und anderer Kommunikationshilfen entstehenden Kosten zu tragen.

Im Übrigen sind die Leistungsträger nach § 13 SGB I ebenso verpflichtet, im Rahmen ihrer Zuständigkeit die Bevölkerung über die Rechte und Pflichten nach dem SGB aufzuklären. Die Versorgungsämter tun dies mit Broschüren, Faltblättern etc. Auch die anderen Rehabilitationsträger (siehe die Ausführungen in Kapitel 1) informieren über ihre Leistungen.

Wichtig ist hierzu auch § 14 SGB I. Nach dieser Vorschrift hat jeder Anspruch auf Beratung hinsichtlich seiner Rechte und Pflichten nach dem SGB. Dabei sind für die Beratung die Leistungsträger zuständig, denen gegenüber die Rechte geltend zu machen sind.

Durch § 15 SGB I werden die Träger der gesetzlichen Krankenversicherung (Krankenkassen) und die sozialen Pflegekassen verpflichtet, über alle sozialen Angelegenheiten nach dem SGB Auskünfte zu geben. Die Auskunftspflicht erstreckt sich auf die Benennung der für die Sozialleistungen zuständigen Leistungsträger sowie auf alle Sach- und Rechtsfragen, die für die Auskunftsuchenden von Bedeutung sein können und zu deren Beantwortung die Auskunftsstelle im Stande ist.

Die Auskunftsstellen sind verpflichtet, untereinander und mit anderen Leistungsträgern mit dem Ziel zusammenzuarbeiten, eine möglichst umfassende Auskunftserteilung durch eine Stelle sicherzustellen.

Wichtig ist in diesem Zusammenhang zudem § 16 SGB I, der sich mit der Antragstellung durch den Leistungsberechtigten beschäftigt. Danach sind Anträge auf Sozialleistungen beim zuständigen Leistungsträger zu stellen. Sie werden auch von allen

- anderen Leistungsträgern,
- allen Gemeinden und
- bei Personen, die sich im Ausland aufhalten, auch von den amtlichen Vertretungen der Bundesrepublik Deutschland im Ausland

entgegengenommen.

Anträge, die bei einem unzuständigen Leistungsträger, bei einer für die Sozialleistung nicht zuständigen Gemeinde oder bei einer amtlichen Vertretung der Bundesrepublik im Ausland gestellt werden, sind unverzüglich an den zuständigen Leistungsträger weiterzuleiten.

Nach § 16 Abs. 3 SGB I sind die Leistungsträger, das heißt also auch die Versorgungsbehörden, verpflichtet, darauf hinzuwirken, dass unverzüglich klare und sachdienliche Anträge gestellt und unvollständige Angaben ergänzt werden.

Aus dem SGB IX sind zunächst die gemeinsamen Servicestellen zu nennen, die behinderten Menschen Beratung und Unterstützung leisten müssen (§ 22 SGB IX). Dabei geht es in erster Linie um die Leistungen der Rehabilitationsträger. In § 22 Abs. 1 Satz 3 SGB IX wird ausgeführt, dass die Beratung auch die Klärung eines Hilfebedarfs nach Teil 2 des SGB IX umfasst. Teil 2 des SGB IX enthält besondere Regelungen zur Teilhabe schwerbehinderter Menschen, also das Schwerbehindertenrecht.

Dabei werden die Pflegekassen bei drohender oder bestehender Pflegebedürftigkeit an der Beratung und Unterstützung durch die gemeinsamen Servicestellen beteiligt. Verbände behinderter Menschen einschließlich der Verbände der Freien Wohlfahrtspflege, der Selbsthilfegruppen und der Interessenvertretungen behinderter Frauen werden mit Einverständnis der behinderten Menschen an der Beratung beteiligt.

Die Mitwirkungspflichten des Antragstellers

Die Mitwirkungspflichten werden allgemein für alle sozialen Bereiche in den §§ 60 bis 67 SGB I geregelt. Danach hat derjenige, der Sozialleistungen beantragt oder erhält,

- alle Tatsachen anzugeben, die für die Leistung erheblich sind, und auf Verlangen des zuständigen Leistungsträgers der Erteilung der erforderlichen Auskünfte durch Dritte zuzustimmen,
- Änderungen in den Verhältnissen, die für die Leistung erheblich sind oder über die im Zusammenhang mit der Leistung Erklärungen abgegeben worden sind, unverzüglich mitzuteilen,
- Beweismittel zu bezeichnen und auf Verlangen des zuständigen Leistungsträgers Beweisurkunden vorzulegen oder ihrer Vorlage zuzustimmen.

Nach ausdrücklicher Vorschrift in § 60 Abs. 2 SGB I sollen Vordrucke benutzt werden, soweit diese vorgesehen sind.

Hier ist insbesondere der Antragsvordruck für die Feststellung der Schwerbeschädigteneigenschaft zu beachten.

Die Zustimmung zu Auskünften durch Dritte ist zum Beispiel im Zusammenhang mit Ärzten zu sehen, die Auskünfte über den Gesundheitszustand des Antragstellers geben können. Auch für diese Zustimmungserklärungen werden in der Regel Vordrucke benutzt.

Die Versorgungsämter fordern in ihren Hinweisen dazu auf, auf dem Antragsvordruck alle behandelnden Ärzte sowie Krankenhäuser mit genauem Aufenthaltsdatum sowie Kuranstalten anzugeben. Außerdem werden die Antragsteller aufgefordert, ärztliche Berichte, die ihnen vorliegen (gegebenenfalls in Kopie) beizufügen.

Die Mitwirkungspflichten des Antragstellers

Angabe von Tatsachen	dazu gehört auch die Vorlage von Beweismitteln und sonstiger Unterlagen
Mitteilung der Änderungen von Verhältnissen	soweit sie für die Leistung erheblich sind oder über die im Zusammenhang mit der Leistung Erklärungen abgegeben worden sind
persönliches Erscheinen	auf Aufforderung des Leistungsträgers (Fahrtkostenersatz)
Untersuchungen Durchführung bestimmter Heilbehandlungen	nicht für Behandlungen und Untersuchungen, ▪ bei denen im Einzelfall ein Schaden für Leben und Gesundheit nicht mit hoher Wahrscheinlichkeit ausgeschlossen werden kann, ▪ die mit erheblichen Schmerzen verbunden sind oder ▪ die einen erheblichen Eingriff in die körperliche Unversehrtheit bedeuten
Leistung zur Teilhabe am Arbeitsmarkt	Voraussetzung: bei angemessener Berücksichtigung der beruflichen Neigungen des behinderten Menschen und seiner Leistungsfähigkeit ist zu erwarten, dass die Leistungen seine Erwerbs- oder Vermittlungsfähigkeit auf Dauer fördern oder erhalten werden

Praxis-Tipp:

Geben Sie in Ihrem Antrag die behandelnden Ärzte an und legen Sie Kopien der ärztlichen Berichte (soweit vorhanden) bei! Sie verkürzen dadurch eventuell das Verfahren. So müssen Sie sich auch keine besonderen Atteste durch die Ärzte ausstellen lassen. Durch solche Atteste können Ihnen unter Umständen sogar ganz erhebliche Kosten entstehen.

Wie aus dem Schaubild hervorgeht, muss derjenige, der Sozialleistungen beantragt oder erhält, auf Verlangen des zuständigen Leistungsträgers zur mündlichen Erörterung des Antrags persönlich erscheinen. Das persönliche Erscheinen kann auch für die Entscheidung anderer über die Leistung notwendiger Maßnahmen erforderlich sein.

Praxis-Tipp:

Beachten Sie bitte unbedingt, dass Sie in einem solchen Fall unter Umständen Anspruch auf Ersatz Ihrer Auslagen (Fahrtkosten) haben. Auch der Verdienstausfall wird in angemessenem Umfang erstattet. Allerdings erfolgt die Erstattung nur in einem Härtefall. Dies bedeutet, dass Sie beispielsweise im Einzelfall beweisen müssen, dass Sie – gegebenenfalls wegen Ihrer Behinderung – nicht öffentliche Verkehrsmittel benutzen konnten, sondern ein Taxi benutzen mussten.

§ 62 SGB I sieht vor, dass derjenige, der Sozialleistungen beantragt oder erhält, sich auf Verlangen des zuständigen Leistungsträgers ärztlichen und psychologischen Untersuchungsmaßnahmen unterziehen muss, jedoch nur soweit es für die Entscheidung über die Leistung erforderlich ist.

Wichtig: In einem solchen Fall haben Sie Anspruch auf Erstattung Ihrer Aufwendungen. Das Vorliegen eines Härtefalles muss hier nicht nachgewiesen werden.

In Zusammenhang mit dem Antrag auf Ausstellung eines Schwerbehindertenausweises spielen die §§ 63 und 64 SGB I keine besondere Rolle. Hier geht es um die Verpflichtung eines Leistungsberechtigten, sich einer Heilbehandlung zu unterziehen oder an einer Leistung zur Teilhabe am Arbeitsleben teilzunehmen.

Eine solche Verpflichtung kann aber in Zusammenhang mit Ansprüchen auf Teilhabe selbst bestehen. Beachten Sie dazu die Ausführungen in Kapitel 1.

Grenzen der Mitwirkungspflichten

Von besonderer Bedeutung ist in Zusammenhang mit den Mitwirkungspflichten die Vorschrift des § 65 SGB I. Es geht hier um die Grenzen der Mitwirkung.

Die Mitwirkungspflichten bestehen nämlich nicht, soweit

- ihre Erfüllung nicht in einem angemessenen Verhältnis zu der in Anspruch genommenen Sozialleistung steht oder
- ihre Erfüllung dem Betroffenen aus einem wichtigen Grund nicht zugemutet werden kann oder
- der Leistungsträger sich durch einen geringeren Aufwand als der Antragsteller oder Leistungsberechtigte die erforderlichen Kenntnisse selbst beschaffen kann.

„Ein wichtiger Grund" kann in diesem Sinne der Gesundheitszustand des Betroffenen sein. Dieser Zustand kann ihn davon abhalten, einer Einladung zu einer ärztlichen Untersuchung zu folgen.

Der Leistungsträger kann sich beispielsweise dann mit einem geringeren Aufwand als der Antragsteller oder Leistungsberechtigte die erforderlichen Kenntnisse selbst beschaffen, wenn der Antragsteller kurz vor einer verlangten Untersuchung für einen anderen Leistungsträger untersucht wurde. Sind beispielsweise Untersuchungen aufgrund eines Antrages auf Rente wegen Erwerbsminderung durchgeführt worden, sollte durch den Antragsteller hierauf unbedingt verwiesen werden. Das Versorgungsamt kann diese Untersuchungsergebnisse einholen und dadurch auf Einleitung einer besonderen Untersuchung unter Umständen verzichten.

Wichtig: Der Antragsteller kann bestimmte Behandlungen und Untersuchungen ablehnen. Dabei geht es um Behandlungen und Untersuchungen,

- bei denen im Einzelfall ein Schaden für Leben oder Gesundheit nicht mit hoher Wahrscheinlichkeit ausgeschlossen werden kann, oder
- die mit erheblichen Schmerzen verbunden sind, oder
- die einen erheblichen Eingriff in die körperliche Unversehrtheit bedeuten.

Übrigens: Angaben, die dem Antragsteller oder ihm nahe stehende Personen der Gefahr zuziehen würden, wegen einer Straftat oder einer Ordnungswidrigkeit verfolgt zu werden, können verweigert werden.

Mit den Folgen fehlender Mitwirkung beschäftigt sich § 66 SGB I. Es geht hier darum, dass jemand seiner Mitwirkungspflicht nicht nachkommt. Damit es zu einer „Folge" kommen kann, ist es aber Voraussetzung, dass durch den Verstoß gegen die Mitwirkungspflicht die Aufklärung des Sachverhalts erheblich erschwert wird. Der Leistungsträger kann in einem solchen Fall ohne weitere Ermittlungen die Leistung bis zur Nachholung der Mitwirkung ganz oder teilweise versagen oder entziehen. Dazu ist es aber erforderlich, dass die Voraussetzungen der Leistung nicht nachgewiesen sind.

Vorstehendes gilt entsprechend, wenn der Antragsteller oder Leistungsberechtigte in anderer Weise absichtlich die Aufklärung des Sachverhalts erheblich erschwert.

In Zusammenhang mit dem Antrag auf Feststellung der Schwerbehinderung wird eine fehlende Mitwirkung dazu führen, dass das Verfahren wesentlich länger dauert oder vom Versorgungsamt eingestellt wird, ohne dass es zur Ausstellung eines Schwerbehindertenausweises kommt.

§ 67 SGB I bestimmt im Übrigen, dass dann, wenn die Mitwirkung nachgeholt wird und die Leistungsvoraussetzungen vorliegen, der Leistungsträger Sozialleistungen, die er versagt oder entzogen hat, nachträglich ganz oder teilweise erbringen kann.

Datenschutz

Seit vielen Jahren ist der Datenschutz ein fester Bestandteil im Recht der Bundesrepublik Deutschland. Er hat seinen Eingang auch in das Sozialrecht gefunden. Rechtsgrundlage ist hier in erster Linie § 35 SGB I. Danach hat jeder Anspruch darauf, dass die ihn betreffenden Sozialdaten von den Leistungsträgern (das gilt auch für die Versorgungsbehörden) nicht unbefugt erhoben, verarbeitet oder genutzt werden.

Das Gesetz spricht hier vom Sozialgeheimnis.

Den Begriff der Sozialdaten erläutert § 67 Abs. 1 SGB X. Hiernach sind Sozialdaten Einzelangaben über persönliche oder sachliche Verhältnisse einer bestimmten oder bestimmbaren natürlichen Person (Betroffener). Die Daten müssen von einem Sozialleistungsträger (zum Beispiel Versorgungsamt) im Hinblick auf seine Aufgaben nach dem SGB erhoben, verarbeitet oder genutzt werden.

Die Versorgungsämter müssen zur Durchführung ihrer Aufgaben, also etwa zur Feststellung der Schwerbehinderteneigenschaft, viele Daten sammeln und verwerten. Dabei handelt es sich um Daten, die der Antragsteller angegeben hat (auf dem Antragsformular oder auf sonstigen Unterlagen oder auch mündlich), oder um Daten beispielsweise aus ärztlichen Berichten, Untersuchungsergebnissen etc.

Die Wahrung des Sozialgeheimnisses umfasst im Übrigen die Verpflichtung, auch innerhalb des Leistungsträgers sicherzustellen, dass die Sozialdaten nur Befugten zugänglich sind oder nur an diese weitergegeben werden. Die ärztliche Schweigepflicht gilt auch für die „ärztlichen Stellen" der Sozialleistungsträger.

Die Beschäftigten der Sozialleistungsträger haben auch nach Beendigung ihrer Tätigkeit das Sozialgeheimnis zu wahren.

Vorbereitung des Antrages durch den Patienten

Der wirtschaftliche, soziale und berufliche Nachteilsausgleich eines körperlich behinderten Menschen stellt eine wichtige Chance zur berechtigten Teilhabe am Leben in der Gesellschaft dar.

Früheren Empfehlungen zufolge solle jeder, der meint, an Gesundheitsstörungen zu leiden, die eine Schwerbehinderteneigenschaft bedingen, einen Antrag auf deren Anerkennung stellen. Diese Betrachtungsweise ist jedoch nicht richtig.

Das Gesetz verbindet nämlich die Anerkennung einer Schwerbehinderteneigenschaft mit der Erfüllung von Bedingungen. Die sorgfältige Beachtung und das Erfüllen dieser Bedingungen sichert nur den tatsächlich behinderten Menschen Schutzrechte und zahlreiche Leistungsansprüche. Nicht zuletzt deshalb sollte nicht an Zeit und Mühe gespart werden, den Schwerbehindertenantrag sorgfältig vorzubereiten.

An wen können Sie sich wegen Hilfestellung wenden?

Als Erstes sollten Sie Ihren Hausarzt aufsuchen. Er oder Ihre behandelnden Fachärzte wie Orthopäde, Internist, Psychiater etc. sollen über Ihren Antrag im Rahmen eines ärztlichen Beratungsgesprächs informiert werden. Sie sind diejenigen, die Ihr Vorhaben sachverständig beurteilen können:

- Ob es sinnvoll ist, einen Antrag bei den vorliegenden Gesundheitsstörungen zu stellen,
- welche der Funktionsstörungen als Krankheitsfolgen zur Begründung des Antrages aufgeführt, das heißt geltend gemacht werden,
- ob die vorliegenden aktuellen ärztlichen Befunde als Nachweis eines Krankheitsereignisses ausreichen (zum Beispiel Ausfall eines Bewegungsvorgangs durch Nervenlähmung) oder vervollständigt werden müssen,
- ob es erforderlich ist, den langjährigen Verlauf einer chronischen Krankheit darzustellen (zum Beispiel Morbus Crohn),
- der Nachweis einer unaufhaltsamen Progression zu führen ist (zum Beispiel bei PcP oder Krebs),
- im Antrag zu beschreiben ist, dass durch Therapie die Erkrankung keine Heilung, sondern nur die Verhinderung einer Progression ermöglicht wird (Zuckerkrankheit),
- ob nach einer Operation Funktionsstörungen zurückgeblieben sind (als Laie glaubt man häufig, dass jeder Zustand nach einer Operation als Behinderung gewürdigt wird), und
- ob zu erwarten ist, dass Ihnen die Schwerbehinderteneigenschaft oder zumindest die Behinderteneigenschaft zuerkannt wird.

Ärztliche Befunde zu Ihren Krankheiten, die den geltend zu machenden Funktionsstörungen zugrunde liegen, müssen dem Versorgungsamt in jedem Fall als notwendige Nachweise vorgelegt werden.

Beispiel:

Bei einem Beugedefizit im Kniegelenk nach Unfallverletzung oder Operation beinhalten orthopädisch fachärztliche Untersuchungsberichte die entsprechenden Messwerte der eingeschränkten Gelenk- bzw. Wirbelsäulenbeweglichkeit.

Die schmerzfreie Gehstrecke bei arterieller Verschlusskrankheit beträgt auf dem Laufband 50 Meter (der Messwert wird im Bericht einer Gefäßambulanz ausgewiesen).

Eine Hörminderung kann im Versorgungsamt ohne Vorlage eines Tonaudiogramms des HNO-Arztes, eine geltend gemachte Sehminderung ohne Prüfung der Sehschärfe nach Richtlinien der Deutschen Gesellschaft für Augenheilkunde bei Ihrem Augenarzt im Allgemeinen nicht akzeptiert werden.

Diese beispielhaft erwähnten Messwerte Ihrer Funktionseinschränkungen liegen dem Hausarzt oder Ihren behandelnden Fachärzten vor. Sie sollten für Ihren Antrag bereitgestellt werden.

Ärztliche Atteste

Ein ärztliches Attest oder Gutachten für teures Geld ist keine Bedingung und auch kein Vorteil zur Anerkennung von Gesundheitsstörungen durch das Versorgungsamt. Bei der Erstellung eines Attests wird sich allerdings Ihr behandelnder Arzt bemühen, umfassend und eingehend Ihre Behinderungen den Erfordernissen des Amtes entsprechend darzustellen. Es kommt dabei nicht auf die wohlwollend umfangreichen Ausführungen des behandelnden Arztes über Ihre zahlreiche Leiden an, sondern insbesondere auf die Messwerte und sonstigen Befunddokumentationen, die das genaue Ausmaß Ihrer jeweiligen Behinderungen wiedergeben. Außerdem es ist richtig, wenn er die zur Begründung notwendigen Befunde auf Aktualität hin überprüft und gegebenenfalls Kontrolluntersuchungen veranlasst. Für ein solches Attest wird er eine Gebühr nach der ärztlichen Gebührenordnung erheben. Das Versorgungsamt übernimmt die Kosten für die vom Antragsteller besorgten ärztlichen Atteste oder Bescheinigungen allerdings nicht.

Wenn eine ärztliche Beratung wie oben geschildert nicht stattfindet, klärt das Amt die Sachlage zu Ihren geltend gemachten Gesundheitsstörungen von Amts wegen.

Wie das Antragsformular auszufüllen ist

Das für den Wohnort zuständige Versorgungsamt hat nach § 69 SGB IX auf Antrag den Grad der Behinderung und gegebenenfalls weitere gesundheitliche Merkmale festzustellen.

In der Regel wird der entsprechende Vordruck auch auf den Rathäusern ausgegeben. Der Vordruck kann aber auch von der Website des für Sie zuständigen Versorgungsamtes heruntergeladen werden (www.versorgungsaemter.de). Im Übrigen übersenden die Versorgungsämter den Vordruck nach telefonischer oder schriftlicher Anforderung. Hierzu ist zu beachten, dass sich die einzelnen Anträge je nach Bundesland leicht unterscheiden.

Wichtig: Der Antrag auf Anerkennung der Schwerbehinderteneigenschaft kann auch formlos gestellt werden. Das Versorgungsamt sendet Ihnen daraufhin die Antragsformulare zu.

Der Vordruck muss nicht unbedingt mit Schreibmaschine ausgefüllt werden. Wenn Sie den Vordruck handschriftlich ausfüllen, verwenden Sie bitte Blockschrift.

Der Antrag kann auch zur Niederschrift eingereicht werden. Das bedeutet: Sie müssen während der Sprechzeiten des Versorgungsamtes dort vorsprechen. Die Angaben werden dann von einem Mitarbeiter des Versorgungsamtes schriftlich aufgenommen.

Der ausgefüllte Antrag kann per Post oder per Fax an das zuständige Versorgungsamt geschickt werden. Natürlich kann er auch persönlich beim Versorgungsamt abgegeben werden. Eine Antragstellung per E-Mail ist zurzeit in der Regel noch nicht möglich.

Wichtig: Geht der Antrag dem falschen Sozialleistungsträger zu, dann ist § 16 SGB I zu beachten. Das gilt auch, wenn der Antrag beim falschen Versorgungsamt eingereicht wird.

In § 16 SGB I wird zunächst bestimmt, dass Anträge auf Sozialleistungen – dazu gehören auch Anträge auf Anerkennung der Schwerbehinderteneigenschaft – beim zuständigen Leistungsträger, also beim Versorgungsamt, einzureichen sind.

Die Anträge werden – so heißt es in § 16 SGB I weiter – auch von

- allen anderen Leistungsträgern,
- allen Gemeinden und
- bei Personen, die sich im Ausland aufhalten, auch von den amtlichen Vertretungen der Bundesrepublik Deutschland im Ausland

entgegengenommen.

Anträge, die bei einem nicht zuständigen Leistungsträger, bei einer für die Sozialleistung nicht zuständigen Gemeinde oder bei einer amtlichen Vertretung der Bundesrepublik Deutschland im Ausland gestellt werden, sind unverzüglich an den zuständigen Leistungsträger weiterzuleiten.

Ist die Sozialleistung von einem Antrag abhängig, gilt der Antrag als zu dem Zeitpunkt gestellt, an dem er bei einer der genannten Stellen eingegangen ist.

Die Leistungsträger sind im Übrigen verpflichtet, darauf hinzuwirken, dass unverzüglich klare und sachdienliche Anträge gestellt und unvollständige Angaben ergänzt werden.

Die erste Seite des Antrages

Hier sind Angaben zur Person zu machen. Außerdem geht es um Angaben zur Staatsangehörigkeit:

- Staatsangehörigkeit
- Ausländer außerhalb der EU
- Ausländer innerhalb der EU
- Grenzgänger (18 Stunden)
- Staatenlose
- Deutsche, die im Ausland leben
- Deutsche, die im Ausland arbeiten
- Wohnsitz oder Arbeitgeber von Ausländern im Bundesgebiet

Wenn der Kranke minderjährig ist oder wegen Gebrechlichkeit nicht in der Lage ist, seine Angelegenheiten selbst zu regeln, wird der Antrag von dem gesetzlichen Vertreter, Betreuer oder von den Eltern des Kindes gestellt.

Das Gleiche gilt in der Regel bei geistig Behinderten oder sonst sehr schwer behinderten Menschen wie Blinden. Zum Betreuer dieser Personen werden oftmals Verwandte oder sonst Menschen ernannt, zu der der behinderte Mensch Vertrauen hat.

Wichtig ist in diesem Zusammenhang die Vorschrift des § 36 SGB I. Danach kann derjenige, der das 15. Lebensjahr vollendet hat,

- Anträge auf Sozialleistungen stellen und
- verfolgen sowie
- Sozialleistungen entgegennehmen.

Der Leistungsträger soll allerdings den gesetzlichen Vertreter über die Antragstellung und die erbrachten Sozialleistungen unterrichten.

Der gesetzliche Vertreter kann die Handlungsfähigkeit des Antragstellers durch eine schriftliche Erklärung gegenüber dem Leistungsträger einschränken.

Jeder Bürger kann sich durch einen Bevollmächtigten vertreten lassen.

Wichtig: Die Vollmacht ermächtigt zu allen, das Verwaltungsverfahren betreffenden Verfahrenshandlungen, wenn sich aus ihrem Inhalt nichts anders ergibt.

Auf Verlangen hat ein Bevollmächtigter seine Vollmacht schriftlich nachzuweisen. Ein Widerruf der Vollmacht wird dem Leistungsträger gegenüber erst wirksam, wenn er diesem zugeht.

Praxis-Tipp:

Auch wenn der Leistungsträger nicht unbedingt die schriftliche Vollmacht einsehen muss, in der Praxis geschieht dies meist. Es wird daher empfohlen, immer eine schriftliche Vollmacht auszustellen.

Mustertext: Vollmacht

Max Brader
Wilhelmstr. 11
73711 Weinsheim

Vollmacht

Hiermit bevollmächtige ich, Max Brader, Weinsheim, meinen Schwager, Othmar Helmes, Römergasse 18, 73711 Weinsheim, meine Interessen im Verwaltungsverfahren beim Versorgungsamt Weinsheim zur Erlangung eines Schwerbehindertenausweises zu vertreten. Er kann alle Rechtshandlungen vornehmen, die auch mir möglich wären.

Weinsheim, den ... (Unterschrift)

Wichtig: Ist für das Verfahren ein Bevollmächtigter bestellt, muss sich das Versorgungsamt an ihn wenden. Soweit der Beteiligte zur Mitwirkung verpflichtet ist, kann sich das Versorgungsamt an ihn wenden. Wendet sich das Versorgungsamt allerdings an den Betroffenen selbst, muss der Bevollmächtigte verständigt werden.

Die Vollmacht wird im Übrigen weder

- durch den Tod des Vollmachtgebers noch
- durch eine Veränderung in seiner Handlungsfähigkeit oder
- seiner gesetzlichen Vertretung

aufgehoben.

Der Bevollmächtigte hat jedoch, wenn er für den Rechtsnachfolger im Verwaltungsverfahren auftritt, dessen Vollmacht auf Verlangen schriftlich beizubringen.

Vom Bevollmächtigten ist der Beistand zu unterscheiden. Ein Antragsteller kann nämlich zu Verhandlungen und Besprechungen mit einem Beistand erscheinen. Dabei gilt das von dem Beistand Vorgebrachte als von dem Antragsteller vorgetragen. Das gilt nur dann nicht, wenn dieser unverzüglich widerspricht.

Sowohl Bevollmächtigte als auch Beistände sind zurückzuweisen, wenn sie geschäftsmäßig fremde Rechtsangelegenheiten besorgen, ohne dazu befugt zu sein. Ein Antragsteller kann also beispielsweise einen Rentenberater bevollmächtigen. Stellt sich aber heraus, dass der Betreffende zwar als Rentenberater tätig ist, die dazu erforderliche Zulassung aber nicht besitzt, ist er als Beistand vom Versorgungsamt zurückzuweisen.

Die vorstehenden Grundsätze gelten natürlich auch für ausländische Mitbürger. Hier ist aber zu beachten, dass es – je nach Nationalität – viele Interessenvereinigungen gibt, die ausländischen Mitbürgern behilflich sind.

Traut sich jemand nicht zu, den Antrag selbst zu stellen, wird er sich eines Beistandes oder eines Bevollmächtigten bedienen. Viele Menschen wenden sich hier auch an ihren Hausarzt oder ihren behandelnden Arzt.

Im Übrigen kann natürlich jede Person des Vertrauens in Anspruch genommen werden. Außerdem kommen hier in Betracht:

- Mitglieder und Angestellte von Gewerkschaften
- Mitglieder und Angestellte von selbstständigen Vereinigungen von Arbeitnehmern mit sozial- oder berufspolitischer Zwecksetzung
- Mitglieder und Angestellte von Vereinigungen von Arbeitgebern
- Mitglieder und Angestellte von berufsständischen Vereinigungen der Landwirtschaft
- Mitglieder und Angestellte von Vereinigungen, deren satzungsgemäße Aufgaben die gemeinschaftliche Interessenvertretung, die Beratung und Vertretung der Leistungsempfänger nach dem sozialen Entschädigungsrecht oder der behinderten Menschen wesentlich umfassen. Insbesondere sind hier Vertreter von Behindertenverbänden anzusprechen.

Die betreffenden Personen müssen kraft Satzung oder Vollmacht zur Prozessvertretung bevollmächtigt sein.

Bestellung eines Vertreters von Amts wegen

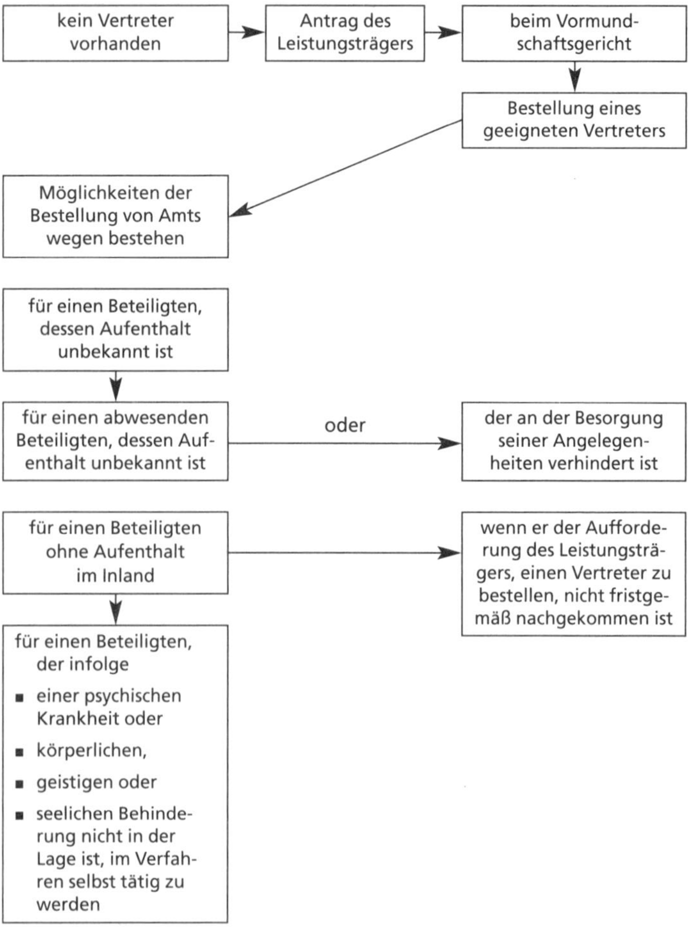

Läuft für jemanden ein Verwaltungsverfahren vor dem Versorgungsamt und hat dieser keinen Wohnsitz oder gewöhnlichen Aufenthalt im Inland, so muss er dem Versorgungsamt auf Verlangen innerhalb einer angemessenen Frist einen Empfangsbevollmächtigten im Inland benennen.

Unterlässt er dies, gilt ein an ihn gerichtetes Schriftstück am siebten Tage nach der Aufgabe zur Post und ein elektronisch übermitteltes Dokument am dritten Tage nach der Absendung als zugegangen. Dies gilt allerdings nicht, wenn feststeht, dass das Dokument den Empfänger nicht oder zu einem späteren Zeitpunkt erreicht hat. Auf die Rechtsfolgen des Unterlassens ist der Betreffende durch das Versorgungsamt hinzuweisen.

Natürlich können auch Rechtsanwälte beauftragt werden. Unter bestimmten Voraussetzungen kann der Antragsteller die hier anfallenden Kosten ersetzt bekommen.

Angaben über die Gesundheitsstörungen/Erklärungen

Punkt III/1: „Soll Ihr Antrag nach dem SGB IX alle bei Ihnen bestehenden Gesundheitsstörungen umfassen?"

Es wird Ihnen im Sinne des SGB IX freigestellt, nur bestimmte oder alle Ihrer Gesundheitsstörungen bei der Anerkennung einer Schwerbehinderung geltend zu machen.

Dabei wird eine Entscheidung des BSG beachtet, wonach es dem Behinderten überlassen ist, welche Leiden er bei der Anerkennung berücksichtigt haben will. Anlass dazu gab eine Klage zum Schutz der Privatsphäre (zum Beispiel Geisteskrankheit, Geschlechtskrankheit etc.) bei der amtlich geführten Sachaufklärung.

Wenn sich Ihr Antrag auf alle Ihre Gesundheitsstörungen bezieht, werden bei allen Ihren behandelnden Ärzten, Krankenanstalten und Ämtern Befundrecherchen von Amts wegen durchgeführt. Dies geschieht in den meisten Fällen. Sie sollten allerdings nicht der Ansicht sein, dass Sie sich dadurch die Mühe einer sorgfältigen Vorbereitung Ihres Antrages sparen können, weil ja das Amt diese Aufgabe übernimmt. Jeder kennt sein Leiden selbst am besten. Deshalb ist es für eine schnelle Bearbeitung Ihres Antrages von Vorteil, wenn Sie die Frage des Antragsformulars unter Punkt II/2 sorgfältig und gut überlegt beantworten.

Punkt II/2: „Welche der bei Ihnen vorliegenden körperlichen, geistigen oder seelischen Gesundheitsstörungen sollen nach dem SGB IX berücksichtigt werden?"

Ihre Angaben, Ausführungen und selbst die Formulierung Ihrer geltend zu machenden Leiden zu dieser Frage sind von entscheidender Bedeutung.

Das Wort Gesundheitsstörung stellt einen Sammelbegriff dar. Seine Deutung wurde bereits in Kapitel 2 besprochen.

Im Schwerbehindertenantrag sind die Funktionsstörungen wie Bewegungseinschränkung von Gelenken, Herzminderleistung, Sehschwäche, Schwindel von entscheidender Bedeutung. Die alleinige Bezeichnung Ihrer Krankheiten oder Diagnosen (zum Beispiel Krebserkrankung, Hypertonie – Bluthochdruck, Hüftgelenkarthrose), ohne dabei auch die damit verbundenen Funktionsstörungen zu beschreiben, erlaubt im Rahmen der Aktenbegutachtung nur eine Pauschaleinschätzung Ihrer tatsächlichen Behinderung.

Die Angaben zu den Gesundheitsstörungen können leicht gemacht werden, wenn vorher darüber eine ausführliche Besprechung mit dem behandelnden Arzt erfolgt ist.

Der Gutachteralltag zeigt, dass die Antragsteller die Bedeutung und Folgen von Versäumnissen bei den Angaben zu Punkt II/2 nicht richtig einschätzen. Häufig bleiben diese Fragen unbeantwortet bzw. ist deren Beantwortung unvollständig oder die verwendeten Begriffe für Gesundheitsstörungen zeigen, dass ein Gespräch mit dem behandelnden Arzt nicht stattgefunden hat. Viele Antragsteller verweisen dagegen oft auf die ärztlichen Befunde, die vorgelegt oder vom Amt angefordert werden.

Möglichst in Übereinstimmung mit Ihrem behandelnden Arzt geben Sie unter Punkt II/2 nacheinander an, an welchen Krankheiten Sie leiden. Er wird Ihnen mit seiner ärztlichen Denkweise Ihre Krankheiten und Folgebehinderungen mit der richtigen Bezeichnung nennen, Symptome und Beschwerden von den Krankheitsbezeichnungen trennen sowie Organsysteme voneinander unterscheiden.

Eine Verständigung mit dem behandelnden Arzt ist nicht zuletzt deshalb so wichtig, weil er Ihre Untersuchungsbefunde, die die geltend gemachten Gesundheitsstörungen bestätigen, dem Gutachter des Versorgungsamtes zur Verfügung stellen muss.

Es ist nicht ausreichend, wenn der Antragsteller nur seine Beschwerden wie Kopfschmerzen, Erschöpfung, Husten, häufiges Bauchweh, Zittern etc. als Gesundheitsstörung angibt, da nicht ersichtlich ist, welche Krankheiten sich hinter diesen Symptomen verbergen.

Eine fachärztlich diagnostische Abklärung kann beispielsweise bei Kopfschmerz Migräne, Bluthochdruck oder grünen Star, Halswirbelsäulenveränderungen, Gehirntumor etc. feststellen. Jede dieser Krankheiten wird unterschiedlich bewertet.

Falsch ist zum Beispiel auch die Bezeichnung „Beschwerden nach Knochenbruch". Wenn der Knochenbruch nicht richtig ausgeheilt ist, muss die zurückbleibende Funktionsstörung durch Deformität oder statische Instabilität benannt werden. Oder findet der behandelnde Orthopäde eventuell nur Muskelverspannungen vor?

Der behandelnde Arzt wird darauf achten, dass eine Krankheit mit dem Hinweis auf eventuelle Komplikationen angegeben wird, Beispiel: Zuckerkrankheit mit Spätschäden. Hier sind die bekannten Nerven-, Gefäß-, Augen-, Leber- oder Nierenschäden der Diabetiker gemeint. Manche Komplikationen können, wenn sie mit schwerwiegenden Funktionsstörungen einhergehen (Polyneuropathie, arterielle Verschlusskrankheit, Sehminderung etc.), extra bewertet werden.

Richtig ist beispielsweise die Angabe „Gehirnschlag mit Halbseitenlähmung links", da sofort auf die Funktionseinschränkung hingewiesen wird. In ähnlicher Weise sollte man zum Beispiel über eine Lungenfunktionseinschränkung bei Lungenemphysem (Lungenblähung mit Beeinträchtigung der Atemfunktion) oder Herzminderleistung bei koronarer Herzkrankheit etc. sprechen.

Praxis-Tipp:

Ihre einzelnen Gesundheitsstörungen sollten Sie nummerieren oder der im Antrag unter II/2 vorgedruckten Gliederung folgen. Dadurch gewinnen Sie selbst Übersicht und können auf Vollständigkeit achten. Dies gilt auch als Vorteil bei der Bearbeitung im Amt.

Angaben zur Ursache Ihrer Gesundheitsstörungen wie angeborene Erkrankungen, Arbeits-, Verkehrs-, häuslicher Unfall, Berufskrankheit, Kriegs-, Zivildienstbeschädigung, Impfschaden und sonstige Ursachen haben für das Versorgungsamt statistische Bedeutung.

Das Amt weist ausdrücklich in dem Antragsformular darauf hin: „Sie können selbst zur Verfahrensbeschleunigung beitragen, wenn Sie vorhandene aktuelle Arztberichte und Untersuchungsunterlagen wie Facharztbriefe und Krankenhausberichte beifügen."

Punkt II/3: Von welchen Ärzten wurden Sie in den letzten zwei Jahren behandelt?

Unter Punkt II/3 im Antragsformular werden Sie aufgefordert, Namen und Adressen Ihrer behandelnden Ärzte bzw. Fachärzte zu nennen, Krankenhäuser, sonstige Kranken-, Kur- und Heilanstalten anzugeben, in denen Sie in den vergangenen zwei Jahren untersucht oder therapiert wurden. Diese Frage bezieht sich selbstverständlich auf die geltend gemachten Gesundheitsstörungen. Nach Ihrem Hausarzt wird gesondert gefragt.

Sie werden gleichzeitig darüber in Kenntnis gesetzt und erklären sich damit ausdrücklich einverstanden, dass das Versorgungsamt im Rahmen des Verwaltungsverfahrens und in einem eventuell sich anschließenden Vorverfahren die betreffenden ärztlichen Unterlagen (Untersuchungsbefunde, Krankengeschichte, ärztliche Aufzeichnungen, Befundberichte, auch soweit sie von anderen Ärzten oder Stellen erstellt wurden) hinzuzieht.

Wenn Sie bei Ihrem Antrag die Geltendmachung bestimmter Erkrankungen als ausgeschlossen wissen wollen, geben Sie nur Ihren Hausarzt an, der auf Ihren Wunsch hin eine entsprechende Auswahl Ihrer Unterlagen vornimmt.

Ihr Einverständnis zur Entbindung der beteiligten behandelnden Ärzte und Amtsärzte von der Schweigepflicht ist aus datenschutzrechtlichen Gründen erforderlich (siehe auch Kapitel 1).

Punkt II/4: „Wurde vom Versorgungsamt oder einer anderen Verwaltungsbehörde, einer Berufsgenossenschaft oder einem Gericht bereits eine Feststellung über den Grad der MdE bzw. der Behin-

derung getroffen oder besitzen Sie eine vorläufige Bescheinigung von einer dieser Stellen oder läuft ein entsprechendes Verfahren?"

Wenn Sie diese Frage mit Ja beantworten, sollten Sie Folgendes bedenken: Sie werden nach den betreffenden Gesundheitsstörungen und nach den Behörden befragt, bei denen diese gemeldet und bearbeitet wurden. Wenn zum Beispiel ein Verfahren wegen Betriebsunfall bei der Berufsgenossenschaft im Gange ist, muss der Unfalltag und das Aktenzeichen angegeben werden. Kopien von einem bereits vorliegenden Feststellungsbescheid oder sonstigen Verfahrensunterlagen sollten Sie dem Antrag als Anlage immer beiheften.

Zum Datenschutz bzw. Schutz der Intimsphäre gelten die gleichen, zuvor genannten Gesichtspunkte.

Punkt II/5: „Erhalten Sie Berufs- oder Erwerbsunfähigkeitsrente bzw. Rente wegen Erwerbsminderung aus der gesetzlichen Rentenversicherung oder haben Sie dort einen Antrag gestellt?"

Wenn Sie diese Frage mit Ja beantworten, sollten Sie Folgendes bedenken:

Zum Zweck des Bezugs von „Aktenvorgängen einschließlich Untersuchungsunterlagen ... auch soweit sie von anderen Ärzten oder Stellen erstellt sind" durch das Versorgungsamt, sollten Sie die Anschrift des Sozialversicherungsträgers, die Versicherungsnummer, die begutachtende Stelle und den Tag der Begutachtung anzeigen. In diesem Zusammenhang wird erneut auf die Gesichtspunkte zum Datenschutz und zum Schutz der Privatsphäre wie unter Punkt II/3 hingewiesen.

Punkt III/6: „Erhalten Sie Pflegegeld oder haben Sie einen entsprechenden Antrag gestellt?"

Wenn Sie diese Frage mit Ja beantworten, sollten Sie Folgendes bedenken:

Das Versorgungsamt wird die betreffenden Unterlagen wie unter Punkt II/3 – II/5, diesmal aber vom Sozialversicherungsträger (Pflegekasse/Krankenkasse), hinzuziehen.

Bezüglich des Datenschutzes lesen Sie bitte die vorangegangenen Ausführungen.

Punkt II/7: Soll der Schwerbehindertenausweis die Behinderungen ab Datum der Antragstellung oder ab einem früheren Datum nachweisen?

Die Antwort auf diese Frage ist für Sie sehr wichtig. Wenn Sie einen Hirninsult (Gehirnschlag) mit bleibenden Lähmungen erlitten haben, gilt die Anerkennung der Behinderung vom Tag des Insultes an und nicht ab dem Tag, an dem Sie Ihren Antrag gestellt haben. Dies trifft auch für den Verlust des Augenlichts oder die Amputation eines Beines etc. zu.

Der Zeitpunkt des Ereignisses der Behinderung muss nachweisbar sein. Dies ist zum Beispiel nicht möglich bei chronischen Erkrankungen wie Arthrose von Gelenken, Bronchialasthma, Leberzirrhose etc. Ausnahme: Sie können beispielsweise mittels Lungenfunktionswerten nachweisen, dass bereits früher Asthma (Datum angeben) mit den gleichen Einschränkungen der Atemfunktion wie heute bestand.

Das Versorgungsamt ist am genauen Zeitpunkt des Eintritts der Behinderung auch deshalb interessiert, um dadurch die Intensität der Behinderung abzuschätzen. Sie sind aber nicht verpflichtet, diese Angabe zu machen und können auch wahrheitsgemäß angeben, dass Sie dies nicht mehr wissen.

Hat sich das vom Versorgungsamt anerkannte Leiden verschlimmert bzw. ist ein neues Leiden hinzugekommen, besteht die Möglicheit, beim Versorgungsamt einen Neufeststellungsantrag zu stellen. Hier ist der entsprechende Vordruck des Versorgungsamtes zu benutzen.

Wenn Sie keinen Schwerbehindertenausweis benötigen, kreuzen Sie die entsprechende Rubrik an. Dies wird aber nur in seltenen Ausnahmefällen vorkommen.

Mit der Unterzeichnung des Antrages auf Anerkennung der Eigenschaft als Schwerbehinderter durch den Antragsteller, dessen Bevollmächtigten oder Vertreter ist eine Mitwirkungspflicht nach § 60 SGB I entstanden. Die Unterschrift bedeutet gleichzeitig das ausdrückliche Einverständnis mit der Entbindung der mitwirkenden Ärzte, Krankenhäuser, Kur- und Heilanstalten und Behörden von der Schweigepflicht.

Beachten Sie zu den Mitwirkungspflichten die vorangegangenen Ausführungen.

Antrag auf Neubewertung

Der Behinderte kann bei einer Verschlechterung seines Gesundheitszustandes bzw. der Behinderung eine Neubewertung beantragen. Er muss dies nach den Vorschriften über die Mitwirkungspflichten sogar tun, wenn die Behinderung zum Beispiel nicht mehr besteht bzw. nur noch in geringem Umfang vorhanden ist.

Er ist also verpflichtet, Änderungen in seinem Krankheits- und Behinderungszustand dem Versorgungsamt zu melden und eine Neubewertung zu beantragen. In diesem Sinne wird ständig eine große Zahl von Änderungsanträgen in den Versorgungsämtern bearbeitet.

Aber auch von Amts wegen prüft das Versorgungsamt, ob in den medizinischen oder sozialrechtlichen Voraussetzungen, die zu der ursprünglichen Entscheidung über Schädigungsfolgen oder Nachteilsausgleiche führten, eine wesentliche Änderung eingetreten ist. Die Anhaltspunkte für die ärztliche Gutachtertätigkeit (siehe Kapitel 5) fordern hier eine Neubewertung, wenn „der veränderte Gesundheitszustand mehr als sechs Monate angehalten hat oder voraussichtlich anhalten wird und die Änderung des GdB wenigstens 10 beträgt".

Wesentliche Änderungen als Grund für einen Neufeststellungsantrag müssen Sie benennen, zum Beispiel:

- Verschlimmerung eines bereits geltend gemachten Leidens (eine arterielle Verschlusskrankheit von Stadium II auf Stadium IV verschlechtert);
- es sind Komplikationen einer Krankheit aufgetreten (zum Beispiel periphere Polyneuropathie bei Zuckerkrankheit);

- eine neue Erkrankung bzw. neue Behinderung ist hinzugekommen (zum Beispiel Herzminderleistung, Gehirnschlag, Tumorkrankheit, bisher war nur ein Wirbelsäulenschaden anerkannt);
- Antrag auf Vergabe von Merkzeichen (zum Beispiel Gehbehinderung).

Die zur Begründung des Antrages aufgeführten gesundheitlichen Änderungen müssen gegenüber der Vorbewertung eine wesentliche Verschlimmerung darstellen. Die wesentliche Verschlimmerung bedeutet eine nachweisbare Zunahme der bestehenden Funktionsbehinderungen gegenüber der Vorbewertung. Der Nachweis muss durch aktuelle Untersuchungsbefunde erbracht werden.

Das Ergebnis der Neubewertung der Schwerbehinderteneigenschaft kann darin bestehen, dass ein Einzel- und gegebenenfalls der Gesamt-GdB herauf- oder herabgesetzt wird und/oder Merkzeichen an- oder aberkannt werden.

Der Bescheid über die Anerkennung der Schwerbehinderteneigenschaft ist als Verwaltungsakt mit Dauerwirkung im Sinne des § 48 SGB X anzusehen. Hier wird auch bestimmt, dass ein solcher Verwaltungsakt für die Zukunft aufzuheben ist, wenn in den tatsächlichen oder rechtlichen Verhältnissen, die beim Erlass eines Verwaltungsaktes mit Dauerwirkung vorgelegen haben, eine wesentliche Änderung eintritt.

Der Verwaltungsakt soll mit Wirkung für die Zukunft vom Zeitpunkt der Änderung der Verhältnisse an aufgehoben werden, soweit

- die Änderung zugunsten des Betroffenen erfolgt (zum Beispiel Heraufsetzung des GdB),
- der Betroffene seiner Pflicht zur Mitteilung wesentlicher für ihn nachteiliger Änderungen der Verhältnisse vorsätzlich oder grob fahrlässig nicht nachgekommen ist,
- der Betroffene wusste oder nicht wusste – weil er die erforderliche Sorgfalt in besonders schwerem Maße verletzt hat –, dass der sich aus dem Verwaltungsakt ergebende Anspruch kraft Gesetzes ganz oder teilweise zum Ruhen gekommen ist.

Im Zusammenhang mit der Anerkennung der Schwerbehinderteneigenschaft spielt der letzte Punkt keine besondere Rolle. Das gilt natürlich auch für den weiteren in § 48 SGB X angegebenen Anhebungsgrund: Nach Antragstellung oder Erlass des Verwaltungsaktes wird Einkommen oder Vermögen erzielt, das zum Wegfall oder zur Minderung des Anspruchs geführt haben würde.

Die Feststellung der Schwerbehinderteneigenschaft ist von Einkommen oder Vermögen unabhängig.

Wurde vom behinderten Menschen ein Änderungsantrag gestellt, führt das Versorgungsamt das Verfahren von Amts wegen. Der Antragsteller erhält einen Brief des Versorgungsamtes mit dem Erhebungsbogen „Neufeststellung nach dem Sozialgesetzbuch Neuntes Buch (SGB IX)“. Darin steht wörtlich:

„Sehr geehrte(r) Antragsteller(in), Sie beantragen

❒ die Erhöhung des Grades der Behinderung (GdB) wegen Verschlimmerung der bisher berücksichtigten Gesundheitsstörungen – neu aufgetretene Gesundheitsstörungen

❒ die Feststellung weiterer gesundheitlicher Merkmale für die Inanspruchnahme von Nachteilsausgleichen

❒ die Verlängerung des bisherigen – die Ausstellung eines neuen – Ausweises.“

- Ihre behandelnden Ärzte werden um die Zusendung von aktuellen Untersuchungsunterlagen sowie eines Befundscheines gebeten.
- Es erfolgt eine Begutachtung der aktuellen Krankheitssituation und des GdB im Vergleich zur Vorbewertung.
- Das Ergebnis der Nachprüfung wird in einem Feststellungsbescheid abgefasst.
- Im Bescheid des Versorgungsamtes wird der Betroffene über eventuelle Änderungen der Schwerbehinderteneigenschaften und der Merkzeichen informiert. Diese möglichen Änderungen sind:
  - Heraufsetzung oder Beibehaltung der Gesamt-GdB
  - Anerkennung von zusätzlichen Merkzeichen

- Eine Rechtsmittelbelehrung schließt den Bescheid ab.
- Der Ausweis wird gemäß dem neuen Feststellungsbescheid geändert.

Zu beachten ist in diesem Zusammenhang auch die Nachprüfung der Feststellung der Schwerbehinderteneigenschaft durch das Versorgungsamt. Wann diese Nachprüfung erfolgt, wird in der Regel bereits durch den ärztlichen Gutachter festgelegt (siehe auch Kapitel 4).

Bearbeitung des Schwerbehindertenantrages durch das Versorgungsamt

4

Grundsätze

Der Antrag auf Anerkennung der Schwerbehinderteneigenschaft wird nach § 69 SGB IX bei dem für Ihren Wohnort zuständigen Versorgungsamt eingereicht. Er beinhaltet die geltend gemachten Gesundheitsschäden und die dazugehörigen Angaben der behandelnden Ärzte bzw. Fundorte von Untersuchungsbefunden.

Das Anerkennungsverfahren besteht aus

- verwaltungsseitigen Ermittlungen,
- ärztlicher Begutachtung,
- Feststellung des Grades der Behinderung,
- Erlassen eines behördlichen Bescheides über die Feststellung des Grades der Behinderung und der Merkmale für die Inanspruchnahme von Nachteilsausgleichen und
- Ausstellung eines Ausweises.

Die verwaltungsseitigen Ermittlungen erfolgen von Amts wegen nach § 20 SGB X. Hierzu gehören die Bereitstellung von

- eventuell vorliegenden Vorgängen im Versorgungsamt (BVG-Akte),
- Berichten von Ärzten,
- Gutachten im Bereich der Sozialversicherung, der Arbeitsverwaltung oder solche, die für Gerichte erstellt wurden,
- Unterlagen von Krankenhäusern, Kurkliniken, Rehabilitationseinrichtungen, Schulen oder Werkstätten für Behinderte etc.,
- Unterlagen über Vorgänge bei Gesundheitsämtern, Fürsorgestellen, beim medizinischen Dienst der Krankenversicherungsträger oder personal- bzw. betriebsärztlichen Dienststellen etc. und
- Krankenkassenauszügen.

Die Verwaltung prüft, ob die Anträge sorgfältig ausgefüllt wurden. Falls notwendig, werden bereits im Vorfeld Nachfragen gestellt. Insbesondere wird registriert, ob der Antragsteller schon für ein bestimmtes früheres Datum um Anerkennung seiner Gesundheitsschäden ersucht und dies glaubhaft mit Befunden begründet hat. Hierzu ist zu vermerken: „Die Schwerbehinderteneigenschaft wird kraft Gesetz, das heißt bereits mit dem Eintritt der Behinderung und nicht erst mit deren Feststellung durch das Versorgungsamt erworben." Weiterhin prüft die Verwaltung, ob im Antrag ein bestimmter Nachteilsausgleich gewünscht wird.

In Abschnitt 3 des Antrages steht: „Sofern und soweit die beigefügten Unterlagen nicht ausreichend sind, erkläre ich mich hiermit einverstanden, dass das Versorgungsamt in diesem Verwaltungsverfahren und einem eventuell sich anschließenden Vorverfahren von folgenden Ärzten, Krankenhäusern und Kuranstalten/Heilstätten

- Befundberichte,
- Krankenpapiere,
- Aufzeichnungen,
- Krankengeschichten,
- Untersuchungsbefunde und
- Röntgenbilder

bezieht, auch soweit sie von anderen Ärzten oder Stellen erstellt sind. Ich entbinde die beteiligten Ärzte insoweit ausdrücklich von der Schweigepflicht."

Die behandelnden Ärzte werden im Rahmen der amtlichen Aufklärung der Sachlage aufgefordert, für das Versorgungsamt einen Befundschein über Ihre Gesundheitsstörungen auszustellen.

In der Anforderung an die Ärzte wird darauf hingewiesen, dass die Angaben der Diagnosen alleine nicht ausreichen, sondern zusätzlich eine eingehende Beschreibung der aktuell vorliegenden Funktionsbehinderungen ihres Patienten zur Begutachtung der Schwerbehinderteneigenschaft erforderlich ist.

Für die behandelnden Ärzte ebenso wie für Antragsteller besteht Mitwirkungspflicht. Im Rahmen der Sachaufklärung der Verwaltung werden alle geltend gemachten (selbst geringfügige) und auch nicht geltend gemachten Gesundheitsstörungen geprüft. Von den zur Einsicht eingesandten Unterlagen werden Kopien angefertigt und in der Akte abgelegt. Die Verwaltung achtet sorgfältig auf die Einhaltung der ärztlichen Schweigepflicht und die datenschutzrechtlichen Vorschriften. In dringenden Fällen (zum Beispiel Anträge von Schwerkranken oder Kündigungsschutzfälle) wird eine bevorzugte Begutachtung angestrebt.

Der Akteninhalt kann bereits im Vorfeld die Notwendigkeit eines Fachgutachtens ergeben. Durch die beschriebenen Vorbereitungsarbeiten der Verwaltung wird gesichert, dass die Unterlagen für die ärztliche Aktenbegutachtung in überzeugender Weise ein ausreichendes Bild von Art und Ausmaß aller geltend gemachten Gesundheitsstörungen vermitteln.

Der Antragsteller kann der Zuleitung des Antrages an einen Außengutachter widersprechen.

Das Gleiche gilt auch für ein Aktengutachten. Hier kann eine gutachterliche (körperliche) Untersuchung verlangt werden. Allerdings entscheidet in einem solchen Fall das Versorgungsamt, welche Art von Gutachten tatsächlich durchgeführt wird. Ein Rechtsanspruch auf versorgungsamtsärztliche Untersuchung besteht allerdings nicht.

Im Bescheid, mit dem die körperliche Untersuchung abgelehnt wird, ist dies natürlich zu begründen. Die Gründe können insbesondere darin bestehen, dass andere ärztliche Gutachten vorliegen, die anlässlich körperlicher Untersuchung gemacht wurden und deren Anfertigung noch nicht lange zurückliegt. Diese Gutachten müssen die Fragen behandeln, die für die Feststellung der Schwerbehinderteneigenschaft wichtig sind.

Nach der Aufbereitung der Unterlagen durch das Versorgungsamt wird die Akte dem ärztlichen Gutachter vorgelegt (siehe Kapitel 2).

Bewertungsempfehlung

Die vom ärztlichen Gutachter vorgelegte Bewertungsempfehlung beinhaltet:

- den festgestellten Einzel-GdB einer jeden geltend gemachten oder ermittelten Gesundheitsstörung;
- einen Vermerk über ärztliche Unterlagen, auf welche sich die Feststellung des Einzel-GdB stützt;

- den berechneten Gesamt-GdB;
- geltend gemachte Gesundheitsstörungen, die weniger als einen Einzel-GdB von 10 betragen und somit in die Berechnung des Gesamt-GdB nicht eingegangen sind;
- Feststellungen für Nachteilsausgleiche mit Beginn der Gültigkeit;
- Angaben zu dauernden Einbußen der körperlichen Beweglichkeit;
- den Zeitpunkt, ab dem der festgestellte GdB als nachgewiesen angesehen werden kann;
- die Feststellung, ob und wann eine Nachprüfung erforderlich ist;
- Begründungen, wenn geltend gemachten Gesundheitsstörungen nicht entsprochen werden konnte (zum Beispiel wegen fehlender ärztlicher Befunde);
- eine Begründung bei Nichtzustimmung einer früheren Bewertung;
- die Ablehnung von Akten- und/oder Teilakteneinsicht.

Bezüglich des GdB wird auf die Ausführungen in Kapitel 5 verwiesen.

Hinsichtlich des letzten Punktes ist zu beachten, dass es Sache des Versorgungsamtes ist, die Durchsetzung von Akteneinsichten zu erreichen.

Zur Sicherung des Anrechtes eines jeden Antragstellers auf einheitliche Anwendung der maßgeblichen gesetzlichen Vorschriften findet immer eine Überprüfung des erstellten Gutachtens durch den leitenden Arzt des Versorgungsamtes statt. Vor allem achtet der Prüfarzt darauf, ob alle geltend gemachten Gesundheitsstörungen im Gutachten erfasst wurden.

Das ärztliche Sachverständigengutachten dient nun der Versorgungsverwaltung als wesentliche, jedoch nicht einzige Grundlage zur Entscheidung über die Anerkennung der Schwerbeschädigteneigenschaft des Antragstellers.

Die Entscheidung erhält der Antragsteller in einem Feststellungsbescheid (siehe auch Kapitel 5).

Dauer des Verfahrens

Gute Arbeit braucht Zeit. Dies gilt auch für die ärztliche Begutachtung, zumal der begutachtende Arzt im Falle eines Aktengutachtens ohne persönlichen Kontakt bzw. Eindruck über Ihre Behinderungen entscheiden muss.

Selbstverständlich bemüht sich das Versorgungsamt, darauf zu achten, dass dringende Fälle rasch bearbeitet werden. Über die Dringlichkeit muss es allerdings von Ihnen erst verständigt werden. Eine schnelle Bearbeitung Ihres Antrages hängt auch davon ab, ob Sie bzw. Ihre behandelnden Ärzte zu den von Ihnen geltend gemachten Gesundheitsstörungen alle einschlägigen Befunde zur Verfügung stellen, ob die vorgelegten Befunde neueren Datums sind und ob diese Befunde die bei Ihnen vorliegenden Funktionsstörungen eindeutig beinhalten.

Die Beachtung dieser Bedingungen kann die Bearbeitung Ihres Antrages erheblich beschleunigen. Darauf weist das Versorgungsamt im Antragsformular ausdrücklich hin.

Nachprüfung von Amts wegen

Eine Nachprüfung von Amts wegen ist deshalb gerechtfertigt, weil die Feststellung der Schwerbehinderung zu sozialen Nachteilsausgleichsansprüchen führt (siehe auch Kapitel 8). Die Voraussetzungen für diese Ansprüche werden zwar vom Versorgungsamt festgestellt, jedoch wird das Geld hierfür solidarisch von allen Lohn- und Einkommensteuerzahlern erwirtschaftet bzw. erarbeitet.

Die Nachprüfung eines gewährten Nachteilsausgleichs ist somit als eine im Alltag praktizierte soziale Gerechtigkeit zu erachten. Sie betrifft die Höhe der Bemessung des Grades der vom Versorgungsamt bereits anerkannten Behinderung.

Das Ergebnis der Nachprüfung wirkt sich auch auf die Gesamtbewertung der Schwerbehinderteneigenschaft sowie die Vergabe von Merkzeichen aus. Es kann bei einer wesentlichen Besserung des Leidens der GdB nach unten, bei einer Verschlimmerung nach oben korrigiert werden.

Es gehört mit zur Aufgabe des Gutachters, bei jeder geltend gemachten Gesundheitsstörung abzuschätzen, ob, und wenn ja, nach wie vielen Jahren eine Nachprüfung stattfinden soll.

Bei dem überwiegend größten Teil der geltend gemachten Gesundheitsstörungen handelt es sich um chronisch fortschreitende Erkrankungen, das heißt mit einer Änderung oder Besserung ist nicht zu rechnen. In solchen Fällen ist von einer Nachprüfung abzusehen.

Die Heilungsbewährung (zum Beispiel bei bösartigen Tumorkrankheiten, Gehirninsult, Erkrankungen bei Kindern) zieht immer eine Nachprüfung nach sich (siehe auch Kapitel 3).

Ablauf der Nachprüfung

- Das Versorgungsamt ermittelt von Amts wegen. Sie erhalten darüber einen Bescheid des Versorgungsamtes sowie den Erhebungsbogen „Neufeststellung nach dem Sozialgesetzbuch Neuntes Buch (SGB IX)":

  „Sehr geehrte(r) Antragsteller(in),
  es ist nachzuprüfen, ob in den Verhältnissen, die für die letzte Feststellung nach dem SGB IX maßgebend gewesen sind, eine wesentliche Änderung eingetreten ist."
- Ihre behandelnden Ärzte werden um die Zusendung von aktuellen Untersuchungsunterlagen sowie eines Befundscheines gebeten.
- Es erfolgt eine Begutachtung der aktuellen Krankheitssituation und des GdB im Vergleich zur Vorbewertung. Beispiel: Hat sich Ihre Krankheitssituation und Ihre Behinderung fünf Jahre nach der Tumoroperation und Nachbestrahlung gebessert oder sind Rezidivtumore (Tumorneubildung nach Abheilung der Tumorkrankheit durch Operation oder Bestrahlung) bzw. Metastasen aufgetreten? Haben sich die Lähmungserscheinungen nach dem Gehirninsult vor zwei Jahren zurückgebildet?
- Das Ergebnis der Nachprüfung wird in einem Feststellungsbescheid abgefasst.
- Im Bescheid des Versorgungsamtes wird der Betroffene über eventuelle Änderungen der Schwerbehinderteneigenschaften und der Merkzeichen informiert. Diese Änderungen sind:
  - Heraufsetzung, Beibehaltung oder Herabsetzung des Gesamt-GdB
  - An- oder Aberkennung von Merkzeichen.
- Eine Rechtsmittelbelehrung schließt den Bescheid ab.
- Der Ausweis wird gemäß dem neuen Feststellungsbescheid geändert.

Der Schwerbehinderten-ausweis: Grad der Behinderung und Vergabe von Merkzeichen

5

Prozente für die einzelnen Funktionsstörungen

Das örtliche Versorgungsamt wird die Auswirkung der Funktionsbeeinträchtigung Ihrer geltend gemachten bzw. von Amts wegen ermittelten Gesundheitsstörungen als Grad der Behinderung (GdB) – nach Zehnergraden abgestuft – von 10 bis 100 feststellen. Unterhalb von GdB 10 gilt eine Gesundheitsstörung nicht als Behinderung.

In diesem Zusammenhang ist die Versorgungsmedizin-Verordnung (VersMedV) vom 10.12.2008 zu beachten. Diese Verordnung beruht auf einer in § 30 Abs. 17 BVG enthaltenen Ermächtigung für das Bundesministerium für Arbeit und Soziales. Die Verordnung ist im Einvernehmen mit dem Bundesministerium der Verteidigung und mit Zustimmung des Bundesrates ergangen. Sie regelt die Grundsätze für die medizinische Bewertung von Schädigungsfolgen und die Feststellung des Grades der Schädigungsfolgen im Sinne des § 30 Abs. 1 BVG.

Eigentlich handelt es sich hier lediglich um Rechtsverhältnisse des Kriegsopferrechts (Bundesversorgungsrecht). § 69 Abs. 1 SGB IX bestimmt aber ausdrücklich, dass die Maßstäbe des § 30 Abs. 1 BVG und der aufgrund des § 30 Abs. 17 BVG erlassenen Rechtsverordnung entsprechend gelten. Dass bedeutet, dass im Schwerbehindertenrecht auch die „Versorgungsmedizinischen Grundsätze" anwendbar sind. In § 2 MedV heißt es, dass in der Anlage zur VersMedV Grundsätze und Kriterien für die medizinische Bewertung von Schädigungsfolgen festgelegt sind. Die Anlage wird auf der Grundlage des aktuellen Stands der medizinischen Wissenschaft unter Anwendung der Grundsätze der evidenzbasierten Medizin erstellt und fortentwickelt.

§ 3 VersMedV bestimmt, dass beim Bundesarbeitsministerium ein unabhängiger „Ärztlicher Sachverständigenbeirat Versorgungsmedizin" gebildet wird. Dieser Beirat berät das Bundesministerium für Arbeit und Soziales zu allen versorgungsärztlichen Angelegenheiten und bereitet die Fortentwicklung der Anlage entsprechend dem aktuellen Stand der medizinischen Wissenschaft und versorgungsmedizinischer Erfordernisse vor.

In einer Vorbemerkung zu den Grundsätzen wird ausgeführt, dass dann, wenn mit dem Grad der Behinderung (GdB) und dem Grad der Schädigungsfolgen (GdS) das Maß für die Beeinträchtigung der Teilhabe am Leben in der Gemeinschaft gemeint ist, einheitlich die Abkürzung GdS benutzt wird.

Die VersMedV und insbesondere ihre Anlage, die „Versorgungsmedizinischen Grundsätze", sind an die Stelle der früher maßgebenden „Anhaltspunkte für die ärztliche Gutachtertätigkeit im sozialen Entschädigungsrecht und nach dem Schwerbehindertengesetz" getreten. Die Anhaltspunkte waren nicht immer unbestritten. Die hier geführte Diskussion hat sich mit dem Erlass der versorgungsmedizinischen Grundsätze erledigt.

Die zu bewertenden Gesundheitsstörungen sind von den pathologischen Veränderungen und von den individuellen Gegebenheiten her sehr unterschiedlich. Die Würdigung der einzelnen Funktionsstörungen muss trotzdem in realistischer Relation zu dem Ausmaß der Behinderung stehen. Wenn für eine Unterschenkelamputation ein Einzel-GdB 50 angesetzt wird, kann eine Nierenkolik oder ein Bandscheibenvorfall trotz Schmerzzuständen nicht gleich hoch bewertet werden.

In den „Versorgungsmedizinischen Grundsätzen" heißt es, dass der GdS eine nicht nur vorübergehende und damit eine über einen Zeitraum von mehr als sechs Monaten sich erstreckende Gesundheitsstörung voraussetzt. Dementsprechend ist bei abklingenden Gesundheitsstörungen der Wert festzusetzen, der dem über sechs Monate hinaus verbliebenen – oder voraussichtlich verbleibenden – Schaden entspricht.

Schwankungen im Gesundheitszustand bei längerem Leidensverlauf sind mit einem Durchschnittswert Rechnung zu tragen.

Dies bedeutet: Ist der Verlauf eines Leidens von sich wiederholende Besserungen und Verschlechterungen des Gesundheitszustandes geprägt, können die zeitweiligen Verschlechterungen – aufgrund der anhaltenden Auswirkungen auf die gesamte Lebensführung – nicht als vorübergehende Gesundheitsstörung betrachtet werden. Beispiele sind Chronische Bronchitis, Hautkrankheiten, Anfallsleiden.

In solchen Fällen muss bei der GdB- und GdS-Beurteilung von dem „durchschnittlichen" Ausmaß der Beeinträchtigung ausgegangen werden.

Stirbt ein Antragsteller oder eine Antragstellerin innerhalb von sechs Monaten nach Eintritt einer Gesundheitsstörung, so ist für diese Gesundheitsstörung der GdS anzusetzen, der nach ärztlicher Erfahrung nach Ablauf von sechs Monaten nach Eintritt der Gesundheitsstörung zu erwarten gewesen wäre.

Fallen Eintritt der Gesundheitsstörung und Tod jedoch zusammen, kann ein GdS nicht angenommen werden. Eintritt der Gesundheitsstörung und Tod fallen auch dann zusammen, wenn die Gesundheitsstörung in so rascher Entwicklung zum Tode führt, dass der Eintritt der Gesundheitsstörung und des Todes einen untrennbaren Vorgang darstellen.

Wichtig: Gesundheitsstörungen, die erst in der Zukunft zu erwarten sind, sind beim GdS nicht zu berücksichtigen. Die Notwendigkeit des Abwartens einer Heilungsbewährung stellt eine andere Situation dar. Während der Zeit dieser Heilungsbewährung ist ein höherer GdS gerechtfertigt, als er sich aus dem festgestellten Schaden ergibt.

Die „Versorgungsmedizinischen Grundsätze" führen detaillierte Bewertungsrichtlinien im Sinne der beschriebenen und dargelegten Beispiele für folgende Organsysteme auf:

- Kopf und Gesicht
- Nervensystem und Psyche
- Sehorgan
- Hör- und Gleichgewichtsorgan
- Nase
- Mundhöhle, Rachenraum und obere Luftwege
- Brustkorb, tiefere Atemwege und Lungen
- Herz und Kreislauf
- Verdauungsorgane
- Brüche (Hernien)
- Harnorgane
- Männliche Geschlechtsorgane
- Weibliche Geschlechtsorgane

- Stoffwechsel, Innere Sekretion
- Blut, blutbildende Organe, Immunsystem
- Haut
- Haltungs- und Bewegungsorgane, rheumatische Krankheiten

Der Gesetzgeber betont unter „Allgemeine Hinweise zur GdS-Tabelle" der Grundsätze, dass die Vorgaben zur Bewertung der Funktionseinschränkungen als Anhaltswerte betrachtet werden sollten, um der Besonderheit des Einzelfalles Rechnung tragen zu können: „Es ist unerlässlich, alle leistungsmindernden Störungen auf körperlichem, geistigem und seelischem Gebiet in jedem Einzelfall zu berücksichtigen."

Die Grundsätze beinhalten zur Bewertungsvorgabe nicht alle Erkrankungen. Für solche, die nicht aufgeführt sind, „ist der GdS-Grad in Analogie mit vergleichbaren Gesundheitsstörungen zu beurteilen".

Ein solches Vorgehen ist plausibel, realistisch und rationell, weil es im Wesentlichen um die Funktionsbehinderungen von Gesundheitsstörungen und nicht um die Gesundheitsstörungen selbst geht.

Ein Kommentar zur gutachterlichen Bewertung aller Gesundheitsschäden würde den Rahmen dieses Buches sprengen. Deshalb sollen nur solche beispielhaft behandelt werden, die in den Anträgen häufig problematisch dargestellt erscheinen.

Gesundheitsschaden am Bewegungs- und Stützapparat

Der überwiegende Teil der geltend gemachten Gesundheitsschäden bezieht sich auf Erkrankungen am Bewegungs- und Stützapparat, vorwiegend Gelenkarthrosen und Wirbelsäulenschäden. Die Ursprünge der genannten Leiden reichen von angeborenen Fehlentwicklungen über Unfallfolgen und berufsbedingte Belastungsschäden bis zur Folgeerscheinung von Übergewicht, Bewegungsmangel und Fehlernährung.

Man geht wegen Schmerzen und Einschränkung der Beweglichkeit zum Hausarzt oder direkt zum Orthopäden. Abnützungserscheinungen, Arthrosen und Bandscheibenschaden lautet die überwiegende Zahl der Diagnosen, die dem Gutachter des Versorgungsamtes vorgelegt werden.

Der orthopädisch-fachärztliche Befund für das Versorgungsamt sollte die Messwerte zur Bewegungseinschränkung in den betreffenden Gelenken oder in verschiedenen Abschnitten der Wirbelsäule beinhalten, sich gegebenenfalls zur Gehfähigkeit detailliert äußern sowie Haltungsschäden beschreiben.

Maßgeblich ist zum Beispiel, ob die Bandscheibe eine oder mehrere Protrusionen (Vorwölbungen) bzw. Bandscheibenprolaps zeigt. Sind die Wurzeln peripherer Nerven komprimiert, Wirbelkörper deformiert, gar eingebrochen etc.?

Es ist möglich, dass Ihre „rheumatischen Schmerzen" durch Osteoporose (Knochengewebeschwund) verursacht werden, weil Sie an einer Kalziumstoffwechselstörung leiden, oder weil die Gelenke von Gicht befallen sind.

Gelegentlich müssen auch Internisten, Rheumatologen, Neurologen und Radiologen mitwirken, wenn die Routinediagnostik ohne Ergebnis bleibt und um den Patienten zu helfen, wenn Fragestellungen, zum Beispiel nach einer entzündlich rheumatischen Erkrankung (zum Beispiel Arthritis, PcP), systemischen Bindegewebserkrankung (zum Beispiel Kollagenose), sogenanntem Weichteilrheumatismus (Fibromyalgiesyndrom), entzündlichen Knochenmarkserkrankungen (zum Beispiel Periostitis, Osteomyelitis), neuromuskulären Erkrankungen oder Tumorleiden nachgegangen werden muss.

Bei der Begutachtung wegen Schwerbehinderteneigenschaft kommt es auf Art und Ausmaß der dauerhaften Funktionsbehinderungen durch die vorliegenden pathologischen Veränderungen an. Sie müssen für den Gutachter aus den Untersuchungsbefunden der oben erwähnten Fachärzte zu entnehmen sein.

Falsch ist die allgemein verbreitete Annahme, dass zum Beispiel ein röntgenologischer Nachweis degenerativer Gelenk- oder Wirbelsäulenveränderungen die Anerkennung einer Behinderteneigenschaft rechtfertigt. In diesem Sinne wird in vielen Anträgen die Geltendmachung von „Wirbelsäulenschmerzen" mit einem Röntgenbefund beispielsweise über Randwulstungen in der Deckplatte eines Wirbelkörpers begründet.

Alleine die Tatsache, dass Sie operiert wurden (zum Beispiel wegen Knochenbruch, Meniskus, Bandscheiben, Sehnenverkürzung), bedeutet keine Behinderung. Die nach der Operation eventuell zurückgebliebene Funktionseinschränkung sollte jedoch geltend gemacht und mit entsprechenden Untersuchungsbefunden belegt werden.

Eine schematisch formulierte hausärztliche Stellungnahme über „starke Wirbelsäulenschmerzen" oder die Bewegungseinschränkung eines Gelenks ohne Angaben zum Ausmaß der vorliegenden Bewegungseinschränkung vermittelt dem Gutachter kein genaues Bild Ihrer Behinderung.

Außergewöhnliche Schmerzzustände wie Phantomschmerz nach einer Amputation werden bei der Begutachtung, wenn sie geltend gemacht und mit Befunden gesondert belegt sind, extra berücksichtigt.

Dies gilt ebenso für Auswirkungen von Erkrankungen am Bewegungs- und Stützapparat auf andere Organfunktionen. So sollten Sie zum Beispiel bei Morbus Bechterew (chronisch-rheumatische entzündliche Wirbelsäulenerkrankung) als Antragsteller und vor allem Betroffener darauf achten, dass der Gutachter unaufgefordert erfährt, ob Ihre Lungenfunktion eingeschränkt ist.

Die beschriebenen Komplikationen und Begleiterscheinungen sind aber auch auf die Nebenwirkungen aggressiver Behandlungsmethoden wie Immunsuppressiva (Abwehrreaktionen des Körpers unterbindende Medikamente) und Zytostatika (Zellwachstum hemmende Medikamente), die mit zusätzlichen Funktionseinbußen einhergehen, zurückzuführen und werden gesondert gewürdigt.

Gesundheitsschäden des Herz- und Gefäßsystems

Dem Schlaganfall gebührt besondere Beachtung. Er beruht auf einem Funktionsausfall bestimmter Gehirnareale durch Gefäßverschluss einer Hirnarterie oder Massenblutung im Schädel. Betroffen sind überwiegend ältere Patienten mit kardiovaskulären Multirisiken (Mehrfachrisiken für Herz-Gefäßerkrankungen), aber auch jüngere Patienten, zum Beispiel mit Hochdruckkrankheit.

Der Antrag auf Anerkennung der Schwerbehinderteneigenschaft wird im Allgemeinen kurz nach dem Schlaganfall mit Geltendmachung von „Schlaganfall mit Halbseitenlähmung" gestellt, unter anderem wegen gravierender Ausfälle der Geh- und Greiffunktion oder der mangelnden Bewegungsfähigkeit eines Armes oder Beins.

Für den Gutachter ist es oft unverständlich, warum nicht auch die zum Schlaganfall führenden Gesundheitsstörungen wie arterielle Verschlusskrankheit der Halsschlagader, Herzminderleistung, Venenthrombose, Embolie, schwer einstellbare Hochdruckkrankheit etc. geltend gemacht werden. Außerdem kann bei älteren Menschen eine gewissenhafte Diagnostik auch noch anderweitige Funktionsstörungen feststellen.

Speziell bei Schlaganfall sind unter Umständen auch unmittelbare Angehörige zu befragen.

Wichtig: Der gesetzlich versicherte Antragsteller hat einen Anspruch darauf, alle seine Gesundheitsstörungen kassenärztlich untersuchen zu lassen, um diese dann als Schwerbehinderteneigenschaft geltend zu machen.

Über die Bedeutung der diagnostischen Messwerte im Bereich der kardiovaskulären Erkrankungen wurde bereits gesprochen. Eine geleistete Wattzahl zum Beispiel am Fahrradergometer kann natürlich die Behinderung bei einer Kardiomyopathie oder einem bypassoperierten Herzen widerspiegeln.

Die beiden beispielhaft angeführten Gesundheitsschäden sind von einer stets fortschreitenden Verschlechterung gekennzeichnet.

Es bedarf von Seiten des Hausarztes besonderer Sorgfalt, die vorliegenden Funktionseinschränkungen im jeweiligen Krankheitsstadium des Patienten zu schildern, zum Beispiel das Auftreten von Kurzatmigkeit, Ergebnisse eines Belastungstests, das Auftreten von Angina pectoris oder Herzrhythmusstörungen, Schwindelanfällen bei Anstrengungen, etc.

Aus den bisherigen Ausführungen wird ersichtlich, dass die alleinige Bezeichnung von Gesundheitsschäden wie zum Beispiel Herz-, Kreislauf-, Venenschwäche, Durchblutungsstörung, Gefäßverkalkungen etc. für die Begründung einer Behinderung ungenügend ist.

Die dazugehörenden Funktionseinschränkungen wie zum Beispiel Kollapszustände, Varizen (Krampfadern), Ödeme (Wassereinlagerung im Bindegewebe) oder Ulkus (Geschwürbildung), Claudikatio intermittens (schmerzhafte Gehbehinderung bei arterieller Verschlusskrankheit) sind ebenfalls präzise zu beschreiben.

Selten findet der Gutachter in den Befunden eine Differenzierung der Hochdruckkrankheit, obwohl laut „Anhaltspunkten" leichte, mittelschwere, schwere und bösartige (maligne) Formen unterschiedlich bewertet werden können.

Gesundheitsschäden im Bereich der Atmungsorgane

Der überwiegende Anteil der Anträge in diesem Bereich betrifft Asthma bronchiale, spastische Bronchitis (krampfhafte Verengung bestimmter Segmente im Bereich der oberen Luftwege) sowie chronisch wiederkehrende Bronchitis.

Der prozentuale Anteil jener Patienten, die sich in lungenfachärztlicher oder zumindest internistischer Behandlung befinden, ist gering. So vermisst der Gutachter häufig die Lungenfunktionswerte etc., noch seltener bekommt er die Gasaustauschparameter (Sauer- und Kohlenwasserstoffanalyse bei der Lungenfunktionsdiagnostik) in Ruhe und bei Belastung vorgelegt.

Alle diese Untersuchungen bezwecken nicht nur eine angemessene Bewertung der Asthmakrankheit, sondern auch die Feststellung einer dauerhaften Folgeschädigung.

Auffällig ist, dass Verformungen oder Anomalien des Brustkorbs, die sehr häufig die Asthmakrankheit begleiten, kaum geltend gemacht werden. Dies gilt ebenso für die assoziierten Leiden, die bei der klinischen Routineabklärung miterfasst werden. Diese sind Allergien, Erkrankungen der Nasennebenhöhlen, Bronchiektasien und nicht zuletzt psychische Störungen.

Für den Asthmatiker beispielsweise wird als Erstes die Anfallhäufigkeit entsprechend bewertet. Es können zusätzlich eine dauerhafte Einschränkung der Lungenfunktion und auch die oben erwähnten Begleiterkrankungen, abhängig von Art und Ausmaß der Betroffenheit, Berücksichtigung finden.

„Kurzatmigkeit" oder „Luftnot" als Gesundheitsstörung geltend machen zu wollen, zeugt von Gutgläubigkeit gegenüber dem Versorgungsamt, das zur Klärung des Sachverhalts verpflichtet ist. Dies kann nur indirekt geschehen, da die diagnostische Abklärung der Ursache körperlicher Beschwerden Aufgabe der kassenärztlichen (amtlich: vertragsärztlichen) Krankenversorgung ist. Auf die

Wichtigkeit einer hausärztlichen Beratung vor Antragstellung wird deshalb nochmals hingewiesen.

Gesundheitsschäden im Bereich der Verdauungsorgane

Chronisch wiederkehrende Magenschleimhautentzündungen, Reizmagen, Verdauungsinsuffizienz (unzureichende Verdauung) sind Gesundheitsstörungen, die in den Anträgen zahlreich aufgeführt werden. Vereinzelt liegen hierzu Gastroskopiebefunde vor. Seit der Nachweismöglichkeit von Helico- und Campylobakter (Bakterien, die die Magenschleimhaut befallen) als Ursache hierfür, kann diese Krankheit erfolgreich und kurzfristig behandelt werden. Ähnlich verhält es sich bei Magen- und Zwölffingerdarm-Geschwüren.

Nicht alle Oberbauchbeschwerden betreffen den Magen. Hinter einem nervösen Reizmagen können sich viele Erkrankungen (von Leber, Gallenblase, Bauchspeicheldrüse, Bauchgefäßen, Milz, verschiedenen Darmabschnitten etc.) verbergen. Die abklärenden Untersuchungen zu führen, ist Aufgabe von Internisten und Gastroenterologen.

Die entsprechenden Untersuchungsbefunde zeigen dann die organbezogenen Funktionseinschränkungen auf. Die Befunde geben eine Beschreibung des Allgemein- und Ernährungszustands, der Schmerzzustände, von Koliken, des Unvermögens von Verdauung oder des Resorptionsdefizits bei bestimmter Nahrung, von Fehlfunktionen im Stoffwechsel etc. wieder.

Fettleber bei Adipositas (Fettsucht) stellt ebenso wie die übliche Fettleibigkeit keine Behinderung dar. Dazugehörige Folge- und Begleitschäden jedoch können geltend gemacht werden. Bei den unterschiedlichen Fettstoffwechselstörungen sind nur einige mit schwerwiegenden Folgen behaftet.

Besonderes Augenmerk verdient die Leberzirrhose. Sie kann sowohl infektiösen, stoffwechselbedingten, biliären (galleproduzierende Funktion) und auch toxischen Ursprung haben. Zum Letzteren gehört auch die alkoholische Leberzirrhose. Als Beispiel wird die Leberzirrhose deshalb aufgeführt, weil sie in fortgeschrittenem Stadium mit einer großen Zahl von Komplikationen einhergeht. Diese sind: Ascites (Wasseransammlung in der Bauchhöhle), Speiseröhrenvarizen (Krampfadern in der Speiseröhre) mit Blutungen, hepatische Enzephalopathie (durch eine Lebererkrankung bedingte Gehirnfunktionsstörung), vergrößerte Milz, Blutarmut, Blutgerinnungsstörung etc.

Die Komplikationen bestimmen das Stadium der Krankheit. Sie bedingen je nach Art und Ausmaß die Anerkennung von zusätzlichen Funktionsstörungen.

Ein weiteres Beispiel ist das „Gallensteinleiden". Um es adäquat bewerten zu können, muss der Gutachter über die Häufigkeit der Koliken, der Begleitentzündung und über Intervallbeschwerden Bescheid erhalten. Dies trifft ebenso für chronische Erkrankungen der Bauchspeicheldrüse zu. Die ausschließliche Angabe einer „Verdauungsinsuffizienz" (unzureichende Verdauung) vermittelt dem Gutachter weder Art noch Ausmaß der konkret vorliegenden Behinderung.

Die Ausführungen zu bestimmten Krankheiten und Bemerkungen zur Antragstellung sollen plausibel machen, wie wichtig es für jeden Patienten ist, sich mit seinen behandelnden Ärzten über das Vorhaben bezüglich der Anerkennung einer Schwerbehinderteneigenschaft eingehend zu beraten.

Gesundheitsschäden im Bereich der Ausscheidungsorgane

Erkrankungen der Ausscheidungsorgane treten durch Störungen der Filterfunktion der Niere und des Harntransportes auf. Sie bewirken durch das Zurückhalten (Retention) harnpflichtiger Substanzen eine Störung des Mineralienstoffwechsels sowie eine Beeinflussung der Produktion verschiedener Hormone und beeinträchtigen die Funktion anderer Organe (Zentralnervensystem, Herz-Kreislauf-Organe, Skelettsystem). Als Begleitschäden sind zum Beispiel nephrogene Hypertonie, Anämie (Blutarmut), Polyneuropathie und Osteopathie (krankhafte Veränderung der Knochenstrukturen) zu nennen.

Die „Anhaltspunkte" gewähren dem Gutachter für die Bewertung der vorliegenden funktionellen Schäden und Krankheitssymptome einen breiten Spielraum.

Die „Einschränkung der Nierenfunktion" in vielen ärztlichen Stellungnahmen meint wohl die Bezeichnung einer Funktionsstörung. Sie alleine erlaubt dem Gutachter jedoch nicht eine adäquate Würdigung der vorliegenden Behinderung. Auffallend selten liegt ein „Kreatininclearance" (Wert, der die Filterleistung der Niere angibt) als Maßstab für die Ausscheidungsfunktion der Nieren vor. Man vermisst oft Angaben zu Ödemen (Wasseransammlungen) oder zu bereits beschriebenen Folgeleiden.

Die Geltendmachung von „chronischem Harnwegsinfekt", „Blasenentleerungsstörung" oder „Harninkontinenz" wird gutachterlich differenziert bewertet, wenn Informationen zu Art und Ausmaß der Erkrankung vorliegen.

Schmerzen

Dem Schmerz – einem lebenswichtigen Symptom – kommt sehr große Bedeutung zu. Als Betroffener denkt man natürlich mit Grausen an Kopf-, Zahn- oder Gelenkschmerzen, als Herzkranker an Angina pectoris, bei Steinleiden an Gallen- oder Nierenkoliken, an rheumatische Schmerzen, Hexenschuss, Neuralgien oder Tumorschmerzen.

Der Ursache nach unterscheidet man einerseits Schmerzen durch Erregung der Schmerzrezeptoren. Dazu gehören die meisten Schmerzzustände, einschließlich Schmerzen bei Verletzung und bei der überwiegenden Zahl von Krankheiten. Zum anderen gibt es neuropathische Schmerzen bei Schädigung des Nervensystems selbst und Schmerzen infolge funktioneller Störungen einschließlich psychosomatischer Vorgänge.

In den Bewertungsempfehlungen der„Grundsätze" sind die üblicherweise auftretenden, sogenannten regelhaften Schmerzen inbegriffen. So werden zum Beispiel bei Bandscheibenprolaps die Rückenschmerzen auch dann, wenn sie besonders stark ausfallen, mitberücksichtigt.

In den „Grundsätzen" findet auch das sogenannte chronische Schmerzsyndrom Berücksichtigung, wenn es als Dauerbehinderung sorgfältig begründet wird.

Psychische Begleitschäden

Gesundheit ist für den Wohlstandsbürger eine selbstverständliche Gegebenheit. Ein Unfall, so sagt man, ist überflüssig wie ein Kropf. Krankheit schockiert und – wenn man damit nicht schnell fertig wird – schlägt sie auf's Gemüt. So wird man zum Beispiel durch wiederkehrende Magenschmerzen oder anhaltende schmerzhafte Bewegungseinschränkungen der Hüft- oder Kniegelenke depressiv verstimmt, unduldsam und auch aggressiv.

Die diagnostische Feststellung einer unheilbaren Erkrankung – hier stehen gefürchtete bösartige Tumoren im Vordergrund – bedeutet für jeden Patienten einen schweren Schockzustand und Leidensweg, häufig sogar ein psychisches Dauertrauma.

Die „Grundsätze" setzen sich mit der Frage der seelischen Begleiterscheinungen ebenso wie mit den bereits dargestellten Schmerzen auseinander.

Die herkömmliche psychische Belastung (vorübergehende psychische oder psychovegetative Erschöpfung, reaktive Depression etc.) als Gesundheitsstörung wird in dem jeweiligen vorgegebenen GdB bereits berücksichtigt.

Bei erheblich schweren psychischen Begleiterscheinungen können diese bei den Bewertungen Berücksichtigung finden: „Außergewöhnliche seelische Begleiterscheinungen sind anzunehmen, wenn anhaltende psychoreaktive Störungen in einer solchen Ausprägung vorliegen, dass eine spezielle ärztliche Behandlung dieser Störungen – zum Beispiel eine Psychotherapie – erforderlich ist."

Heilungsbewährung

Dank dem Fortschritt der klinisch-medizinischen Behandlungsmethoden können immer mehr Krankheiten erfolgreich behoben werden. Insbesondere bei der Therapie bösartiger Tumoren, aber auch in der Transplantationsmedizin oder bei der Behandlung von bestimmten Psychosen ist dies nicht der Fall. Der Behandlungserfolg ist bei diesen Erkrankungen nicht mit Sicherheit abzuschätzen. Viele Tumoren neigen – trotz Radikaloperation, Nachbestrahlung und Chemotherapie – zur Rezidivbildung (Rückfall, wiederkehrende/neue Bildung) oder zu Metastasen.

Unmittelbar nach einer Geschwulstoperation ist der Patient besonders gefährdet, mit der Zeit nimmt das Risiko ab. Der Zeitraum des Abwartens einer sogenannten Heilungsbewährung – das heißt kein Auftreten von Rezidivtumor oder Metastase – beträgt ab dem Zeitpunkt des ersten therapeutischen Eingriffs in der Regel fünf Jahre.

Bei manchen Tumorerkrankungen werden zwei bis drei Jahre Heilungsbewährung angesetzt, wenn nach den klinischen Erfahrungen mit Sicherheit von einer kürzeren Gefährdungszeit ausgegangen werden kann.

Die GdB-Bewertung ist während der Heilungsbewährung wesentlich höher als danach. Dabei werden sowohl die primär krankheitsbedingten, sogenannten regelhaften Organschädigungen, Begleiterscheinungen (Schmerzen, Depressionen etc.) und Nebenwirkungen der Behandlungen (Röntgenstrahlen, Chemotherapie) berücksichtigt. Eine außergewöhnliche Belastung durch die Behandlung kann zusätzlich angerechnet werden.

Nach Ablauf der Heilungsbewährung erfolgt eine nochmalige Begutachtung hinsichtlich der verbleibenden Funktionseinschränkungen und Behinderungen (Verlust einer Niere, Zustand nach Darmresektion mit künstlichem Darmausgang etc.).

Was soll geschehen, wenn bei den regelmäßig durchgeführten Tumor-Nachsorgeuntersuchungen nach der Heilungsbewährung doch eine wieder aufgetretene Geschwulst festgestellt wird? In diesem Fall sollten Sie unverzüglich einen Antrag auf Neubewertung der Schwerbehinderteneigenschaft stellen.

Der Gesamt-GdB

Man geht zum Arzt wegen einer Bagatellbeschwerde und verlässt seine Praxis als Schwerkranker, sagen böse Zungen. Bei einem gewissenhaften Arzt kann dies durchaus vorkommen. Nicht zutreffend dagegen ist folgende Behauptung: Der Arzt macht die Krankheiten. Nein, er stellt sie nur fest, wenn sie vorliegen. Durch forcierte ärztliche Weiterbildung, mehr Diagnostik-Know-how und mehr Zuwendung gegenüber dem Patienten steigt die Zahl der festgestellten Krankheiten. Die Früherkennung ist im Sinne des Fortschrittes. Sie wendet Leid ab und spart der Krankenversicherung Kosten.

Aus dieser Entwicklung resultiert auch die Ganzheitsmedizin. Der kranke Mensch mit all seinen Gesundheitsstörungen soll betrachtet werden. Dies entspricht auch sozialmedizinischen Prinzipien.

Der überwiegende Teil der Antragsteller, selbst jüngere Patienten, leiden an mehr als einer Gesundheitsstörung, die sie geltend machen wollen. Die prozentuelle Bewertung der einzelnen Funktionsbehinderungen wurde bereits im vorangegangenen Kapitel beschrieben.

Bei der Berechnung des Gesamt-GdB werden die Einzel-GdB-Werte nicht einfach addiert; es werden auch keine anderen mathematischen Methoden angewendet.

In den „Grundsätzen" wird die Veranschlagung des Gesamt-GdB nach folgender Regel vorgenommen: „Maßgebend sind die Auswirkungen der einzelnen Funktionsbeeinträchtigungen in ihrer Gesamtheit unter Berücksichtigung ihrer wechselseitigen Beziehung zueinander."

Im Gutachteralltag legt man jenes Hauptleiden des Antragstellers zu Grunde, das die höchste Einzel-GdB „erzielt". Als zweiter Schritt wird geprüft, ob und inwieweit die übrigen niedriger bewerteten Funktionseinschränkungen Ausmaß und Leidensdruck der Hauptbehinderung zusätzlich verschlimmern.

Die Beziehungen der einzelnen Funktionsbehinderungen untereinander können sehr unterschiedlich sein. Es gibt eine ganze Reihe von Varianten zwischen völliger Unabhängigkeit bis hin zu einer gegenseitigen Nachteilpotenzierung weit über die Einzelbewertungen hinaus (siehe auch Kapitel 2).

Funktionsbehinderungen geringfügigen Ausmaßes mit einem Einzel-GdB von 10 (einfache Hochdruckkrankheit, chronische Bronchitis, Verlust eines Fingers) werden bis auf seltene Ausnahmen bei der Gesamtbeurteilung der Behinderung nicht berücksichtigt.

Ab dem Gesamt-GdB von 50 wird die Schwerbehinderteneigenschaft anerkannt. Bei weniger Prozenten kann unter Umständen ein Gleichstellungsantrag gestellt werden (siehe auch Kapitel 6).

Vergabe von Merkzeichen

Laut § 69 Abs. 4 SGB IX „sind neben dem Vorliegen der Behinderung weitere gesundheitliche Merkmale Voraussetzung für die Inanspruchnahme von Nachteilsausgleichen, so treffen die für die Durchführung des Bundesversorgungsgesetzes zuständigen Behörden die erforderlichen Feststellungen im Verfahren nach Abs. 1".

Die Inanspruchnahme von Nachteilsausgleichen ist an Voraussetzungen wie die Anerkennung der Schwerbehinderteneigenschaft gebunden. Sie bedingen außerdem das Vorliegen bestimmter Gesundheitsschäden, zum Beispiel dauerhafte Einbuße der körperlichen Beweglichkeit. Ob sie nachweislich vorliegen, wird vom Versorgungsamt im Rahmen der Bearbeitung Ihres Schwerbehindertenantrages geprüft und gegebenenfalls in Form von Merkzeichen im Feststellungsbescheid aufgeführt und im Ausweis ausgedruckt.

Merkzeichen (MZ)

- G – Nachteilsausgleich im Nahverkehr (wegen Gehbehinderung)
- Gl – Nachteilsausgleich im Nahverkehr (wegen Gehörlosigkeit)
- aG – Parkerleichterung wegen außergewöhnlicher Gehbehinderung
- B – Freifahrt für eine Begleitperson wegen der Notwendigkeit ständiger Begleitung

Außerdem gibt es folgende Nachteilsausgleiche:

- H – Nachteilsausgleich wegen Hilflosigkeit
- Rf – Befreiung von Rundfunkgebühr und Sozialtarif für Telefonanschlüsse
- Bl – Nachteilsausgleich wegen Blindheit

Bei der Vergabe der oben aufgeführten Merkzeichen ist auch das Ausmaß der betreffenden Gesundheitsschäden und deren Auswirkungen von entscheidender Bedeutung.

Die Versorgungsämter händigen dem Antragsteller ein orangefarbiges „Merkblatt bzw. Erläuterungen zum Bescheid" aus. Darin werden unter anderem die Merkzeichen ausführlich erörtert.

Irrtümlich wäre die Vorstellung, dass Ihnen wegen Hinkens automatisch das Merkzeichen „G" oder, wenn Sie als Kranker Hilfe von anderen benötigen, das Merkzeichen „H" zustünde.

Die in den „Grundsätzen" formulierten Bedingungen des Gesetzgebers zur Vergabe von Merkzeichen sind für den Gutachter bindend.

Merkzeichen „G" – Gehbehinderung

Dieser Nachteilsausgleich schwerbehinderter Menschen setzt eine „erhebliche Beeinträchtigung in der Bewegungsfähigkeit im Straßenverkehr" voraus.

Sie kann durch Einschränkung des Gehvermögens (zum Beispiel Gelenkdeformität, arterielle Verschlusskrankheit), durch Erkrankung innerer Organe (zum Beispiel Herz- oder Atmungsinsuffizienz), durch Anfälle (zum Beispiel Epilepsie, Schockzustände) oder durch Störung der Orientierungsfähigkeit (zum Beispiel bei alleiniger Sehbehinderung ab GdB 70, bei gleichzeitiger Störung der Ausgleichfunktionen wie hochgradige Schwerhörigkeit beiderseits oder geistige Behinderung ab GdB 50) verursacht werden.

Solcherart behinderte Menschen sind durch ihre Behinderung nicht in der Lage, Wegstrecken im Ortsverkehr ohne Gefahr für sich oder andere zurückzulegen, die üblicherweise altersunabhängig und ohne Rücksicht auf die örtlichen Verhältnisse noch zu Fuß zurückgelegt werden können: „Als ortsübliche Wegstrecke in diesem Sinne gilt eine Strecke von etwa zwei Kilometern, die in etwa einer halben Stunde zurückgelegt wird."

Die Einschränkung des Gehvermögens kann von den unteren Gliedmaßen und der Wirbelsäule ausgehen und muss als Einzel-GdB 50 – bei bestimmten Ausnahmen mindestens 40 – betragen.

Rechte aufgrund von Merkzeichen „G"

Das Merkzeichen „G" berechtigt wahlweise zur unentgeltlichen Beförderung im öffentlichen Personennahverkehr oder zur Kraftfahrzeugsteuerermäßigung von 50 Prozent. Beachten Sie zur Steuerermäßigung die nachfolgenden Ausführungen.

Außerdem besteht gegen das Finanzamt ein Anspruch auf Anerkennung von erhöhten Aufwendungen für die Fahrt mit dem PKW zur Arbeitsstelle, und zwar pro Kilometer mit 0,30 Euro. Begünstigt sind hier neben den schwerbehinderten Menschen mit dem Merkzeichen „G“ auch behinderte Menschen mit einem GdB ab 70 ohne dieses Merkzeichen. Als erforderliche Unterlage dient der Schwerbehindertenausweis oder die F-Bescheinigung. Die Aufwendungen für Privatfahrten sind bis zu 3000 km (à 0,30 Euro bis zu 900 Euro) gegenüber dem Finanzamt geltend zu machen. Begünstigt sind schwerbehinderte Menschen mit GdB ab 70 und dem Merkzeichen „G“ sowie schwerbehinderte Menschen mit einem GdB ab 80. Auch hier reicht als Unterlage der Schwerbehindertenausweis oder die F-Bescheinigung aus.

Im Übrigen wird ein höherer Grundbetrag der bedarfsorientierten Grundsicherung nach dem SGB XII berücksichtigt. Begünstigt sind hier schwerbehinderte Menschen, also Menschen mit einem GdB ab 50, die in ihrem Schwerbehindertenausweis das Merkzeichen „G“ haben. Zuständige Stellen sind das Sozialamt bzw. die Gemeinde oder der Kreis. Als erforderliche Unterlage reicht der Schwerbehindertenausweis.

Praxis-Tipp:

Beachten Sie bezüglich der Grundsicherung das im Walhalla Fachverlag erschienene Buch „SGB XII – Die neue Sozialhilfe“ (ISBN 978-3-8029-7482-3).

Merkzeichen „Gl“ – der Ausweisinhaber ist gehörlos

Zu diesem Personenkreis gehören Menschen, die auf beiden Ohren taub sind. Als gehörlos gelten auch solche Hörbehinderte, bei denen eine an Taubheit grenzende Schwerhörigkeit beiderseits besteht, wenn zusätzlich eine schwere Sprachstörung (schwer verständliche Lautsprache, geringer Wortschatz angeboren oder durch Krankheit im Kindesalter verursacht) vorliegt.

Gehörlose sind bei Kommunikation oder Besorgung von Informationen häufig auf spezielle Gehörlosendolmetscher angewiesen.

Die oben beschriebenen gehörlosen Menschen sind ab Beginn der Frühförderung als Kleinkind bis zur Beendigung der schulischen bzw. beruflichen Ausbildung als Hilflose eingestuft. Gehörlosen Menschen steht eine Begleitperson im Straßenverkehr (siehe Merkzeichen „B“) zu.

Eine Behinderung im Straßenverkehr wird bei Taubheit oder einer an Taubheit grenzenden Schwerhörigkeit im Kindesalter anerkannt. Bei Erwachsenen wird die Beeinträchtigung der Bewegungsfähigkeit von Gehörlosen nur in Kombination mit der Einschränkung der Ausgleichsfunktionen (Sehbehinderung, geistige Behinderung) gebilligt.

Rechte aufgrund von Merkzeichen „Gl“

Das Merkzeichen „Gl“ berechtigt wahlweise zur

- unentgeltlichen Beförderung im öffentlichen Personennahverkehr

oder

- zur Kraftfahrzeugsteuerermäßigung von 50 Prozent (siehe nachfolgende Seiten). Das Gleiche gilt auch für die Hundesteuer.

Merkzeichen „aG“ – Außergewöhnliche Gehbehinderung

Eine außergewöhnliche Gehbehinderung liegt vor, wenn sich schwerbehinderte Personen durch die Schwere ihrer Behinderungen dauernd „nur mit fremder Hilfe oder nur mit großer Anstrengung außerhalb ihres Kraftfahrzeuges bewegen können“. Bei diesen schwerbehinderten Menschen ist die Fortbewegung im Alltag auf das Schwerste eingeschränkt.

Folgende Schwerbehinderte zählen hierzu:

- Querschnittsgelähmte
- Doppeloberschenkelamputierte
- Doppelunterschenkelamputierte

- Hüftgelenkexartikulierte, die außerstande sind, Kunstbein zu tragen
- einseitige Oberschenkelamputierte, die außerstande sind, Kunstbein zu tragen oder nur eine Beckenprothese tragen können und zugleich unterschenkel- oder armamputiert sind

Es werden hier auch andere schwerbehinderte Personen angesprochen, die nach versorgungsärztlicher Feststellung dem vorstehend aufgeführten Personenkreis gleichzustellen sind.

Allerdings ist eine solche Gleichstellung nur möglich, wenn das Gehvermögen auf das Schwerste eingeschränkt ist. Wird ein Rollstuhl benutzt, kommt es darauf an, ob der Betroffene auf ihn ständig angewiesen ist.

Als Erkrankungen der inneren Organe, die eine Gleichstellung rechtfertigen, sind beispielsweise Herzschäden und Krankheiten der Atmungsorgane anzusehen. Voraussetzung ist, dass die Einschränkung der Herzleistung oder der Lungenfunktion für sich allein einen GdB von 80 bedingt.

Als Voraussetzungen für den Nachteilsausgleich mit Merkzeichen „aG" reicht zum Beispiel **nicht** aus:

- Behinderung im Straßenverkehr durch die alleinige Einschränkung des Orientierungsvermögens
- Notwendigkeit, eine Toilette wegen Stuhlinkontinenz rasch aufsuchen zu müssen
- erhebliche Versteifung des Hüftgelenks und Deformität nach Oberschenkelhalsbruch, wenn zum Einsteigen in den PKW auf öffentlichen Parkplätzen wegen deren Enge die Autotür zum Einsteigen nicht weit genug geöffnet werden kann

Rechte aufgrund von Merkzeichen „aG"

Hier können Parkerleichterungen im Straßenverkehr sowie eine Kraftfahrzeugsteuerbefreiung in Anspruch genommen werden.

Bezüglich der Kraftfahrzeugsteuerbefreiung ist § 3a des Kraftfahrzeugsteuergesetzes 2002 (KraftStG 2002) zu beachten. Danach ist das Halten von Kraftfahrzeugen von der Steuer befreit, solange die Fahrzeuge für schwerbehinderte Personen zugelassen sind. Dabei handelt es sich um schwerbehinderte Personen, die einen Ausweis mit dem Merkzeichen „H“, „Bl“ oder „aG“ haben und dadurch nachweisen, dass sie hilflos, blind oder außergewöhnlich gehbehindert sind.

Die Steuer ermäßigt sich um 50 Prozent, wenn die Voraussetzungen des § 145 Abs. 1 Satz 1 SGB IX vorliegen und die schwerbehinderten Personen dies durch einen Ausweis nachweisen. Danach werden schwerbehinderte Menschen, die infolge ihrer Behinderung in ihrer Bewegungsfähigkeit im Straßenverkehr erheblich beeinträchtigt oder hilflos oder gehörlos sind, von Unternehmen des öffentlichen Personenverkehrs unentgeltlich befördert. Die unentgeltliche Beförderung verpflichtet allerdings zur Zahlung eines tarifmäßigen Zuschlags bei der Benutzung zuschlagpflichtiger Züge des Nahverkehrs.

Voraussetzung ist allerdings, dass der Ausweis mit einer gültigen Wertmarke versehen ist. Gegen Entrichtung eines Betrages von

- 60 Euro wird sie für ein Jahr und
- gegen Entrichtung eines Betrages von 30 Euro wird sie für ein halbes Jahr

ausgegeben.

Bei schwerbehinderten Menschen mit dem Merkzeichen „aG“ oder „H“ erkennt das Finanzamt einen Betrag von 0,30 Euro pro km als Nachteilsausgleich an. Dies ist aber nur bis zu 3000 km im Jahr möglich (Höchstbetrag also 900 Euro). Dieser Anspruch steht schwerbehinderten Menschen mit einem GdB ab 80 auch ohne das Merkzeichen „aG“ zu. Als erforderliche Unterlage dient der Schwerbehindertenausweis oder die F-Bescheinigung.

Für schwerbehinderte Menschen, die einen Ausweis mit dem Merkzeichen „aG“ haben, gibt es im Übrigen Behindertenfahrdienste, Taxischeine (gegebenenfalls einkommensabhängig – kommunal unterschiedliche Regelungen). Diese Vergünstigungen sind beim Sozialamt zu beantragen.

Es ergibt sich aus § 146 SGB IX, wer in seiner Bewegungsfähigkeit im Straßenverkehr erheblich beeinträchtigt ist.

Dies ist, wer infolge einer Einschränkung des Gehvermögens (auch durch innere Leiden oder infolge von Anfällen oder von Störungen der Orientierungsfähigkeit) Wegstrecken im Ortsverkehr, die üblicherweise noch zu Fuß zurückgelegt werden, nicht ohne erhebliche Schwierigkeiten oder nicht ohne Gefahren für sich oder andere gehen kann.

Dabei ist allerdings nicht auf die konkreten Wohnverhältnisse oder örtlichen Gegebenheiten abzustellen.

Eine erhebliche Beeinträchtigung der Bewegungsfähigkeit im Straßenverkehr liegt unter anderem dann vor, wenn Funktionsstörungen der unteren Gliedmaßen und/oder der Lendenwirbelsäule bestehen, die sich auf die Gehfähigkeit auswirken und die für sich einen GdB von wenigstens 50 bedingen.

Bei inneren Leiden wird eine erhebliche Beeinträchtigung der Bewegungsfähigkeit vor allem bei Herzschäden und bei Atembehinderungen (jeweils mit Leistungsbeeinträchtigung bereits bei alltäglicher leichter Belastung) angenommen.

Merkzeichen „B“ – Notwendigkeit ständiger Begleitung

Auf ständige Begleitung bei Benützung von öffentlichen Verkehrsmitteln angewiesen sind schwerbehinderte Menschen, bei denen „eine erhebliche oder außergewöhnliche Gehbehinderung“ festgestellt wurde.

Die ständige Begleitung muss folgenden Zweck erfüllen:

- Vorbeugen von Gefahren für sich oder für andere bei der Benützung von öffentlichen Verkehrsmitteln bei denjenigen, die auf fremde Hilfe angewiesen sind;
- Gewährleistung von Hilfestellung zum Ausgleich von Orientierungsstörungen.

Ein Begleitperson ist unentbehrlich im öffentlichen Personenverkehr für Querschnittsgelähmte, Ohnhänder, Blinde, Sehbehinderte, hochgradig Hörbehinderte, geistig behinderte Menschen und für diejenigen, die an einer Anfallskrankheit leiden oder ähnlich behindert sind.

Rechte aufgrund von Merkzeichen „B"

Das Merkzeichen „B" berechtigt schwerbehinderte Menschen, im öffentlichen Personenverkehr ohne Kilometerbegrenzung eine Begleitperson kostenlos mitzunehmen. Das gilt sowohl in den Fällen, in denen der schwerbehinderte Mensch

- Anspruch auf unentgeltliche Beförderung hat, als auch dann,
- wenn er selbst für seine Fahrt voll bezahlen muss. Außerdem besteht ein Anspruch auf unentgeltliche Beförderung für Begleitpersonen auf innerdeutschen Flügen. Zuständig für diese Vergünstigung sind: Lufthansa, Regionalfluggesellschaften, Reisebüros. Als erforderliche Unterlage reicht der Schwerbehindertenausweis aus.

Wichtig: Merkzeichen „B" berechtigt zur Mitnahme einer Begleitperson; der Schwerbehinderte ist aber nicht verpflichtet, eine Begleitperson mitzunehmen.

Merkzeichen „H" – Hilflosigkeit

Hilflos ist ein schwerbehinderter Mensch, wenn er „infolge seiner Behinderung nicht nur vorübergehend – also länger als sechs Monate – für eine Reihe von häufig und regelmäßig wiederkehrenden Verrichtungen zur Sicherung seiner persönlichen Existenz im Ablauf eines jeden Tages fremder Hilfe dauernd bedarf".

Unter „häufig und regelmäßig wiederkehrenden Verrichtungen zur Sicherung der Existenz im Ablauf eines jeden Tages" versteht man:

- Hilfe morgens beim Aufstehen
- Körperpflege wie Baden, Duschen, Waschen, Kämmen, Zähneputzen
- An- und Auskleiden
- Nahrungsaufnahme
- Verrichten der Notdurft

Zu beachten ist dabei auch die Notwendigkeit körperlicher Bewegung, geistiger Anregung und Kommunikation.

Der Umfang der Hilfe muss erheblich sein, das heißt sie muss dauernd erfolgen. Einzelne, gelegentliche Hilfestellungen, selbst wenn sie während des Tagesverlaufs wiederholt notwendig werden, wichtig oder unentbehrlich sind, erfüllen noch nicht die Voraussetzungen, beispielsweise Hilfe im Straßenverkehr, beim Treppensteigen, Anziehen bestimmter Kleidungsstücke oder Stützstrümpfe, Begleitung auf Reisen oder bei den täglichen Spaziergängen. Die Art der Hilfe bei Heimdialyse bedarf einer näheren Prüfung.

Verrichtungen, die mit der Pflege der schwerbehinderten Menschen nicht in Zusammenhang stehen, sondern sich auf die hauswirtschaftliche Versorgung bzw. Versorgung der unmittelbaren Umgebung beziehen, fallen nicht unter den Nachteilsausgleich für Hilflose.

Im Gegensatz dazu sind die Voraussetzungen für die Annahme von Hilflosigkeit (Merkzeichen „H“) gegeben, wenn „die Hilfe in Form einer Überwachung oder einer Anleitung zu diesen Verrichtungen erforderlich ist oder wenn die Hilfe zwar nicht dauernd geleistet werden muss, jedoch eine ständige Bereitschaft zur Hilfe erforderlich ist“, zum Beispiel, wenn ein psychisch Erkrankter oder geistig Behinderter wegen Antriebsschwäche ohne ständiges Anregen und Animieren keine Aktivitäten zu seiner Pflege und Wartung entfalten würde. Die Notwendigkeit der ständigen Bereitschaft ist auch dann anzunehmen, wenn unerwartet und häufig lebensgefährliche Zustände auftreten, zum Beispiel Ohnmachtsanfälle bei zerebralen Anfallsleiden, Herzanfälle mit Herzstillstand, unbeherrschbare Anfälle von Kammerflimmern (Herzrhythmusstörungen mit über 300 Herzschlägen/Minute etc.).

In den oben genannten Fällen muss der Gutachter alle in Betracht kommenden Umstände des Einzelfalles kennen, einschließlich aller Belastungen, denen der schwerbehinderte Mensch ausgesetzt ist, darunter auch solche, die ihm zugemutet werden können.

Man kann Hilflosigkeit bei bestimmten schwerbehinderten Menschen ohne nähere Prüfung allein anhand der Diagnosen annehmen. Dies trifft zu bei:

- Blindheit und hochgradiger Sehbehinderung, wenn diese einen Einzel-GdB von 100 bedingt,
- Querschnittslähmung,

- Gehbehinderung, die auf Dauer, auch innerhalb des Wohnraumes, die Benützung eines Rollstuhls erfordert,
- Hirnschäden, Anfallsleiden, geistige Behinderungen und Psychosen, wenn diese Erkrankungen einen Einzel-GdB von 100 bedingen,
- Verlust von zwei oder mehr Gliedmaßen (die Gegebenheiten bei Unterschenkelamputation müssen im Einzelfall extra geprüft werden),
- Schwerbehinderung mit dauerndem Krankenlager (der Begriff „dauerndes Krankenlager" ist definiert).

Pflegebedürftigkeit ist nicht mit Hilflosigkeit gleichzustellen. Allerdings kann bei Schwerstpflegebedürftigkeit, das heißt bei Pflegestufe III, ein gleichzeitiges Vorliegen von Hilflosigkeit angenommen werden. Bei niedrigeren Stufen der Pflegebedürftigkeit ist eine eigenständige Prüfung der Hilflosigkeit erforderlich.

Bei Kindern ist stets nur der Teil der Hilfebedürftigkeit zu berücksichtigen, der wegen der Behinderung den Umfang der Hilfebedürftigkeit eines gesunden gleichaltrigen Kindes überschreitet. Bereits im ersten Lebensjahr können bei hirngeschädigten oder blinden Kleinkindern die Voraussetzungen für Hilflosigkeit erfüllt sein.

Insbesondere gehört bei Kindern die Notwendigkeit der Förderung der körperlichen und geistigen Entwicklung, darunter das Erlernen der Sprache, Erfassen und Verstehen der ersten Erfahrungen mit der Umwelt, das Erlernen von Bewegungskoordination beim Gebrauch der Gliedmaßen und die notwendige Überwachung von Entwicklungen zur Hilfeleistung. Dies muss bei der Prüfung der Frage zur Hilflosigkeit beachtet werden.

Bei Kindern kann durch die erörterten Besonderheiten bereits bei niedrigerem GdB schon Hilflosigkeit vorliegen. Bei folgenden angeborenen oder im Kindesalter aufgetretenen Erkrankungen wird allgemein von Hilflosigkeit ausgegangen:

- Geistige Behinderung
- autistisches Syndrom
- hirnorganisches Anfallsleiden
- Blindheit und hochgradige Sehbehinderung

- Taubheit bzw. an Taubheit grenzende Schwerhörigkeit
- Lippen-Kiefer-Gaumenspalte, komplette Gaumensegelspalte
- Bronchialasthma
- angeborene oder erworbene Herzschäden
- Behandlung mit künstlicher Niere
- Diabetes mellitus (Zuckerkrankheit)
- Phenylketonurie, Homocystinurie, Ahorn-Sirup-Krankheit, Galaktosämie (seltene Stoffwechselerkrankungen)
- Mukoviszidose (zähflüssige Drüsensekretbildung)
- maligne Erkrankungen (zum Beispiel Leukämie)
- Immundefekte
- Hämophilie (Bluterkrankheit)
- juvenile chronische Polyarthritis (chronische entzündliche Gelenkserkrankung während der Kindheit und Jugend)
- Osteogenesis imperfecta (krankhafte Knochenbrüchigkeit)
- Typ-1-Allergie gegen schwer vermeidbare Allergene
- Zöliakie (Darmerkrankung)

Die Voraussetzungen für Hilflosigkeit können infolge des Reifungsprozesses entfallen. Sie können aber auch dadurch entfallen, dass das behinderte Kind bzw. der Jugendliche es erlernt, die erforderlichen behinderungsbedingten Sondermaßnahmen selbstständig und eigenverantwortlich durchzuführen.

Das Lebensalter, in dem die Zumutbarkeit in jedem Fall gegeben sein sollte, ist in den „Grundsätzen" angegeben, und danach richtet sich auch eine Nachprüfung zur Neubewertung der Schwerbehinderteneigenschaft.

Rechte aufgrund von Hilflosigkeit

Das Merkzeichen „H" berechtigt zu:

- Befreiung von der Kraftfahrzeugsteuer (beachten Sie dazu die Ausführungen auf den vorausgegangenen Seiten)
- Ermäßigung der Einkommen- bzw. Lohnsteuer

- Befreiung von der Hundesteuer (Gemeinderecht, Gemeindesatzung ist maßgebend)
- unentgeltliche Beförderung im öffentlichen Personenverkehr (beachten Sie dazu die Ausführungen auf den vorausgegangenen Seiten)
- höhere Einkommensfreibeträge für Wohngeld und gestaffelte höhere Freibeträge für Wohnungsbauförderung

Bezüglich der Ermäßigung der Lohn- bzw. Einkommensteuer ist § 33b EStG zu beachten. Wegen der außergewöhnlichen Belastungen, die einem behinderten Menschen unmittelbar infolge seiner Behinderung erwachsen, kann er an Stelle einer Steuerermäßigung nach § 33 EStG einen Pauschbetrag geltend machen. Das Gesetz spricht hier vom Behinderten-Pauschbetrag.

Nach § 33b Abs. 3 EStG richtet sich die Höhe des Pauschbetrages nach dem dauernden Grad der Behinderung.

Als Pauschbeträge werden gewährt bei einem GdB

von 25 und 30	310 Euro
von 35 und 40	430 Euro
von 45 und 50	570 Euro
von 55 und 60	720 Euro
von 65 und 70	890 Euro
von 75 und 80	1000 Euro
von 85 und 90	1230 Euro
von 95 und 100	1420 Euro

Wichtig: Für behinderte Menschen, die hilflos sind, und für Blinde erhöht sich der Pauschbetrag auf 3700 Euro. Die Merkzeichen „H" und „Bl" berechtigen somit zum Ansatz eines Betrages von jeweils 3700 Euro als außergewöhnliche Belastung. Bei einer behinderten Person kann dieser Betrag jedoch nur einmal berücksichtigt werden.

Hier ist auch § 33b Abs. 6 EStG zu beachten. Wegen der außergewöhnlichen Belastungen, die einem Steuerpflichtigen durch die Pflege einer Person erwachsen, die nicht nur vorübergehend hilflos ist, kann er an Stelle einer Steuerermäßigung einen Pauschbetrag von 924 Euro im Kalenderjahr geltend machen (Pflege-Pauschbetrag), wenn er dafür keine Einnahmen erhält.

Merkzeichen „Rf" – Befreiung von der Rundfunkgebührenpflicht

Laut Länderverordnung können Schwerbehinderte mit bestimmten Gesundheitsschäden von der Rundfunkgebührenpflicht befreit werden. Dieser Nachteilsausgleich begünstigt diejenigen, die überhaupt nicht in der Lage sind, an öffentlichen Veranstaltungen im Allgemeinen teilzunehmen, oder wenn eine bestimmte Erkrankung des schwerbehinderten Menschen für seine Umgebung eine unzumutbare Belastung darstellt.

Folgende Schwerbehinderte mit einem GdB von mindestens 80 gelten als Anspruchsberechtigte:

- Sehbehinderte mit einem Einzel-GdB von mindestens 60
- Hörgeschädigte mit einem Einzel-GdB von mindestens 50
- schwerbehinderte Menschen mit unzureichend verschließbarem Anus praeter (vorverlegter Darmausgang) oder undichten Harnblasenkatheter
- schwerbehinderte Menschen mit lauten Atemgeräuschen nach Kehlkopfresektion (Kanülenträger) oder ständig wiederkehrenden Hustenanfällen
- schwerbehinderte Menschen mit nicht nur vorübergehender Ansteckungsgefahr
- immunsupprimierte Menschen nach Organtransplantation

  nur bedingt
- schwerbehinderte Spastiker mit groben, unwillkürlichen Kopf- oder Gliedmaßenbewegungen

- schwerbehinderte Menschen mit schweren Bewegungsbehinderungen, einschließlich Erkrankung von inneren Organen, wenn die Zumutbarkeit der Benützung eines Rollstuhls nicht gegeben ist (Pflegestufe III)
- Kranke mit häufigen hirnorganischen Anfällen
- geistig oder seelisch schwerbehinderte Menschen mit möglichen motorischen Unruhezuständen, lautem Sprechen oder aggressivem Verhalten während einer Veranstaltung

„Solche schwerbehinderten Menschen müssen allgemein von öffentlichen Zusammenkünften ausgeschlossen sein. Es genügt nicht, dass sich die Teilnahme an einzelnen, nur gelegentlich stattfindenden Veranstaltungen – bestimmter Art – verbietet."

Einem Gehbehinderten, der an den Rollstuhl gebunden ist, kann zugemutet werden, dass er in der Lage ist, ohne oder mit Begleitperson öffentliche Veranstaltungen zu besuchen. Bei reiner Schallleitungsschwerhörigkeit ist eine genügende Verständigung durch Hörhilfe möglich.

Der Antrag auf Rundfunkgebührenbefreiung ist an die zuständige Ortsbehörde zu richten. In der Regel beginnt die Rundfunkgebührenbefreiung mit dem Antragsmonat. Zu beachten ist hier auch der Telekom-Sozialtarif, der bei einer Niederlassung der Deutschen Telekom zu beantragen ist.

Merkzeichen „Bl" – Der Ausweisinhaber ist blind

Die „Grundsätze" definieren Blindheit wie folgt:

„Blind ist ein behinderter Mensch, dem das Augenlicht vollständig fehlt. Als blind ist auch ein behinderter Mensch anzusehen, dessen Sehschärfe auf dem besseren Auge nicht mehr als 0,02 (1/50) beträgt oder wenn andere Störungen des Sehvermögens von einem solchen Schweregrad vorliegen, dass sie dieser Beeinträchtigung der Sehschärfe gleichzustellen sind."

Folgende Sehbehinderungen sind insbesondere einer Blindheit gleichzusetzen:

- Einengung des Gesichtsfeldes unter bestimmten Bedingungen
- große Skotome und Hemianopsien unter bestimmten Bedingungen (Gesichtsfeldausfälle)
- vollständiger Ausfall der Sehrinde

Blinde und hochgradig Sehbehinderte sind als hilflos anzusehen. Ihnen steht auch eine Begleitperson im Straßenverkehr (Merkzeichen „B") zu.

Rechte aufgrund von Blindheit

Schwerbehinderte Menschen, die blind sind, haben zahlreiche Vergünstigungen:

- Einkommen- bzw. Lohnsteuerermäßigung
- Erlass der Hundesteuer (Gemeindesatzung maßgebend – Hundesteuer ist eine Gemeindesteuer)
- Befreiung von der Kraftfahrzeugsteuer
- unentgeltliche Beförderung im öffentlichen Personenverkehr
- Begünstigungen beim Postversand, im Fernsprechwesen sowie bei Radio und Fernsehen
- Parkerleichterung (beachten Sie dazu die noch folgenden Ausführungen)
- Begünstigung bei Umsatzsteuer
- Gewährung von Blindengeld (Landesrecht maßgebend)

In Zusammenhang mit den Parkerleichterungen ist zu erwähnen, dass Parkplätze für Rollstuhlfahrer besonders gekennzeichnet sind. Sie können von schwerbehinderten Menschen benutzt werden, denen von der zuständigen Ortsbehörde ein besonderer Parkausweis erteilt wurde. Der Ausweis ist mit dem Rollstuhlfahrer-Symbol versehen.

Voraussetzung ist allerdings das Vorhandensein des Merkzeichens „aG“ oder „Bl“(siehe vorhergehende Seiten).

Zeitlich befristete Ausnahmeregelungen sind im Allgemeinen nach Absprachen mit der Ortsbehörde bzw. dem zuständigen Straßenverkehrsamt im Einzelfall möglich.

Die Ausführungen zu den „Merkzeichen“ zeigen deutlich, dass der Gesetzgeber die Anerkennung von Nachteilsausgleichen für schwerbehinderte Menschen an eine Reihe von Auflagen gebunden hat. Als Antragsteller ist man gut beraten, wenn man sich bemüht, den ärztlichen Gutachter des Versorgungsamtes möglichst umfassend über die bestehenden bzw. geltend gemachten Gesundheitsstörungen zu informieren.

Es geht dabei weniger um eine große Zahl von vorgelegten Befunden, sondern eher um gezielte und aktuelle Kenntnisse (siehe auch die Ausführungen zur Vorbereitung des Antrages auf Schwerbehinderung in Kapitel 3).

Der Ausweis: Ausstellung, Gültigkeitsdauer, Änderung, Einziehung, Verlust

Der Antragsteller erhält vom Versorgungsamt einen rechtsfähigen Bescheid, in dem angegeben ist:

- die vom Amt anerkannten Behinderungen
- der Gesamt-GdB
- Zeitpunkt des Beginns der Behinderung
- die Feststellung, ob eine Schwerbehinderung im Sinne des SGB IX vorliegt
- ob ein Ausweis ausgestellt werden kann
- ob eine dauerhafte Einbuße der körperlichen Beweglichkeit vorliegt
- die Merkzeichen für die Inanspruchnahme von Nachteilsausgleichen
- die geltend gemachte, jedoch nicht anerkannte Gesundheitsstörung

- Gesundheitsstörungen ohne Funktionsbeeinträchtigung, die daher nicht berücksichtigt wurden
- Rechtsbehelfsbelehrung
- Hinweise zur Anzeigepflicht zur Änderung (Besserung/Verschlechterung) der anerkannten Behinderungen

Einen Bescheid erhalten Sie auch dann, wenn der GdB weniger als 50 Prozent beträgt.

Der Teil-GdB jeweils für die unter Punkt 1 genannten Behinderungen wird im Bescheid nicht angegeben.

Die Behinderteneigenschaft wird im Übrigen kraft Gesetz mit dem Eintritt einer Behinderung (nachweisbedingt) und nicht mit deren Feststellung durch das Versorgungsamt erworben.

Als Schwerbehindertenausweis wird ein Ausweis mit Lichtbild dann ausgestellt, wenn der vom Versorgungsamt festgestellte GdB mindestens 50 beträgt und beantragt wurde.

Der Ausweis zeigt den Grad der Behinderung an sowie die jeweils zutreffenden Merkmale.

Wichtig: Als Nachweis der Schwerbehinderteneigenschaft dient der vom Versorgungsamt ausgestellte Ausweis und nicht der Feststellungsbescheid.

Verlängerung der Gültigkeitsdauer

Es ist nicht erforderlich, dass Sie einen Neufeststellungsantrag stellen. Sie erhalten rechtzeitig vor Ablauf ein Schreiben des Versorgungsamtes, mit dem Sie die Gültigkeit bei Ihrer zuständigen Ortsbehörde oder beim Versorgungsamt verlängern lassen können.

Wurde die Gültigkeit bereits zweimal verlängert, muss vom Versorgungsamt selbst ein neuer Ausweis ausgestellt werden. Sie müssen dazu den bisherigen Ausweis und ein neues Passbild einsenden.

Die Gültigkeit endet immer am Ende des eingestempelten Monats. Wurde also beispielsweise 12/2009 eingestempelt, endet die Gültigkeit am 31. Dezember 2009.

Änderung des Ausweises

Eine Änderung des Ausweises kommt beispielsweise dann in Frage, wenn andere Merkmale einzutragen sind oder Merkzeichen entfernt werden müssen, weil sie nicht mehr zutreffen. Außerdem ist natürlich dann eine Änderung vorzunehmen, wenn sich der GdB ändert. Die Änderungen werden vom Versorgungsamt vorgenommen.

Einziehung des Ausweises

Der Ausweis wird eingezogen, wenn die Schwerbehinderteneigenschaft nicht mehr vorliegt, der GdB also unter 50 sinkt. Dem Einzug muss ein Bescheid des Versorgungsamtes vorangehen.

Verlust des Ausweises

Haben Sie Ihren Ausweis verloren, müssen Sie dies dem Versorgungsamt melden. Sie müssen der Meldung ein Passbild beifügen. Außerdem muss die Meldung eine kurze Erklärung über den Verlust des bisherigen Ausweises enthalten.

Bei Diebstahl oder Raub legen Sie bitte eine Kopie der polizeilichen Bescheinigung über abhanden gekommene Ausweispapiere bei.

Die vorstehenden Ausführungen beziehen sich darauf, dass Sie die Angelegenheit auf dem Postweg erledigen. Sprechen Sie beim Versorgungsamt persönlich vor, müssen Sie lediglich ein Passbild vorlegen. Wurde Ihnen der Ausweis gestohlen oder geraubt, bringen Sie bitte zusätzlich die polizeiliche Bescheinigung mit.

Das Widerspruchsverfahren

Prüfung des Feststellungsbescheids

Ihr Feststellungsbescheid ist nicht erwartungsgemäß ausgefallen. Die Enttäuschung ist groß. Es kommt in Ihnen die Frage einer ungerechten Bewertung auf.

Manche Antragsteller holen juristische Ratschläge ein und erwägen, die Entscheidung des Versorgungsamtes anzufechten.

Andere zeigen den Bescheid vernünftigerweise zuerst ihrem behandelnden Arzt. Er war – wie eingehend beschrieben – an der Entscheidung des Versorgungsamtes über Ihre Schwerbehinderteneigenschaft zwingend beteiligt. Er führte mit Ihnen möglicherweise ein Beratungsgespräch über Ihre Gesundheitsstörungen, beschrieb Ihre Leiden in einem Befundschein, den das Versorgungsamt von ihm angefordert hatte, und stellte gleichzeitig die als Nachweis dienenden Untersuchungsbefunde zur Verfügung.

Die Schlussfolgerung, Ihren behandelnden Arzt träfe die Schuld an dem für Sie enttäuschenden Bescheid des Versorgungsamtes, ist falsch. Er haftet vor dem Gesetz lediglich für seine Atteste oder Befundscheine; diese müssen wahrheitsgemäß erstellt werden.

Ihr behandelnder Arzt kann jedoch sachkundig den für Sie unbefriedigenden Feststellungsbescheid bezüglich der medizinischen Voraussetzungen der Anerkennung der Schwerbehinderteneigenschaft überprüfen und Sie beraten.

Die formelle Richtigkeit des Feststellungsbescheides prüfen:

Haben Sie alle Ihre Gesundheitsstörungen angegeben?

Sind alle angegebenen Gesundheitsstörungen durch aktuelle ärztliche Befunde belegt?

In dem „Feststellungsbescheid" sollten Sie alle angegebenen Gesundheitsstörungen unter Abschnitt 1 als anerkannte und unter 7 oder 8 als nicht anerkannte Behinderungen wiederfinden.

Waren für den Gutachter des Versorgungsamtes aus den vorgelegten Untersuchungsbefunden die bei Ihnen vorliegenden Funktionsstörungen und Behinderungen eindeutig zu erkennen (Krankheitsstadium, Komplikationen, usw.)? Viele Untersuchungsbefunde beinhalten die Beschreibung der pathologischen Veränderungen und die Diagnosen, jedoch nicht die tatsächlich bestehenden Funktionsstörungen des Patienten im Alltag.

Wurde vom Gutachter des Versorgungsamtes – der Sie weder gesprochen noch untersucht hat (Aktengutachten) – eine Funktionsstörung missverständlich interpretiert?

Ist der im Bescheid bezeichnete Zeitpunkt der Behinderung richtig?

Wurde Ihnen das beantragte Merkzeichen zugesprochen?

Einige Fragen bleiben für Sie verborgen, so zum Beispiel mit welchem Teil-GdB die einzelnen anerkannten Behinderungen gewürdigt wurden. Diese erfahren Sie nur über einen Antrag auf Akteneinsicht. Die einzelnen Teilbewertungen führen zur Feststellung des Gesamt-GdB, der maßgeblich ist für die Anerkennung einer Schwerbehinderung.

In manchen Fällen kann Ihr Hausarzt gut einschätzen, ob ein Widerspruch die richtige Entscheidung wäre oder ein Neuantrag, der zum Beispiel bei chronischen Erkrankungen bereits nach einem halben Jahr eine Verschlimmerung der Funktionsstörung aufweisen kann. Ein Widerspruchsverfahren über mehrere Instanzen kann ein bis anderthalb Jahre andauern.

Ihr behandelnder Arzt kann sich bereit erklären, einen Widerspruch mit medizinischen Argumenten auszustatten oder diese in einem ärztlichen Attest abzufassen, um beispielsweise

- nicht geltend gemachte Erkrankungen nachträglich anzuzeigen,
- nicht berücksichtigte Funktionseinbußen bei geltend gemachten Erkrankungen zu beanstanden,
- während des Anerkennungsverfahrens neu gewonnene diagnostische Erkenntnisse über den Schweregrad der geltend gemachten Erkrankung einzubringen, um einen unzutreffend niedrigen Teil-GdB zu korrigieren,
- den Beginn der Behinderung bei rückwirkender Anerkennung zu korrigieren.

In anderen Fällen wird Ihnen ein auf Sozialrecht spezialisierter Jurist oder Verbandsfunktionär zu Rate stehen.

Begründung des Widerspruchs

Ihr Gefühl, dass Sie mehr behindert sind, als Ihnen das Amt bestätigt hat oder ein Bekannter für scheinbar gleiches Leiden mehr Prozente bekommen hat, reicht zur Begründung eines Widerspruchs nicht aus.

Zunächst ist anzunehmen, dass das Amt Ihren Antrag auf Anerkennung von Behinderungen anhand der eingereichten Untersuchungsbefunde und Unterlagen sorgfältig und gewissenhaft bearbeitet hat, wozu es nach § 20 SGB X verpflichtet ist.

Ein Widerspruch ist nur dann sinnvoll, wenn er gut begründet werden kann, das heißt auch nachgeschobene Gesundheitsschäden müssen nachweisbar sein, ebenso wie die Behauptung, dass eine vorliegende Funktionsstörung mit höherem Teil-GdB bewertet werden soll.

Der Widerspruchsbescheid

Im Widerspruchsverfahren wird dasselbe Versorgungsamt, das Ihnen den Feststellungsbescheid zustellen ließ, sich nochmals mit Ihren Gesundheitsstörungen befassen. Wenn die neuen Erkenntnisse, das heißt nachgereichte Untersuchungsbefunde, ausreichen, kann der bisherige GdB oder ein Teil-GdB korrigiert oder heraufgesetzt werden. Hierüber wird Ihnen ein Abhilfe- oder Teilabhilfebescheid nach § 86 Abs. 1 SGG erteilt.

Wenn das Versorgungsamt den eingereichten Widerspruch abschlägig beschieden hat, wird Ihnen ein Widerspruchsbescheid zugestellt, der die Begründung der Entscheidung und eine Rechtsbehelfsbelehrung mit Nennung des Sozialgerichtes, das für eine eventuelle Klage zuständig ist, enthält. Die Klage ist innerhalb eines Monats zu erheben.

Praxis-Tipp:

Vor der Begründung Ihres Widerspruchs sollten die Teil-GdBs, das heißt die Bewertung der einzelnen Gesundheitsstörungen, durch Antrag auf Akteneinsicht in Erfahrung gebracht werden.

Recht auf Akteneinsicht

§ 25 SGB X sichert das Recht auf Akteneinsicht. Dieses kann beim zuständigen Versorgungsamt beantragt werden. Das Amt hat lediglich zu prüfen, ob dem Antragsteller aus der Kenntnis des medizinischen Akteninhaltes Nachteile gesundheitlicher Art (psychische Konfliktsituation etwa durch Nachricht über Metastasen oder über Alzheimer) entstehen können. In solch einem Fall kann der Inhalt der Unterlagen durch einen Arzt vermittelt werden.

Der gerichtliche Weg

Die Klage

Vor einem Sozialgerichtsprozess sollte man bei ernsthaftem Anlass keine Angst haben, da das Verfahren selbst sehr bürgerfreundlich gestaltet ist.

Eine Klage vor dem Gericht kann man durch ein formloses Schreiben erheben oder dafür die Hilfe von Rechtsanwälten, Fachanwälten für Sozialrecht oder zugelassenen Rechtsbeiständen von Gewerkschaften oder anderen sozial- oder berufspolitischen Verbänden in Anspruch nehmen.

Eine rechtsanwaltliche Vertretung des Klägers ist weder für die erste Instanz (Sozialgericht) noch für das weitere Verfahren vor dem Landessozialgericht (zweite Instanz) zwingend vorgeschrieben.

In der Klageschrift sollte man darauf achten, dass folgende Punkte zum Ausdruck kommen:

Inhalt der Klage

Worum geht es bei der Klage, welchen Feststellungen des Feststellungsbescheides des Versorgungsamtes widersprechen Sie?

Beispiel:

Ich widerspreche der Feststellung, dass mein Bandscheibenschaden nur mit 20 Prozent Teil-GdB gewürdigt wurde.

Begründung des Widerspruchs

Womit begründen Sie Ihren Widerspruch gegen die einzelnen Feststellungen?

Beispiel:

Es handelt sich bei meinem Bandscheibenschaden um Bandscheibenvorfälle an zwei verschiedenen Abschnitten der Wirbelsäule, außerdem wurden Komplikationen, wie Nervenkompression und angeborene Fehlhaltung, nicht berücksichtigt.

Belege

Die vorstehende Behauptung muss mit ärztlichen Untersuchungsbefunden (orthopädisch-fachärztlicher Bericht, Röntgen-, CT-Bilder usw.) belegt werden. Es können auch Zeugen einer Behinderung bekannt werden. Das sogenannte Beweismittel sollte klar und eindeutig sein. Auch wenn das Gericht den Sachverhalt „von Amts wegen" aufklärt, ist dringend anzuraten, im Prozess aktiv mitzuwirken und selbst die notwendigen Informationen, gegebenenfalls ärztliche Untersuchungsbefunde, Atteste oder Gutachten zu besorgen.

Auf die Wichtigkeit einer sehr sorgfältigen Klagebegründung wird besonders hingewiesen.

Die Aufklärungspflicht der Sozialgerichte

Der vorsitzende Richter der betreffenden Kammer ist verpflichtet, von sich aus die Einzelheiten des Falles festzustellen und aufzuklären.

Das Sozialgerichtsgesetz (§ 106 SGG) unterscheidet sich hier wesentlich von den Vorschriften der Zivilprozessordnung. Dort müssen die Beteiligten (Kläger, Beklagter) von sich aus alle Beweismittel vorlegen bzw. benennen. Im Sozialgerichtprozess ist dies – wie erwähnt – anders. Zur Durchführung der Aufklärungspflicht des Vorsitzenden kann dieser insbesondere:

- um Überlassung von Urkunden ersuchen
- Dokumentationen von ärztlichen Untersuchungen, Röntgenbilder etc. hinzuziehen
- Auskünfte jeglicher Art einziehen
- Zeugen und Sachverständige vernehmen oder auch eidlich durch den ersuchten Richter vernehmen lassen

- die Einnahme des Augenscheins sowie die Begutachtung durch Sachverständige anordnen und ausführen
- andere Sachverständige vorladen
- einen Termin anberaumen, das persönliche Erscheinen der Beteiligten (auch des Klägers) hierzu anordnen und den Sachverhalt mit diesen erörtern

Ärztliche Begutachtung

Die meisten Widersprüche und Klagen werden wegen medizinischer und nicht wegen formeller Gründe erhoben.

Im Verlauf des Prozesses beauftragen die Richter, um komplizierte medizinische Sachverhalte zu klären, in den meisten Fällen einen gerichtlichen Sachverständigen, das heißt einen ärztlichen Gutachter.

Ein unabhängiger Gutachter kann nicht nur vom Gericht, sondern auch von Ihnen vorgeschlagen werden (§ 109 SGG). Dieses Gutachten ist kein sogenanntes Partei- oder Privatgutachten, sondern gilt als eine Beweiserhebung durch das Gericht, das heißt als ob es von Amts wegen erstellt wäre.

Der ärztliche Gutachter (bzw. gerichtliche Sachverständige) hat Sie nach richterlichen Vorgaben zu untersuchen, um Ihre geltend gemachten Gesundheitsstörungen nach eigenem Eindruck und eigenen Feststellungen zu bewerten. Die Vorgaben sollten auf die bei Ihnen vorliegenden gesundheitlichen Besonderheiten Rücksicht nehmen.

Grundlagen der Begutachtung sind:

- der Feststellungsbescheid des Versorgungsamtes über Ihre Behinderungen
- Ihr Widerspruch gegen den Feststellungsbescheid
- der Widerspruchsbescheid des Versorgungsamtes
- Ihre in der Klageschrift formulierten Einwände gegen die im Widerspruchsbescheid beschriebenen Feststellungen des Versorgungsamtes

- weitere ärztliche Untersuchungsbefunde zu bereits geltend gemachten oder im Verfahren neu aufgetretenen oder verschlimmerten Behinderungen
- persönliche Feststellungen des Gutachterarztes bei der gutachterlichen Untersuchung

Der Gutachter hat bei seiner ärztlichen Untersuchung eine andere Aufgabe als Ihr Hausarzt. Er prüft die durch die vorliegenden Erkrankungen verursachten Funktionsstörungen und Behinderungen und setzt diese quantitativ in Beziehung mit dem vom Gesetzgeber gebotenen Nachteilsausgleich und den angebotenen Teilhabemöglichkeiten.

Alle Ihre behandelnden Ärzte, Fachärzte oder Klinikärzte einschließlich des Hausarztes haben die Aufgabe, Ihre Beschwerden abzuklären, die verursachenden Krankheiten zu diagnostizieren und zu behandeln.

Sie haben als Krankenversicherter Rechtsanspruch auf die genannten ärztlichen Leistungen. Das heißt, Sie selbst sind mitschuldig bei mangelhafter Kenntnis über die Ursache Ihrer Beschwerden bzw. Behinderungen. Um dies zu vermeiden, wird dringend angeraten, spätestens vor dem Widerspruch gegen einen Feststellungsbescheid des Versorgungsamtes für die notwendige Klarheit über Ihre Gesundheitsstörungen zu sorgen. In dieser Weise können Sie dann auch den Gutachter bei seiner Arbeit – Ihrem Anliegen mit Argumenten Geltung zu verschaffen – unterstützen.

Wichtig: Es besteht Mitwirkungspflicht. Für den gesamten Bereich der Sozialverwaltung sind die Mitwirkungspflichten im Sozialgesetzbuch Erstes Buch geregelt (§ 60 ff. SGB I). Der Sozialleistungsträger kann vom Antragsteller verlangen, dass er sich ärztlichen und psychologischen Untersuchungsmaßnahmen unterzieht.

Nach Abschluss der Beweisermittlungen wird vom Richter entweder ein „Termin zur Erörterung" festgesetzt, an dem eine Einigung der Parteien (Kläger und Sozialamt) möglich ist, oder die mündliche Verhandlung anberaumt. Hier können Sie oder Ihr Rechtsvertreter die Argumente nochmals vortragen und den Behauptungen des Versorgungsamtes widersprechen. Am Schluss der mündlichen Verhandlung fällt das Gericht das Urteil. Wegen Überlastung der Sozialgerichte durften bis 2008 Verfahren an Verwaltungsgerichte abgegeben werden. Diese werden dann in Vertretung der Sozialgerichte entscheiden.

Das Gerichtsurteil

Das Sozialgericht entscheidet in der Regel durch Urteil (§ 125 SGG). Es kann, sofern in der Ladung auf diese Möglichkeit hingewiesen wurde, nach Lage der Akten entscheiden, wenn zu einem Termin keiner der Beteiligten erscheint oder beim Ausbleiben von Beteiligten die erschienenen Beteiligten dies beantragen.

Aus dem Urteil müssen die Entscheidungsgründe ersichtlich sein (§ 136 SGG). Außerdem ist die Darstellung des Tatbestandes erforderlich. Diese kann durch eine Bezugnahme auf den Inhalt der vorbereitenden Schriftsätze und auf die zur Sitzungsniederschrift erfolgten Feststellungen ersetzt werden, soweit sich aus ihnen der Sach- und Streitstand richtig und vollständig ergibt. In jedem Falle sind jedoch die erhobenen Ansprüche genügend zu kennzeichnen und die dazu vorgebrachten Angriffs- und Verteidigungsmittel ihrem Wesen nach hervorzuheben.

Das Gerichtsverfahren endet mit:

- der Anerkennung der Ansprüche, einem Vergleich bzw. einer Klagerücknahme bei fehlender Aussicht auf Erfolg
- der Kostenfestsetzung
- dem Hinweis auf Berufungsmöglichkeit

Wann Berufung zulässig ist

Berufung gegen die Entscheidung des Sozialgerichts kann nur erhoben werden, wenn dies im Urteil zugelassen ist (§ 144 SGG). Wird die Berufung ausgeschlossen, kann hingegen Beschwerde beim Sozialgericht oder Landessozialgericht (nächste Instanz) eingelegt werden (§ 145 SGG). Die Entscheidung darüber fällt das Landessozialgericht.

Die Berufung selbst ist beim Landessozialgericht innerhalb eines Monats nach Zustellung des Urteils einzureichen (§ 151 SGG). Die Frist hat also die gleiche Länge wie die zur Einreichung der Klage. Hier läuft der Monat von der Zustellung des Widerspruchbescheides an.

Auch beim Landessozialgericht besteht die Aufklärungspflicht des Vorsitzenden (des jeweiligen Senats).

Im Berufungsverfahren vor einem Landessozialgericht spielt der medizinische Sachverständige eine wichtige Rolle. Er agiert im Auftrag und nach Vorgaben des Richters oder auf Antrag des Klägers, der zugelassen werden muss. Die Gestaltung des medizinischen sachverständigen Gutachtens richtet sich nach den Voraussetzungen, Regeln und der Zielsetzung, wie bereits beim Sozialgerichtsverfahren beschrieben. Der Gutachter muss sämtliche, im laufenden Verfahren bereits erstellte medizinische Gutachten zusätzlich zu den vom Patienten vorgetragenen und bei der Untersuchung gewonnenen Daten aufarbeiten und in seine gutachterlichen Feststellungen einfließen lassen.

Zielsetzung des ärztlichen Gutachters ist es, Ihre Restgesundheit und eine damit verbundene Restleistungsfähigkeit und daraus resultierende Einsetzbarkeit auf dem allgemeinen Arbeitsmarkt exakt festzustellen. Es ist vom Kläger hier ebenso zu beachten, dass Verschlimmerung, Auftreten von Komplikationen, neu festgestellte Erkrankungen während des Verfahrens vorgetragen und nachgewiesen werden sollten.

Wichtig: Trotz der zermürbenden Prozessbelastung kann nur eine positive Mitarbeit den Gutachter in die Lage versetzen, einem berechtigten Begehren zur Geltung zu verhelfen.

Wann Revision möglich ist

Gegen die Entscheidung des Landessozialgerichts ist Revision vor dem Bundessozialgericht möglich. Hier besteht allerdings Anwaltszwang. Die Revision muss im Berufungsurteil zugelassen werden. Gegen eine Nichtzulassung ist Nichtzulassungsbeschwerde vor dem Bundessozialgericht möglich (§§ 160, 160a SGG).

Das Bundessozialgericht klärt den Sachverhalt aber nicht mehr auf. Vielmehr handelt es sich hier um eine reine Rechtsinstanz. Es wird geprüft, ob das Landessozialgericht das geltende Recht richtig angewandt hat. Ist das Bundessozialgericht der Meinung, dass die Aufklärung durch die Vorinstanz nicht ausreichend erfolgte, wird der Fall an die Vorinstanz zurückverwiesen (§ 170 SGG).

Achtung: Wenn Kläger und Beklagter einverstanden sind, kann die zweite Instanz (Landessozialgericht) übergangen und gleich Revision (als Sprungrevision bezeichnet) eingelegt werden (§ 161 SGG).

Gerichtskosten

Sowohl das Widerspruchsverfahren als auch der Gerichtsprozess sind im Bereich der Sozialgerichtsbarkeit kostenfrei. Es können allerdings Mutwillenskosten aufkommen, wenn das Verfahren beispielsweise verschleppt wird.

Das Gericht entscheidet im Urteil, ob dem Beschwerdeführer Rechtsanwaltskosten (Rechtsverfolgungskosten) ersetzt werden. Auch im Widerspruchsverfahren sind diese Kosten zu ersetzen, wenn der Widerspruch erfolgreich war (§ 63 SGB X).

Kostenfreiheit gilt allerdings nicht, wenn das Gericht nach § 109 SGG auf Antrag des Klägers einen vom Kläger bestimmten Arzt als Gutachter beauftragt. Ein solches Gutachten kann das Gericht davon abhängig machen, dass der Kläger die Gutachtenkosten vorschießt und vorbehaltlich einer anderen Entscheidung des Gerichts erklärt, die Kosten endgültig zu tragen. Ein § 109-Gutachten kann das Gericht ablehnen, wenn es der Ansicht ist, dass dieses nur zum Verschleppen des Verfahrens dient.

Nachteilsausgleiche

6

Kündigungsschutz

Der Kündigungsschutz für schwerbehinderte Menschen wird in den §§ 85 bis 92 SGB IX geregelt. Das entsprechende Kapitel des SGB IX trägt die Überschrift „Kündigungsschutz". Oftmals wird hier aber auch vom Bestandsschutz oder vom Beendigungsschutz gesprochen.

§ 85 SGB IX bestimmt als Grundsatz, dass die Kündigung des Arbeitsverhältnisses eines schwerbehinderten Menschen durch den Arbeitgeber der vorherigen Zustimmung des Integrationsamtes bedarf.

In Praxis und Fachschrifttum wird auch vom besonderen Kündigungsschutz gesprochen.

Wichtig: Der Kündigungsschutz gilt sowohl für schwerbehinderte Menschen als auch für ihnen gleichgestellte Arbeitnehmer.

Der Sonderkündigungsschutz gilt für alle schwerbehinderten und ihnen gleichgestellte Arbeitnehmer, also insbesondere für:

- Vollzeitkräfte
- Teilzeitkräfte, also auch für
  - geringfügig entlohnte Beschäftigte
  - kurzzeitig Beschäftigte
- Leiharbeitnehmer
- leitende Mitarbeiter, wie Abteilungsleiter, Geschäftsführer
- Auszubildende
- Heimarbeiter

Wie in der vorstehenden Aufstellung erwähnt, gilt der Sonderkündigungsschutz auch für Heimarbeiter, obwohl diese keine Arbeitnehmer sind. Auf sonstige arbeitnehmerähnliche Personen, zum Beispiel Mitglieder von Vertretungsorganen, ist der besondere Kündigungsschutz nicht anzuwenden. Er ist allerdings dann anzuwenden, wenn zwischen juristischer Person und Vertretungsorgan ein Arbeitsverhältnis vereinbart wurde. Es handelt sich dann allerdings nicht um einen Arbeitsvertrag, wenn ein Geschäftsführerdienstvertrag abgeschlossen wurde.

Bei Zugang der Kündigung muss die Schwerbehinderteneigenschaft bzw. die Gleichstellung vorliegen. Allgemein wird anerkannt, dass es ausreicht, wenn zum Zeitpunkt des Zugangs der Kündigung die Eigenschaft der Schwerbehinderung nachgewiesen wurde.

Nach allgemeiner Auffassung muss der Arbeitnehmer seinen Arbeitgeber spätestens einen Monat nach Kündigungszugang über seine Schwerbehinderung oder Gleichstellung unterrichten oder darüber, dass ein entsprechender Antrag gestellt worden ist.

Die Mitteilung muss gegenüber dem Arbeitgeber erfolgen. Allerdings reicht es auch aus, wenn Mitarbeiter des Arbeitgebers, die zur selbstständigen Entlassung von Arbeitnehmern berechtigt sind, informiert werden.

Eine besondere Form ist für die Mitteilung des Arbeitnehmers nicht erforderlich.

Ist lediglich der Antrag auf Anerkennung als Schwerbehinderter gestellt, der Arbeitgeber aber rechtzeitig informiert worden, geht Letzterer bei Aufrechterhaltung der Kündigung das Risiko ein, dass bei einer späteren Feststellung der Schwerbehinderteneigenschaft die Kündigung wegen fehlender Zustimmung des Integrationsamtes nichtig ist.

Der Sonderkündigungsschutz ist unabdingbar. Es ist auch nicht möglich, dass der schwerbehinderte Mensch auf ihn verzichtet. Das Arbeitsverhältnis kann aber auch aus „sonstigen Gründen" enden, ohne dass das Sonderkündigungsrecht zur Anwendung gelangt (Beispiel: befristeter Arbeitsvertrag).

Kündigt der schwerbehinderte Mensch selbst (Eigenkündigung), dann gibt es genauso wenig einen Kündigungsschutz wie in dem Fall, in dem ein Aufhebungsvertrag zwischen Arbeitnehmer und Arbeitgeber abgeschlossen wird.

Wichtig: Der schwerbehinderte Mensch riskiert in einem solchen Fall, dass ihm vorübergehend die besonderen Hilfen für schwerbehinderte Menschen entzogen werden.

Das Integrationsamt muss auch dann nicht zustimmen, wenn der Arbeitsvertrag wegen

- Irrtum,
- arglistiger Täuschung oder
- widerrechtlicher Drohung

angefochten wird.

In diesem Zusammenhang ist auch von Bedeutung, ob der schwerbehinderte Arbeitnehmer verpflichtet ist, seinem Arbeitgeber bei der Einstellung über die Schwerbehinderteneigenschaft zu unterrichten. Die Frage ist allerdings umstritten.

Unbestritten dagegen ist, dass der Arbeitnehmer nur auf zulässige Fragen antworten muss. Ob eine Frage zulässig ist, richtet sich danach, ob der Arbeitgeber an ihrer Beantwortung ein berechtigtes, billigenswertes und schutzwürdiges Interesse im Hinblick auf das Arbeitsverhältnis hat. Ist die Behinderung so stark, dass die angestrebte Tätigkeit offensichtlich nicht ausgeführt werden kann, hat der Arbeitgeber ein solches berechtigtes Interesse. Auch dann, wenn der Arbeitnehmer nur einen Teil der betreffenden Arbeit erledigen könnte, wird ein berechtigtes Interesse im Allgemeinen unterstellt.

Praxis-Tipp:

Gewerkschaftlich organisierte Arbeitnehmer sollten in solchen Fällen vor der entscheidenden Besprechung mit dem (zukünftigen) Arbeitgeber mit ihrer Gewerkschaft sprechen. Besteht keine Gewerkschaftszugehörigkeit, können solche Fragen auch mit Behindertenorganisationen besprochen werden.

Fehlt es an einem berechtigten Interesse des Arbeitgebers, muss der schwerbehinderte Mensch auf die Frage nach der Schwerbehinderteneigenschaft nicht wahrheitsgemäß antworten. Dies gilt nicht nur bei der Einstellung, sondern beispielsweise auch während der ersten sechs Monate des Beschäftigungsverhältnisses, in denen eine Kündigung ohne Zustimmung des Integrationsamtes durch den Arbeitgeber erfolgen kann.

Wichtig: Die Kündigungsfrist beträgt mindestens vier Wochen. Dabei ist es gleichgültig, ob die Kündigung in den ersten sechs

Monaten des Arbeitsverhältnisses oder danach – hier mit Zustimmung des Integrationsamtes – ergeht.

Ausdrücklich vorgeschrieben ist, dass der Arbeitgeber die Zustimmung zur Kündigung bei dem für den Sitz seines Betriebes oder seiner Dienststelle zuständigen Integrationsamt beantragen muss. Der Antrag muss schriftlich erfolgen.

Das Integrationsamt ist verpflichtet, eine Stellungnahme der zuständigen Agentur für Arbeit, des Betriebsrates oder Personalrates (öffentlicher Dienst) und der Schwerbehindertenvertretung einzuholen. Außerdem muss das Integrationsamt den schwerbehinderten Menschen anhören.

Die Entscheidung des Amtes wird sowohl dem Arbeitgeber als auch dem Schwerbehinderten zugestellt. Die Agentur für Arbeit erhält eine Abschrift der Entscheidung.

Erteilt das Integrationsamt die Zustimmung zur Kündigung, kann der Arbeitgeber die Kündigung nur innerhalb eines Monats nach Zustellung des entsprechenden Bescheides erklären.

Wichtig: Widerspruch oder Anfechtungsklage gegen die Zustimmung des Integrationsamtes zur Kündigung haben keine aufschiebende Wirkung.

Das Integrationsamt entscheidet nach seinem pflichtgemäßen Ermessen, ob die Kündigung zugelassen wird. § 89 SGB IX schränkt dieses Ermessen aber in bestimmten Fällen ein.

So erteilt das Amt die Zustimmung bei Kündigungen in Betrieben und Dienststellen, die nicht nur vorübergehend eingestellt oder aufgelöst werden. Voraussetzung ist, dass zwischen dem Tage der Kündigung und dem Tage, bis zu dem Gehalt oder Lohn gezahlt wird, mindestens drei Monate liegen.

Unter der gleichen Voraussetzung *soll* es die Zustimmung auch bei Kündigungen in Betrieben und Dienststellen erteilen, die nicht nur vorübergehend wesentlich eingeschränkt werden. Im Gegensatz zum zuerst geschilderten Sachverhalt wird der Betrieb hier nicht eingestellt, sondern seine Tätigkeit nur eingeschränkt. Voraussetzung für die Erteilung der Zustimmung im Fall der wesentlichen Einschränkung ist aber, dass die Gesamtzahl der weiterhin beschäftigten schwerbehinderten Menschen zur Erfüllung der Beschäftigungspflicht ausreicht. Beachten Sie zur Beschäftigungspflicht des Arbeitgebers auch die nächsten Seiten.

Die Erteilung der Zustimmung nach den vorstehenden Grundsätzen entfällt allerdings dann, wenn eine Weiterbeschäftigung auf einem anderen Arbeitsplatz desselben Betriebes oder derselben Dienststelle oder auf einem freien Arbeitsplatz in einem anderen Betrieb oder einer anderen Dienststelle desselben Arbeitgebers möglich ist. Die Beschäftigung auf einem solchen Arbeitsplatz kann aber nur mit Einverständnis des Schwerbehinderten erfolgen. Außerdem muss dies für den Arbeitgeber zumutbar sein.

Das Integrationsamt soll im Übrigen die Zustimmung zur Kündigung erteilen, wenn dem schwerbehinderten Menschen ein anderer angemessener und zumutbarer Arbeitsplatz gesichert ist.

Ist das Insolvenzverfahren über das Vermögen des Arbeitgebers eröffnet, soll das Integrationsamt die Zustimmung erteilen, wenn bestimmte Voraussetzungen erfüllt sind.

Die Voraussetzungen sind:

- Der schwerbehinderte Mensch muss in einem Interessenausgleich nach der Insolvenzordnung namentlich als einer der zu entlassenden Arbeitnehmer bezeichnet werden,
- die Schwerbehindertenvertretung muss beim Zustandekommen des Interessenausgleichs beteiligt worden sein,
- der Anteil der nach dem Interessenausgleich zu entlassenden Schwerbehinderten an der Zahl der beschäftigten Schwerbehinderten darf nicht größer sein als der Anteil der zu entlassenden übrigen Arbeitnehmer an der Zahl der beschäftigten übrigen Arbeitnehmer und
- die Gesamtzahl der Schwerbehinderten, die nach dem Interessenausgleich bei dem Arbeitgeber verbleiben sollen, muss zur Erfüllung seiner Beschäftigungspflicht ausreichen.

Die Regelungen zum Schutz vor einer ordentlichen Kündigung gelten auch bei einer außerordentlichen Kündigung, soweit sich nicht aus den nachfolgenden Ausführungen etwas anderes ergibt. Maßgebend sind hier die Vorschriften des § 91 SGB IX. In einem solchen Fall kann die Zustimmung zur Kündigung nur innerhalb

Ausnahmen vom Kündigungsschutz

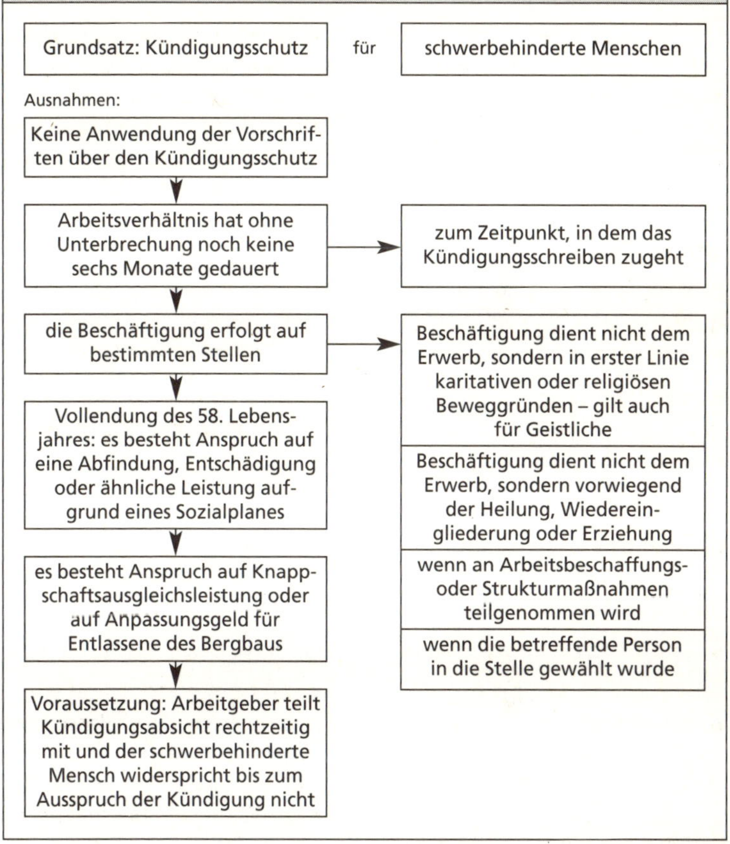

von zwei Wochen beantragt werden. Dabei ist der Eingang des Antrages beim Integrationsamt maßgebend. Die Frist beginnt mit dem Zeitpunkt, in dem der Arbeitgeber von den für die Kündigung maßgebenden Tatsachen Kenntnis erlangt.

Das Integrationsamt trifft die Entscheidung innerhalb von zwei Wochen, gerechnet vom Tage des Antragseingangs an.

Wichtig: Wird innerhalb dieser Frist keine Entscheidung getroffen, gilt die Zustimmung als erteilt.

Das Integrationsamt soll die Zustimmung erteilen, wenn die Kündigung aus einem Grunde erfolgt, der nicht im Zusammenhang mit der Behinderung steht.

Nach Erteilung der Zustimmung durch das Integrationsamt muss die Kündigung unverzüglich erfolgen.

§ 92 SGB IX sieht einen erweiterten Beendigungsschutz vor. Danach bedarf die Beendigung des Arbeitsverhältnisses eines Schwerbehinderten auch dann der vorherigen Zustimmung des Integrationsamtes, wenn sie im Fall

- des Eintritts einer teilweisen Erwerbsminderung,
- der Erwerbsminderung auf Zeit,
- der Berufsunfähigkeit oder
- der Erwerbsunfähigkeit auf Zeit

ohne Kündigung erfolgt. Die bisherigen Erläuterungen über die Zustimmung zur ordentlichen Kündigung gelten entsprechend.

Beschäftigungspflicht der Arbeitgeber

Private und öffentliche Arbeitgeber sind unter bestimmten Voraussetzungen verpflichtet, schwerbehinderte Menschen zu beschäftigen. Die Arbeitgeber müssen allerdings über mindestens 20 Arbeitsplätze verfügen. Auf wenigstens fünf Prozent der Arbeitsplätze müssen sie Schwerbehinderte beschäftigen. Die erwähnten fünf Prozent werden als Beschäftigungspflichtquote bezeichnet.

Bei der Erfüllung der Beschäftigungspflicht sind schwerbehinderte Frauen besonders zu berücksichtigen. Begründet wird dies damit, dass behinderte Frauen es doppelt schwer haben, als Frauen und Schwerbehinderte, Arbeitgeber von ihrer Leistungsfähigkeit zu überzeugen. Ganz besonders haben sie – so die allgemeine Auffassung – mit Vorurteilen zu kämpfen. Die Höhe der Pflichtquote wird sich gesetzlich ändern, wenn die Zahl arbeitsloser Schwerbehinderter sich nicht um einen bestimmten Prozentsatz vermindert.

Bei der Berechnung der Mindestzahl von Arbeitsplätzen und der Zahl der Arbeitsplätze, auf denen Schwerbehinderte zu beschäftigen sind, zählen Stellen, auf denen Auszubildende beschäftigt

Beschäftigungspflicht für besondere Gruppen schwerbehinderter Menschen

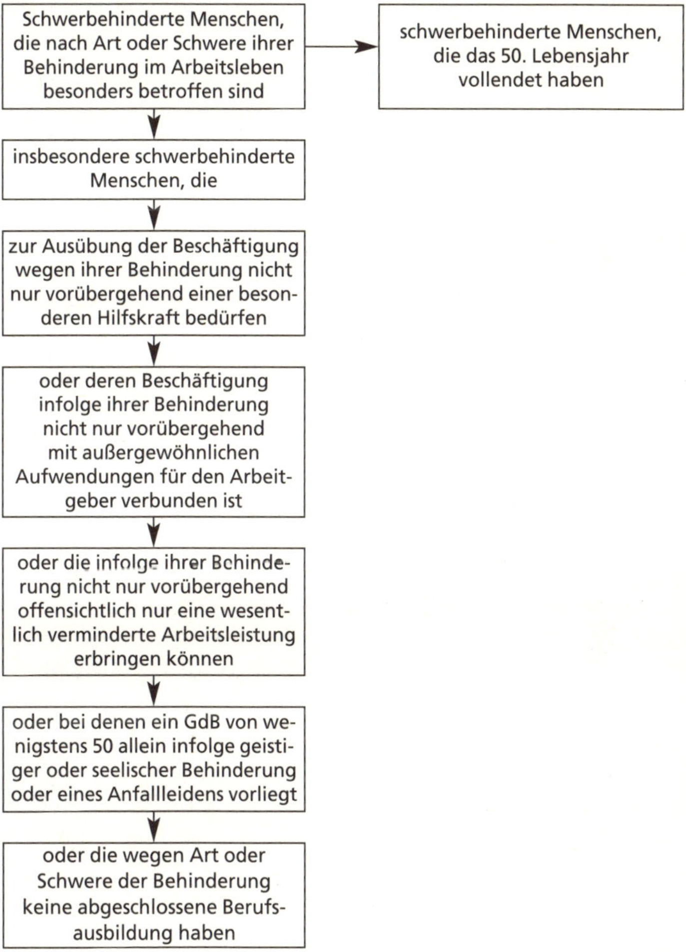

werden, nicht mit. Das Gleiche gilt für Stellen, auf denen Rechts- oder Studienreferendare und -referendarinnen beschäftigt werden, die einen Rechtsanspruch auf Einstellung haben.

Bei der Berechnung sich ergebende Bruchteile von 0,5 und mehr sind aufzurunden, bei Arbeitgebern mit jahresdurchschnittlich bis zu 50 Arbeitsplätzen sind sie abzurunden.

Jeder Schwerbehinderte, der auf einem Arbeitsplatz beschäftigt wird, wird auf einen Pflichtarbeitsplatz für Schwerbehinderte angerechnet.

Das Gleiche gilt für einen schwerbehinderten Menschen, der in Teilzeitbeschäftigung kürzer als betriebsüblich, aber nicht weniger als 18 Stunden wöchentlich beschäftigt wird.

Wird ein schwerbehinderter Mensch weniger als 18 Stunden wöchentlich beschäftigt, lässt die Agentur für Arbeit die Anrechnung auf einen dieser Pflichtarbeitsplätze zu, wenn die Teilzeitbeschäftigung wegen Art oder Schwere der Behinderung notwendig ist.

Auch ein schwerbehinderter Arbeitgeber wird auf einen Pflichtarbeitsplatz für schwerbehinderte Menschen angerechnet.

Die Agentur für Arbeit kann die Anrechnung eines Schwerbehinderten auf mehr als einen Pflichtarbeitsplatz zulassen. Das gilt insbesondere, wenn der Schwerbehinderte zu einer der besonderen Gruppen schwerbehinderter Menschen gehört (siehe dazu das vorstehende Schaubild).

Die Zulassung erfolgt auf nicht mehr als drei Pflichtarbeitsplätze. Voraussetzung ist, dass die Teilhabe am Arbeitsleben bei dem betreffenden schwerbehinderten Arbeitnehmer auf besondere Schwierigkeiten stößt. Die Mehrfachanrechnung gilt auch für teilzeitbeschäftigte schwerbehinderte Menschen. Im Übrigen darf die Beschäftigung – damit eine Mehrfachanrechnung überhaupt erfolgen kann – nicht auf einer Stelle vorgenommen werden, die nicht als Arbeitsplatz gilt (siehe auch das Schaubild zu Ausnahmen vom Kündigungsschutz).

Für einen Schwerbehinderten werden während der beruflichen Ausbildung zwei Pflichtarbeitsplätze für schwerbehinderte Menschen angerechnet. Im Übrigen kann die Agentur für Arbeit die Anrechnung auf drei Pflichtarbeitsplätze für schwerbehinderte Menschen zulassen, wenn die Vermittlung in eine berufliche Ausbildungsstelle wegen Art oder Schwere der Behinderung auf besondere Schwierigkeiten stößt.

Solange Arbeitgeber die vorgeschriebene Zahl von Schwerbehinderten nicht beschäftigen, entrichten sie für jeden unbesetzten Pflichtarbeitsplatz für schwerbehinderte Menschen monatlich eine Ausgleichsabgabe.

Wichtig: Die Zahlung der Ausgleichsabgabe hebt die Pflicht zur Beschäftigung schwerbehinderter Menschen nicht auf.

Die Ausgleichsabgabe erhöht sich entsprechend der Veränderung der jährlich bekannt gegebenen Bezugsgröße. Sie erhöht sich zum 1. Januar eines Kalenderjahres, wenn sich die Bezugsgröße seit der letzten Neubestimmung um wenigstens zehn Prozent erhöhte.

Die Ausgleichsabgabe zahlt der Arbeitgeber jährlich zeitgleich mit der Erstattung einer besonderen Anzeige an das für seinen Sitz zuständige Integrationsamt.

Das Integrationsamt erlässt dann, wenn ein Arbeitgeber mehr als drei Monate mit der Zahlung der Ausgleichsabgabe im Rückstand ist, einen Feststellungsbescheid über die rückständigen Beträge und zieht diese ein. Es werden auch Säumniszuschläge erhoben.

Weitere Nachteilsausgleiche in Zusammenhang mit dem Beruf

Technische und finanzielle Hilfen

Als weiteren Nachteilsausgleich in Zusammenhang mit der beruflichen Tätigkeit sind technische und finanzielle Hilfen zur Sicherung des Arbeitsplatzes zu nennen. Es geht hier zum Beispiel um die Beschaffung von Kraftfahrzeugen, wenn der Behinderte wegen der Behinderung für die Fahrt zwischen Wohnung und Arbeitsstelle auf ein Kraftfahrzeug angewiesen ist.

Zuständig für die Leistungsgewährung sind sowohl die Integrationsämter als auch die Renten- und Unfallversicherungsträger im Rahmen ihrer gesetzlich vorgesehenen Leistungspflicht.

Begünstigte Personen sind schwerbehinderte Menschen mit einem GdB von 50 und höher sowie Gleichgestellte mit einem GdB von 30 oder 40. Zum Anspruchsnachweis genügt der Schwerbehindertenausweis bzw. gegebenenfalls der Gleichstellungsbescheid der Agentur für Arbeit.

Zusätzlicher Urlaub

Nach § 125 SGB IX haben schwerbehinderte Menschen Anspruch auf einen bezahlten zusätzlichen Urlaub von fünf Arbeitstagen im Urlaubsjahr. Verteilt sich die regelmäßige Arbeitszeit des Schwerbehinderten auf mehr oder weniger als fünf Arbeitstage in der Kalenderwoche, erhöht oder vermindert sich der Zusatzurlaub entsprechend.

Allerdings ist es möglich und zulässig, dass tarifliche, betriebliche oder sonstige Urlaubsregelungen einen längeren Zusatzurlaub für schwerbehinderte Menschen vorsehen.

Praxis-Tipp:

Erkundigen Sie sich nach der Höhe Ihrer Urlaubsansprüche:

- beim Arbeitgeber bzw. beim Lohn- oder Gehaltsbüro
- beim Betriebs- oder Personalrat
- bei der für Sie zuständigen Gewerkschaft
- beim Arbeitsgericht – dort gibt es in der Regel eine Beratungsstelle für arbeitsrechtliche Angelegenheiten

Schwerbehindertenvertretung

In Zusammenhang mit dem Beruf eines schwerbehinderten Menschen kommt der Schwerbehindertenvertretung eine besondere Rolle zu. Sie ist in Betrieben und Dienststellen zu wählen, in denen wenigstens fünf Schwerbehinderte nicht nur vorübergehend beschäftigt sind (§ 94 SGB IX):

Die Aufgaben der Schwerbehindertenvertretung werden in § 95 SGB IX geregelt. Danach fördert die Schwerbehindertenvertretung die Eingliederung schwerbehinderter Menschen in den Betrieb oder die Dienststelle, vertritt ihre Interessen und steht ihnen beratend und helfend zur Seite.

Wichtig: Die Schwerbehindertenvertretung unterstützt Beschäftigte nach ausdrücklicher Vorschrift des § 95 Abs. 1 Satz 3 SGB IX auch bei Anträgen auf Feststellung einer Behinderung, ihres

Grades oder einer Schwerbehinderung sowie bei Anträgen auf Gleichstellung an die Agentur für Arbeit.

Der Arbeitgeber hat die Schwerbehindertenvertretung in allen Angelegenheiten, die einen einzelnen oder die schwerbehinderten Menschen als Gruppe berühren, unverzüglich und umfassend zu unterrichten und vor einer Entscheidung anzuhören. Er hat ihr die getroffene Entscheidung unverzüglich mitzuteilen.

Der Schwerbehinderte hat das Recht, bei Einsicht in die über ihn geführte Personalakte oder ihn betreffende Daten des Arbeitgebers die Schwerbehindertenvertretung hinzuzuziehen. Die Schwerbehindertenvertretung bewahrt über den Inhalt der Daten Stillschweigen (Datenschutz), soweit sie der Schwerbehinderte nicht von dieser Verpflichtung entbunden hat.

Die Schwerbehindertenvertretung hat das Recht, an allen Sitzungen des Betriebs- oder Personalrates und deren Ausschüssen sowie des Arbeitsschutzausschusses beratend teilzunehmen. Sie kann beantragen, Angelegenheiten, die einzelne oder die schwerbehinderten Menschen als Gruppe besonders betreffen, auf die Tagesordnung der nächsten Sitzung zu setzen.

Sieht sie einen Beschluss des Betriebs- oder Personalrates als eine erhebliche Beeinträchtigung wichtiger Interessen schwerbehinderter Menschen oder wurde sie entgegen der obigen Ausführungen nicht beteiligt, wird auf ihren Antrag der Beschluss für die Dauer von einer Woche vom Zeitpunkt der Beschlussfassung an ausgesetzt.

Die Schwerbehindertenvertretung hat das Recht, mindestens einmal im Kalenderjahr eine Versammlung der Schwerbehinderten im Betrieb oder in der Dienststelle durchzuführen.

Ist für mehrere Betriebe eines Arbeitgebers ein Gesamtbetriebsrat oder für den Geschäftsbereich mehrerer Dienststellen ein Gesamtpersonalrat errichtet, wählen die Schwerbehindertenvertretungen der einzelnen Betriebe oder Dienststellen eine Gesamtschwerbehindertenvertretung. Nähere Einzelheiten hierzu ergeben sich aus § 97 SGB IX.

Zu erwähnen ist noch § 99 SGB IX. Danach arbeiten Arbeitgeber, Beauftragte des Arbeitgebers, Schwerbehindertenvertretung und

Betriebs- oder Personalrat zur Teilhabe schwerbehinderter Menschen am Arbeitsleben im Betrieb oder in der Dienststelle eng zusammen.

Sonstige Vergünstigungen

In Kapitel 5 wird im Zusammenhang mit den Merkzeichen auf die jeweils maßgebenden Nachteilsausgleiche hingewiesen.

Weitere Nachteilsausgleiche sind:

- Benutzung von Zügen der 1. Klasse mit Fahrausweis der 2. Klasse: Begünstige Personen sind schwer kriegsbeschädigte Menschen mit GdB 70 bis 100 und Merkzeichen „1. Klasse". Zuständige Stelle: Fahrkartenausgabe der Deutschen Bahn, Reisebüros. Erforderliche Unterlagen: Schwerbehindertenausweis.

  Hilfsmittel, wie Rollstühle, werden kostenlos befördert. Begleitpersonen reisen kostenlos (Voraussetzung: Merkzeichen „B" im Schwerbehindertenausweis). Außerdem gibt es bei der Bahn zahlreiche Sonderregelungen. Bitte informieren Sie sich hierzu direkt bei den Servicestellen der Bahn.

- Freiwilliger Beitritt in die gesetzliche Krankenversicherung innerhalb von drei Monaten nach Feststellung der Schwerbehinderung und Vorliegen weiterer versicherungsrechtlicher Voraussetzungen. Begünstigte Personen sind Schwerbehinderte mit GdB 50 und höher. Zuständige Stellen sind: Krankenkasse, Versicherungsamt der Gemeinde. Erforderliche Unterlagen: Schwerbehindertenausweis, Feststellungsbescheid des Versorgungsamtes.

- Altersrente für Schwerbehinderte unter bestimmten Voraussetzungen (siehe auch Kapitel 1).

- Höhere Einkommensfreibeträge für Wohngeld. Begünstigte Personen: Schwerbehinderte ab einem GdB von 80 und vorliegender Hilflosigkeit (siehe auch Kapitel 5) oder Pflegegeld bei einem GdB von 100. Zuständige Stellen: Gemeinde-, Stadt-, Kreisverwaltung, Amt für Wohnungswesen. Erforderliche Unterlagen: Schwerbehindertenausweis, Bescheid über Pflegegeld etc.

- Gestaffelte höhere Freibeträge für Wohnungsbauförderung. Begünstigte Personen: Schwerbehinderte ab GdB 50 und Gleichgestellte (GdB 30 oder 40). Zuständige Stelle: Gemeinde-, Stadt-, Kreisverwaltung, Amt für Wohnungswesen. Erforderliche Unterlagen: Schwerbehindertenausweis, Feststellungsbescheinigung, F-Bescheinigung und Gleichstellungsbescheid der Agentur für Arbeit (siehe auch Kapitel 5).
- Erleichterung der Bauvorschriften, zum Beispiel Grenzbebauung einer Garage, Rampe etc. Begünstigte Personen: Schwerbehinderte ab GdB 50. Zuständige Stellen: Gemeinde-, Stadt-, Kreisverwaltung, Baubehörde. Erforderliche Unterlagen: Schwerbehindertenausweis.
- Eventuell Gebührenbefreiung bei Wohnungskauf etc. Begünstigte Personen: Schwerbehinderte Menschen mit GdB 50 und höher. Zuständige Stellen: Gerichte, Notare. Erforderliche Unterlagen: Schwerbehindertenausweis.
- Widerspruchsmöglichkeit gegen Wohnungskündigung bei besonderer Härte. Begünstigte Personen: Schwerbehinderte ab GdB 50. Zuständige Stellen: Vermieter, Amtsgericht. Erforderliche Unterlagen: Schwerbehindertenausweis, ärztliches Attest.
- Vorzeitige Verfügung über Sparbeiträge ohne Abzüge bei Bausparverträgen oder Ähnliches. Begünstigte Personen: Schwerbehinderte mit GdB 100. Zuständige Stellen: Geldinstitut, Bausparkasse. Erforderliche Unterlagen: Schwerbehindertenausweis.
- Befreiung vom Wehrdienst. Begünstigte Personen: Schwerbehinderte ab GdB 50. Zuständige Stelle: Kreiswehrersatzamt. Erforderliche Unterlagen: Schwerbehindertenausweis.
- Ermäßigung für Kurtaxe um 1/3 bis 1/2. Begünstigte Personen: Schwerbehinderte ab GdB 50. Zuständige Stelle: Kurverwaltung. Erforderliche Unterlagen: Schwerbehindertenausweis.

- Absetzung der Aufwendungen für eine Haushaltshilfe bis zu einem Betrag von jährlich 924 Euro. Begünstigte Personen: Schwerbehinderte ab einem GdB von 50. Zuständige Stelle: Finanzamt. Erforderliche Unterlagen: Schwerbehindertenausweis.

Die vorstehende Aufstellung ist – wie bereits erwähnt – in Zusammenhang mit den Ausführungen zu den einzelnen Merkzeichen (siehe Kapitel 5) zu sehen. Außerdem erhebt sie keinen Anspruch auf Vollständigkeit. Es gibt hier noch zahlreiche regionale Besonderheiten, beispielsweise Preisermäßigungen bei Eintritt in Zoologische Gärten, Museen, unter Umständen sogar bei Kinovorstellungen etc.

In Zusammenhang mit den Nachteilsausgleichen spielen die bereits mehrfach erwähnten Integrationsämter eine besondere Rolle. Hier eine Übersicht über die Aufgaben eines solchen Amtes:

Aufgaben des Integrationsamtes

Erhebung und Verwendung der Ausgleichsabgabe

↓

Kündigungsschutz

begleitende Hilfe im Arbeitsleben → auch: Geldleistungen durch Integrationsamt möglich

↓

an schwerbehinderte Menschen, insbesondere:

- für technische Arbeitshilfen
- zum Erreichen des Arbeitsplatzes
- zur Gründung und Erhaltung einer selbstständigen beruflichen Existenz
- zur Beschaffung, Ausstattung und Erhaltung einer behinderungsgerechten Wohnung
- zur Teilnahme an Maßnahmen zur Erweiterung beruflicher Kenntnisse und Fertigkeiten
- in besonderen Lebenslagen

↓

an Arbeitgeber

- zur behinderungsgerechten Einrichtung von Arbeitsplätzen für schwerbehinderte Menschen und
- für außergewöhnliche Belastungen, mit der die Beschäftigung bestimmter schwerbehinderter Menschen verbunden sind

↓

an freie gemeinnützige Einrichtungen und Organisationen sowie an Träger von Integrationsunternehmen, ferner an bestimmte öffentliche Arbeitgeber

zeitweilige Entziehung der besonderen Hilfen für schwerbehinderte Menschen

Teil 2: So schöpfe ich die finanziellen Hilfen voll aus

Selbst die Initiative ergreifen

In der BRD leben rund 6,9 Mio. schwerbehinderte Menschen. Bezogen auf die gesamte Bevölkerung ist demnach jeder zwölfte Einwohner behindert. Das sind immerhin 8,4 Prozent. Oftmals wissen die Betroffenen jedoch nicht, welche finanziellen Leistungen ihnen zustehen; es ist ihnen peinlich, danach zu fragen oder einen entsprechenden Antrag zu stellen.

Allerdings wird es den Betroffenen auch nicht gerade leicht gemacht; denn es ist nicht allein damit getan, dass verkündet wird, welche finanziellen Hilfen es gibt. Das Problem liegt darin, dass derartige Zuwendungen beantragt werden müssen. An wen kann man sich hierfür wenden? Wer hilft beim Ausfüllen der nötigen Formulare?

Zwar gibt es zu diesem Thema Broschüren und sonstiges Informationsmaterial, aber leider finden sich darin oft missverständliche Angaben oder werden erst gar nicht über mögliche Ansprüche aufgeklärt.

Zudem sind die angebotenen Leistungen für behinderte Menschen je nach Bundesland nicht selten sehr unterschiedlich.

Ratgeber, Broschüren und Leitfäden informieren häufig über Krankheiten, die zu einer Behinderung geführt haben, sowie über Medizin und wissenschaftliche Fortschritte, selten aber über Fachbegriffe.

Dieser Ratgeber hingegen erklärt umfassend und verständlich, wo finanzielle Unterstützung beantragt werden muss und wer Ihnen beim Ausfüllen von Anträgen behilflich sein kann.

Bernd Röger

Antragstellung für einen Schwerbehindertenausweis

7

1. Erstantrag

Jeder Antrag auf einen Schwerbehindertenausweis muss bei der zuständigen Kreisverwaltung bzw. beim Versorgungsamt gestellt werden. Dort wird das Vorliegen einer Behinderung, der Grad der Behinderung (GdB) und weitere gesundheitliche Voraussetzungen für die Inanspruchnahme von Nachteilsausgleichen geprüft. Die Antragstellung kann zunächst formlos erfolgen. Auf ein formloses Schreiben hin sendet der Kreis (Sozialamt) Ihnen einen Antragsvordruck zu.

Dort werden außer Angaben zur Person auch Angaben zu den Gesundheitsstörungen, zu ärztlichen Behandlungen, Krankenhausaufenthalten, Rehabilitationsverfahren etc. benötigt.

Praxis-Tipp:

Geben Sie alle behandelnden Ärzte mit Anschrift an, damit umgehend eine Arztanfrage gestellt werden kann.

Wenn der ausgefüllte und unterschriebene Antrag zusammen mit den benötigten Unterlagen beim Kreis bzw. Versorgungsamt vorliegt, werden die von Ihnen benannten Ärzte, Krankenhäuser und sonstige Stellen angeschrieben und um Übersendung entsprechender Informationen über Ihren Gesundheitszustand gebeten.

Sobald die notwendigen medizinischen Unterlagen vorliegen, werden sie an den ärztlichen Dienst der zuständigen Behörde weitergeleitet. Dort erfolgt die Auswertung der Unterlagen. Sind die entsprechenden Voraussetzungen erfüllt, wird ein Feststellungsbescheid über den GdB und ein Merkzeichen erteilt.

Wichtig: Es wird erst dann ein Schwerbehindertenausweis ausgestellt, wenn der GdB mindestens 50 beträgt.

Praxis-Tipp:

Achten Sie rechtzeitig auf die Verlängerung Ihres Ausweises, wenn dieser nur befristet gültig ist.

2. Verschlimmerungsantrag

Verschlechtert sich der Gesundheitszustand, kann ein höherer GdB bescheinigt werden. Hierzu ist wie beim Erstantrag zu verfahren. Behandelnde Ärzte und Krankenhäuser werden dann erneut um Auskunft gebeten.

Wichtig: Ergibt die Prüfung der Voraussetzungen, dass sich der Gesundheitszustand gebessert hat oder die vorherige Bewertung unrichtig war, kann der GdB herabgesetzt werden.

3. Gültigkeit und Verlängerung des Ausweises

Die Dauer der Gültigkeit eines Schwerbehindertenausweises ist auf dem Anschreiben des Kreises (Sozialamts) bzw. Versorgungsamtes ersichtlich. Die maximale Gültigkeitsdauer beträgt fünf Jahre. Dasselbe gilt entsprechend auch für eine Verlängerung des Ausweises.

Praxis-Tipp:

Beantragen Sie rechtzeitig (ca. drei Monate vor Ablauf) eine Verlängerung der Gültigkeitsdauer. Eine Verlängerung ist zweimal möglich; danach wird ein neuer Ausweis ausgestellt.

Wichtig: Ist eine Änderung des Gesundheitszustands nicht zu erwarten, kann der Ausweis auch unbefristet ausgestellt werden.

Merkzeichen auf dem Schwerbehindertenausweis

8

Um bestimmte Rechte in Anspruch nehmen zu können (z.B. Freifahrten im öffentlichen Personenverkehr), muss im Ausweis u.a. das jeweilige Merkzeichen eingetragen sein. Die unterschiedlichen Merkzeichen sind im Nachfolgenden beschrieben.

1. Beeinträchtigung der Bewegungsfähigkeit im Straßenverkehr (G)

Dieses Merkzeichen wird nur dann im Ausweis eingetragen, wenn der Betroffene in seinem Gehvermögen eingeschränkt ist. Die Bewegungsfähigkeit im Straßenverkehr kann auch durch innere Leiden (z.B. Herzschäden) eingeschränkt sein.

Wichtig: Nach heutiger Rechtsprechung gilt als ortsübliche Wegstrecke eine Strecke von etwa zwei Kilometern, die in etwa einer halben Stunde zurückgelegt wird.

Diese Voraussetzung kann auch erfüllt sein, wenn die Orientierungsfähigkeit des behinderten Menschen erheblich gestört ist (z.B. Sehbehinderung ab einem GdB von 70). Liegt der GdB in dem Fall unter 70 (z.B. 50 oder 60), kann die Voraussetzung auch erfüllt sein, wenn die Kombination mit einer anderen Behinderung (Störung der Ausgleichsfunktion – z.B. Schwerhörigkeit beidseitig) einen GdB von 70 ergibt.

Praxis-Tipp:

Dem Ausweisinhaber steht die Beförderung mit öffentlichen Verkehrsmitteln nur dann zu, wenn er eine entsprechende Wertmarke besitzt. Alternativ besteht die Möglichkeit einer 50-prozentigen Kfz-Steuerermäßigung.

2. Außergewöhnliche Gehbehinderung (aG)

Dieses Merkzeichen wird im Ausweis eingetragen, wenn sich der Betroffene nur mit fremder Hilfe oder mit großer Anstrengung fortbewegen kann.

Wichtig: Die Fortbewegung muss auf das Schwerste eingeschränkt sein. Eine Einschränkung des Orientierungsvermögens alleine reicht hierfür nicht aus.

Praxis-Tipp:

Neben der unentgeltlichen Beförderung mit öffentlichen Verkehrsmitteln (bei Vorliegen einer gültigen Wertmarke) steht dem Ausweisinhaber eine 100-prozentige Kfz-Steuerermäßigung zu. Näheres zu den Voraussetzungen finden Sie im Kapitel „Kfz-Steuerermäßigung und Freifahrt".

3. Notwendigkeit einer ständigen Begleitung bei Benutzung von öffentlichen Verkehrsmitteln (B)

Dieses Merkzeichen ist auf der Vorderseite des Ausweises eingetragen und durchgestrichen. Es wird erst dann gültig, wenn die Berechtigung zur Mitnahme einer Begleitperson nachgewiesen wurde. Eingetragen wird es nur, wenn außerdem eine erhebliche (außergewöhnliche) Gehbehinderung (Merkzeichen „aG") festgestellt wurde.

Der vormals gültige Satz „Die Notwendigkeit ständiger Begleitung ist nachgewiesen" ist seit Dezember 2006 hinfällig. Stattdessen ist der Hinweis „Berechtigung zur Mitnahme einer Begleitperson" eingedruckt.

Wichtig: Der Berechtigte darf im öffentlichen Personenverkehr ohne km-Begrenzung eine Begleitperson kostenlos mitnehmen, auch wenn er selbst bezahlen muss.

Der Ausweisinhaber darf beispielsweise mit dem Intercity fahren und eine Begleitperson kostenlos mitnehmen. Es ist lediglich eine Fahrkarte für den Ausweisinhaber erforderlich.

4. Befreiung von Rundfunkgebühren (RF)

Voraussetzung für die Eintragung dieses Merkzeichens ist ein GdB von mindestens 80. Weiterhin wird vorausgesetzt, dass der behinderte Mensch allgemein von öffentlichen Zusammenkünften ausgeschlossen ist.

Wichtig: Ist ein Mensch mit Behinderung berufstätig, so ist diese Tatsache grundsätzlich ein Beweis dafür, dass öffentliche Veranstaltungen – zumindest gelegentlich – besucht werden können. Das Merkzeichen „RF" wird dann verweigert.

Praxis-Tipp:

Wer von der Rundfunkgebührenpflicht befreit ist, erhält in aller Regel auch den sogenannten Sozialtarif der Deutschen Telekom. Diese Ermäßigung der Telekom ist freiwillig und beträgt derzeit monatlich 6,94 Euro. Für Blinde, Gehörlose und Sprachbehinderte mit einem GdB von mindestens 90 beträgt die Ermäßigung 8,72 Euro. Die Ermäßigung entfällt, wenn eine Telefon-Flatrate vereinbart ist.

Die Befreiung von der Rundfunkgebührenpflicht muss bei der GEZ beantragt werden. Sie gilt erst ab dem Folgemonat nach Antragseingang.

Befreiungskriterien auf einen Blick	
Welche Kriterien müssen erfüllt sein?	Welche Unterlagen sind erforderlich?
1. Sozialhilfeempfänger	Aktueller Sozialhilfebescheid
2. Empfänger von Grundsicherung im Alter und bei Erwerbsminderung	Aktueller Bescheid über den Bezug von Grundsicherung
3. Empfänger von Sozialgeld oder Arbeitslosengeld II	Aktueller Bewilligungsbescheid
4. Empfänger von Leistungen nach dem Asylbewerberleistungsgesetz	Aktueller Bescheid über den Bezug von Asylbewerberleistungen
5. Empfänger von Ausbildungsförderung (BAföG), wenn sie nicht bei ihren Eltern leben	Aktueller BAföG-Bescheid
6. Sonderfürsorgeberechtigte im Sinne des § 27e Bundesversorgungsgesetz	Aktueller Bewilligungsbescheid über den Bezug von entsprechenden Leistungen

noch: Befreiungskriterien auf einen Blick

7. Blinde oder sehbehinderte Menschen mit einem GdB von mindestens 60 allein wegen der Sehbehinderung	Aktueller Schwerbehindertenausweis mit „RF-Merkzeichen"
8. Hörgeschädigte, die gehörlos sind oder denen eine ausreichende Verständigung über das Gehör auch mit Hörhilfen nicht möglich ist	Aktueller Schwerbehindertenausweis mit „RF-Merkzeichen"
9. Behinderte, deren GdB nicht nur vorübergehend wenigstens 80 beträgt und die wegen ihres Leidens an öffentlichen Veranstaltungen ständig nicht teilnehmen können	Aktueller Schwerbehindertenausweis mit „RF-Merkzeichen"
10. Empfänger von Hilfe zur Pflege (laut Sozialgesetzbuch)	Aktueller Bewilligungsbescheid über den Bezug von Hilfe zur Pflege nach dem Sozialgesetzbuch
11. Empfänger von Pflegezulagen nach dem Lastenausgleichsgesetz	Aktueller Bewilligungsbescheid über den Bezug von Leistungen nach dem Lastenausgleichsgesetz

Quelle: GEZ Köln

Wichtig: Wer bei der GEZ einen Antrag auf Befreiung von der Rundfunkgebührenpflicht stellt, muss den Bewilligungsbescheid oder eine beglaubigte Kopie des Schwerbehindertenausweises beifügen.

5. Hilflosigkeit (H)

Ein Mensch wird als hilflos angesehen, wenn er infolge einer Behinderung für viele regelmäßig wiederkehrende Verrichtungen dauernd fremde Hilfe benötigt. Diese benötigte Hilfe darf nicht nur vorübergehend sein.

Häufig und regelmäßig wiederkehrende Verrichtungen sind z.B. Nahrungsaufnahme, Körperpflege sowie das An- und Auskleiden.

Wichtig: Das Feststellen einer Pflegeklasse bei einer Pflegebedürftigkeit führt nicht automatisch zur Eintragung des Merkzeichens „H" in den Schwerbehindertenausweis.

Praxis-Tipp:

Die Wertmarke für Freifahrten mit öffentlichen Verkehrsmitteln wird an den Ausweisinhaber mit dem Merkzeichen „H" jährlich kostenlos ausgegeben. Außer der unentgeltlichen Beförderung mit öffentlichen Verkehrsmitteln (bei Vorliegen einer Wertmarke) steht dem Ausweisinhaber ebenfalls eine 100-prozentige Kfz-Steuerermäßigung zu.

6. Notwendigkeit für die Benutzung der 1. Wagenklasse (1. Kl.)

Diese Voraussetzung (mit dem Fahrausweis für die 2. Wagenklasse) erfüllen ausschließlich Schwerkriegsbeschädigte und Verfolgte im Sinne des Bundesentschädigungsgesetzes (BEG). Dabei wird eine Minderung der Erwerbsfähigkeit von wenigstens 70 vorausgesetzt. Ebenfalls wird vorausgesetzt, dass der körperliche Zustand bei Eisenbahnfahrten die Unterbringung in der 1. Wagenklasse erfordert.

7. Blindheit (Bl)

Als blind ist nicht nur ein Mensch anzusehen, der sein Augenlicht vollständig verloren hat, sondern alle Menschen, deren Sehschärfe auf dem besseren Auge nicht mehr als $^{1}/_{50}$ beträgt.

Praxis-Tipp:

Außer der unentgeltlichen Beförderung mit öffentlichen Verkehrsmitteln (bei Vorliegen einer gültigen Wertmarke) steht dem Ausweisinhaber eine 100-prozentige Kfz-Steuerermäßigung zu.

8. Gehörlosigkeit (Gl)

Dieses Merkzeichen erhalten nicht nur Gehörlose, sondern auch hörbehinderte Menschen mit einer an Taubheit grenzenden Schwerhörigkeit beiderseits, wenn daneben schwere Sprachstörungen vorliegen.

Wichtig: Es wird eine beidseitige Hörbehinderung vorausgesetzt.

9. Sondergruppen (VB oder EB)

Diese Merkzeichen werden auf der Vorderseite des Ausweises eingetragen. Der Eintrag „VB" (Versorgungsberechtigt) erfolgt, wenn der schwerbehinderte Mensch wegen einer Minderung der Erwerbsfähigkeit um wenigstens 50 Prozent Anspruch auf eine Versorgung nach anderen Bundesgesetzen hat.

Wichtig: Der Eintrag erfolgt auch dann, wenn die Minderung der Erwerbsfähigkeit wegen Zusammentreffens mehrerer Ansprüche auf Versorgung in ihrer Gesamtheit wenigstens 50 Prozent beträgt.

Der Eintrag „EB" (Entschädigung nach dem Bundesentschädigungsgesetz) erfolgt, wenn der Betroffene wegen einer Minderung der Erwerbsfähigkeit um wenigstens 50 Prozent Entschädigung nach § 28 Bundesentschädigungsgesetz (BEG) erhält.

10. Kfz-Steuerermäßigung und Freifahrt

Die Freifahrten mit öffentlichen Verkehrsmitteln gelten für Busse und S-Bahnen grundsätzlich ohne Einschränkung. Voraussetzung dafür ist natürlich eine gültige Wertmarke. Für Fahrten mit Zügen des Nahverkehrs ist die Freifahrt auf 50 km im Umkreis um den Wohnsitz begrenzt (siehe individuelles Streckenverzeichnis).

Praxis-Tipp:

Fahren die Züge im „Verkehrsverbund", gilt keine km-Begrenzung.

Merkzeichen	Wertmarke	und/oder	Kfz-Steuerermäßigung
G	30 EUR bzw. 60 EUR	oder	50 %
Gl	30 EUR bzw. 60 EUR	oder	50 %
aG	30 EUR bzw. 60 EUR	und	100 %
H	Kostenlos für ein Jahr	und	100 %
Bl	Kostenlos für ein Jahr	und	100 %
Kriegsbeschädigte	Kostenlos für ein Jahr*)	und	100 %
VB	Kostenlos für ein Jahr*)	und	100 %
EB	Kostenlos für ein Jahr*)	und	100 %

*) Voraussetzung: Der Betroffene war bereits am 1.10.1979 freifahrtberechtigt und die Minderung der Erwerbsfähigkeit aufgrund der Schädigung beträgt heute noch mindestens 70 Prozent.
Stand: Februar 2010

Wichtig: Eine Begleitperson (Eintrag „B“ auf der Vorderseite des Schwerbehindertenausweises) darf ohne km-Begrenzung kostenlos mitfahren, auch dann, wenn der Ausweisinhaber selbst zahlen muss.

Praxis-Tipp:

Die Wertmarke wird ebenfalls jeweils für ein Jahr kostenlos ausgegeben, wenn der schwerbehinderte Mensch folgende Leistungen erhält: Arbeitslosenhilfe oder Leistungen für den Lebensunterhalt nach dem SGB XII (Sozialhilfe), dem SGB VIII (Kinder- und Jugendhilfe) oder den §§ 27a und 27 Bundesversorgungsgesetz (BVG).

Praxis-Tipp:

Schwerbehinderte Menschen können darüber hinaus die Bahn Card 50 zum halben Preis erwerben.

Die Steuerbefreiung bzw. -ermäßigung wird nur für ein Fahrzeug gewährt. Dieses Fahrzeug muss auf den Namen des/der Behinderten zugelassen sein. Gefahren werden darf das Fahrzeug nur vom Behinderten selbst oder in seinem Beisein.

11. Beiblatt zum Ausweis

Das Beiblatt mit Wertmarke dient als Nachweis für die Berechtigung, kostenlos mit öffentlichen Nahverkehrsmitteln fahren zu dürfen. Die jeweilige Strecke wird im individuellen Streckenverzeichnis genannt.

Praxis-Tipp:

Das Streckenverzeichnis sieht grundsätzlich einen Umkreis von 50 km vor. Unabhängig davon dürfen Sie Züge des Nahverkehrs benutzen, wenn diese in einem Verkehrsverbund fahren. Busse und S-Bahnen fallen ebenso nicht unter die km-Begrenzung.

Die Kosten für die Wertmarke betragen derzeit für ein halbes Jahr 30 Euro und für ein ganzes Jahr 60 Euro. In welchen Fällen die Wertmarke kostenlos ausgegeben wird, wurde im vorherigen Kapitel beschrieben.

12. Parken auf Behindertenparkplätzen

Für die Betroffenen ist es unangenehm, wenn auf einem mit Rollstuhl gekennzeichneten Parkplatz ein Fahrzeug steht, welches ohne Weiteres auf einem anderen Platz stehen könnte. Um dort parken zu dürfen, ist nämlich ein spezieller Parkausweis erforderlich. Die Rechtsgrundlagen finden Sie in § 46 StVO.

Wichtig: Ein solcher Ausweis ist personengebunden und unabhängig vom Fahrzeug.

Die Voraussetzung, um eine solche Parkerlaubnis vom Kreis oder der Gemeinde zu erhalten, ist das Merkzeichen „aG" (außergewöhnliche Gehbehinderung) oder „Bl" (blind) auf dem Schwerbehindertenausweis. Dem in dieser Ausnahmegenehmigung genannten Berechtigten wird auf Grund des § 46 StVO die Genehmigung erteilt, mit einem Fahrzeug

- an Stellen, an denen das eingeschränkte Halteverbot (Zeichen 286 StVO) angeordnet ist, und im Bereich eines Zonenhalteverbots (Zeichen 290 StVO) bis zu drei Stunden zu parken,
- im Bereich eines Zonenhalteverbots (Zeichen 290 StVO), in dem durch Zusatzschild das Parken zugelassen ist, die zugelassene Parkdauer zu überschreiten,
- an Stellen, die mit dem Zeichen „Parkplatz" (Zeichen 314 StVO) oder „Parken auf Gehwegen" (Zeichen 315 StVO) gekennzeichnet sind und für die durch Zusatzschild eine Begrenzung der Parkzeit angeordnet ist, über die zugelassene Zeit hinaus zu parken,
- in Fußgängerzonen, in denen das Be- und Entladen für bestimmte Zeiten freigegeben ist, während der Ladezeit zu parken,
- an Parkuhren und Parkscheinautomaten ohne Gebühr und zeitliche Begrenzung zu parken,
- auf Parkplätzen für Anwohner bis zu drei Stunden zu parken,
- in verkehrsberuhigten Bereichen (Zeichen 325 StVO) außerhalb der gekennzeichneten Flächen, ohne den durchgehenden Verkehr zu behindern, zu parken,

sofern in zumutbarer Entfernung keine andere Parkmöglichkeit besteht.

Wichtig: Sofern in zumutbarer Entfernung eine andere Parkmöglichkeit besteht, gelten die genannten Ausnahmen nicht. Außerdem beträgt die zulässige Parkzeit maximal 24 Stunden.

Die Parkerleichterungen gelten im Gültigkeitsbereich der StVO.

Folgende Voraussetzungen gilt es zu beachten:

- Von der Genehmigung darf nur unter Beachtung der Grundregeln des Straßenverkehrs (§ 1 StVO) Gebrauch gemacht werden.

- Die Genehmigung berechtigt nicht zum Halten oder Parken an sonstigen Stellen, an denen dies nach § 12 StVO unzulässig ist. Dies gilt insbesondere innerhalb der durch Zeichen 283 StVO (Halteverbot) gekennzeichneten Verbotsstrecken.
- Weisungen von Polizeibeamten sind zu befolgen.
- Der Parkberechtigte ist verpflichtet, bei Inanspruchnahme der Parkerleichterungen den Genehmigungsbescheid mitzuführen und zuständigen Personen auf Verlangen zur Prüfung auszuhändigen.
- Während des Parkens ist der Parkausweis an der Innenseite der Windschutzscheibe gut lesbar anzubringen; ggf. auch der Zusatzausweis.
- Beim Parken im eingeschränkten Halteverbot (Zeichen 286 StVO) und im Bereich eines Zonenhalteverbots (Zeichen 290 StVO), wenn durch Zusatzschild das Parken nicht zugelassen ist, ist zusätzlich die Ankunftszeit durch eine Parkscheibe (§ 13 Abs. 2 Nr. 2 Bild 291 StVO) nachzuweisen.
- Soweit zum Zeichen „Parkplatz" (Zeichen 314 StVO) das Zusatzzeichen „PKW" angeordnet ist, darf dort mit anderen Fahrzeugen nicht geparkt werden; beim „Parken auf Gehwegen" (Zeichen 315 StVO) darf das zulässige Gesamtgewicht des Fahrzeugs nicht mehr als 2,8 t betragen.
- Der Parkberechtigte ist verpflichtet, jede Änderung seiner Anschrift und der für die Erteilung der Genehmigung maßgebenden Umstände unverzüglich der Genehmigungsbehörde mitzuteilen.
- Die Genehmigung wird unter dem Vorbehalt des jederzeitigen Widerrufs erteilt. Sie wird widerrufen, wenn der Parkberechtigte die Sicherheit des Straßenverkehrs gefährdet, wenn der Grund für die Genehmigung entfällt oder die Genehmigung missbraucht wurde. Missbrauch kann außerdem nach § 49 StVO verfolgt werden.

* Quelle: Ausnahmegenehmigung zur Bewilligung von Parkerleichterungen für den Rhein-Sieg-Kreis

Praxis-Tipp:

Für Menschen mit Behinderung sind viele Parkplätze mit einem Verkehrszeichen (Rollstuhlsymbol) gekennzeichnet. Parken Sie jedoch nicht auf Plätzen, die durch den Zusatz „mit Parkausweis Nr. ..." für bestimmte Schwerbehinderte reserviert sind.

13. Übersicht: Merkzeichen und Vorteile

Die nachfolgende Übersicht beinhaltet keinen GdB, der jedoch für manche Vorteile wichtig ist.

Vorteile des Merkzeichens	Merkzeichen					
	G	aG	RF	H	Bl	Gl
Bei der Lohn- und Einkommensteuer	X	X	X	X	X	X
Bei der Freifahrt oder Kfz-Steuerermäßigung	X					X
Bei der Freifahrt und Kfz-Steuerermäßigung		X		X	X	
Bei der Rundfunkgebührenbefreiung			X			
Vergünstigte Grundgebühr beim Telefon			X			
Bei der Hundesteuer					X	
Bei Parkerleichterungen		X			X	
Die Wertmarke wird kostenlos ausgegeben				X	X	
Finanzielle Hilfen für Blinde und Gehörlose					X	X

Wichtig: Ausweisinhaber mit den Merkzeichen „VB" und „EB" und Kriegsbeschädigte erhalten ebenfalls die Wertmarke für ein Jahr kostenlos sowie eine 100-prozentige Kfz-Steuerbefreiung.

Nachteilsausgleiche im Arbeitsleben

9

Es gibt viele Nachteile, die behinderte Menschen im Arbeitsleben und in der Gesellschaft hinnehmen müssen. Daher hat der Gesetzgeber einige Maßnahmen zum Nachteilsausgleich geschaffen, die zumindest im finanziellen Bereich einen Ausgleich schaffen sollen.

Wichtig: Nicht jeder Mensch mit Behinderung hat Anspruch auf alle Leistungen. Für die Bewilligung müssen jeweils ganz bestimmte Voraussetzungen erfüllt sein (u.a. sind die jeweiligen Merkzeichen auf dem Schwerbehindertenausweis ausschlaggebend).

1. Steuerliche Erleichterungen

Zunächsteinmal hat der Gesetzgeber Behinderten-Pauschbeträge eingeführt. Hierzu ist der Nachweis einer Behinderung durch den Kreis nötig. Anstatt Einzelnachweise für die höheren Kosten zu führen, die durch die Behinderung entstehen, kann anstelle einer Steuerermäßigung nach § 33 EStG ein Behinderten-Pauschbetrag geltend gemacht werden.

Grad der Behinderung	Behinderten-Pauschbetrag
von 25 und 30	310 EUR
von 35 und 40	430 EUR
von 45 und 50	570 EUR
von 55 und 60	720 EUR
von 65 und 70	890 EUR
von 75 und 80	1.060 EUR
von 85 und 90	1.230 EUR
von 95 und 100	1.420 EUR

Stand: Februar 2010

Für Personen, in deren Schwerbehindertenausweis das Merkzeichen H (hilflos) eingetragen ist oder die von der Pflegekasse in die Pflegestufe III eingestuft sind, erhöht sich der Pauschbetrag auf 3.700 Euro. Das Gleiche gilt auch für blinde Menschen.

Wichtig: Der Behinderten-Pauschbetrag wird auch dann in voller Höhe gewährt, wenn die Behinderung erst im Laufe des Jahres festgestellt wird.

Werbungskosten

Zu den abzugsfähigen Werbungskosten für Arbeitnehmer gehören u.a. die Kosten für den Weg zwischen Wohnung und Arbeitsstätte (§ 9 Abs. 1 EStG).

Praxis-Tipp:

Fragen Sie einen Steuerberater, ob es lohnender ist, eine Entfernungspauschale zu wählen oder die tatsächlichen Kfz-Kosten durch Einzelnachweis zu belegen.

Außergewöhnliche Belastungen

Als „außergewöhnliche Belastung" nach § 33b EStG gilt der Pauschbetrag von jährlich 310 bis 1.420 Euro, sofern nicht durch Einzelnachweise ein höherer Betrag nachgewiesen wird. Ausschlaggebend für die Höhe des Pauschbetrags ist der festgestellte GdB.

Praxis-Tipp:

Lassen Sie sich den Pauschbetrag auf der Lohnsteuerkarte eintragen. Somit erhalten Arbeitnehmer eine höhere Netto-Lohn-Auszahlung.

Neben dem Behinderten-Pauschbetrag kann als außergewöhnliche Belastung u.a. Folgendes berücksichtigt werden:

- außerordentliche Krankheitskosten, z.B. ein Krankenhausaufenthalt mit Operation oder eine Heilkur
- unter bestimmten Voraussetzungen eine finanzielle Mehrbelastung für außergewöhnlich gehbehinderte, blinde oder hilflose Menschen
- Aufwendungen für eine Hilfe im Haushalt bis maximal 924 Euro jährlich

Wichtig: Während § 33 EStG den Abzug außergewöhnlicher Belastungen allgemeiner Art regelt, enthalten die §§ 33a bis 33c EStG spezielle Regelungen für besonders häufig vorkommende Sachverhalte.

Außergewöhnliche Belastungen allgemeiner Art wirken sich steuerlich nur dann aus, wenn die „zumutbare Belastung" überstiegen wird. Die Höhe der zumutbaren Belastung richtet sich nach dem Gesamtbetrag der Einkünfte, der Anzahl zu berücksichtigender Kinder und dem anzuwendenden Steuertarif.

Sonstige Steuerermäßigungen

Unter bestimmten Voraussetzungen können diverse Steuern erlassen oder gemindert werden. So kann beispielsweise die Grundsteuer unter bestimmten Voraussetzungen ermäßigt werden. Diese Steuerermäßigung betrifft jedoch nur Kriegsbeschädigte durch den Zweiten Weltkrieg.

Ebenfalls gewährt das Finanzamt eine Ermäßigung bzw. Befreiung hinsichtlich der Umsatzsteuer. Das bezieht sich unter bestimmten Voraussetzungen vorwiegend auf blinde Menschen, Blindenwerkstätten und Behindertenhilfsmittelhersteller.

Darüber hinaus kann die Erbschaft- und Schenkungsteuer für gebrechliche und erwerbsunfähige Personen gemindert werden.

Eine weitere Möglichkeit, Steuern zu sparen, bietet der Hundesteuererlass, der allerdings in Städten und Gemeinden unterschiedlich geregelt ist.

Praxis-Tipp:

Fragen Sie in jedem Fall Ihr zuständiges Finanzamt oder einen Steuerberater nach Ihren individuellen Steuervorteilen.

Wie die Rente zu versteuern ist

Entgegen der weit verbreiteten Meinung, Renten seien steuerfrei, sind auch diese Einkünfte steuerpflichtig. Allerdings kommt es oft zu keiner Steuererhebung, weil viele Freibeträge (besonders der Grundfreibetrag) höher sind als der Besteuerungsanteil der Rente.

Rente wegen voller oder teilweiser Erwerbsminderung kann befristet (bis zum Eintritt einer gesundheitlichen Besserung) oder unbefristet gewährt werden. Allerdings ist auch eine unbefristete Rente wegen Erwerbsminderung letztlich befristet, weil sie später in eine Altersrente umgewandelt wird.

Wichtig: Der zu versteuernde Anteil gesetzlicher Renten wegen teilweiser oder voller Erwerbsminderung richtet sich seit dem Jahr 2005 nach denselben Grundsätzen wie dies bei Altersrenten der Fall ist.

Der Besteuerungsanteil der Renten beträgt 50 Prozent im Jahr 2005 und erhöht sich jährlich um zwei Prozent bis zum Jahr 2020, danach um ein Prozent bis eine Besteuerung von 100 Prozent erreicht ist (siehe nachfolgende Tabelle).

Jahr des Renten-beginns	Besteue-rungsanteil in %	Jahr des Renten-beginns	Besteue-rungsanteil in %	Jahr des Renten-beginns	Besteue rungsanteil in %
2005	50	2017	74	2029	89
2006	52	2018	76	2030	90
2007	54	2019	78	2031	91
2008	56	2020	80	2032	92
2009	58	2021	81	2033	93
2010	60	2022	82	2034	94
2011	62	2023	83	2035	95
2012	64	2024	84	2036	96
2013	66	2025	85	2037	97
2014	68	2026	86	2038	98
2015	70	2027	87	2039	99
2016	72	2028	88	2040	100

Wichtig: Die Höhe des steuerpflichtigen Anteils der Rente richtet sich seit dem Jahr 2005 nicht mehr nach dem Alter bei Rentenbeginn, sondern nach dem Jahr des Rentenbeginns.

Wichtig: Wird die Erwerbsminderungsrente später in die Altersrente umgewandelt, ist der Besteuerungsanteil, der zuvor zugrunde gelegt wurde, auch hierfür maßgebend.

2. Arbeit und Beruf

Eine Schwerbehinderung bedeutet nicht zwingend, dass der/die Betroffene erwerbsunfähig ist. Doch ist es in jedem Fall sinnvoll, den Arbeitgeber über den Eintritt einer Schwerbehinderung zu informieren. Damit sind für den Arbeitnehmer einige Vorteile verbunden, beispielsweise Zusatzurlaub, Kündigungsschutz, Freistellung von Mehrarbeit und die Möglichkeit der Teilzeitarbeit.

Praxis-Tipp:

Arbeitgeber können finanzielle Unterstützung erhalten, wenn sie schwerbehinderte Menschen beschäftigen. Fragen Sie hierzu bei der zuständigen Agentur für Arbeit nach.

Gleichstellungsantrag

Menschen gelten als schwerbehindert, wenn der festgestellte GdB mindestens 50 beträgt. Menschen mit einem GdB von weniger als 50, aber mindestens 30, können einen sogenannten Gleichstellungsantrag stellen. Das ist sinnvoll, wenn infolge der Behinderung ohne die Gleichstellung kein geeigneter Arbeitsplatz erlangt oder behalten werden kann.

Für die Gleichstellung behinderter Menschen mit schwerbehinderten Menschen ist eine Feststellung durch die Agentur für Arbeit erforderlich. Diese wird auf einen Antrag der Behinderten hin getroffen.

Wichtig: Die Gleichstellung wird bereits mit dem Tag des Antragseingangs wirksam, sie kann aber zeitlich befristet werden.

Gleichgestellte behinderte Menschen können allerdings keinen Zusatzurlaub, vorgezogene Altersrente und keine unentgeltliche Beförderung in öffentlichen Verkehrsmitteln in Anspruch nehmen.

Wichtig: Menschen mit Behinderung können nur gleichgestellt werden, wenn ihre wöchentliche Arbeitszeit mindestens 18 Stunden beträgt.

Zusatzurlaub

Laut § 125 SGB IX steht schwerbehinderten Menschen vom Arbeitgeber ein Zusatzurlaub von einer Arbeitswoche zu. Beträgt die wöchentliche Arbeitszeit beispielsweise sechs Tage, steht dem Schwerbehinderten auch ein Zusatzurlaub von sechs Tagen zu. Beträgt die wöchentliche Arbeitszeit nur vier Tage, steht dem Betroffenen ein Zusatzurlaub von vier Tagen zu.

Praxis-Tipp:

Informieren Sie Ihren Arbeitgeber rechtzeitig über Ihre Ansprüche und legen Sie ihm Ihren Schwerbehindertenausweis vor.

Der Anspruch auf Zusatzurlaub entsteht in dem Augenblick, in dem die Schwerbehinderteneigenschaft festgestellt wird. Wird die Schwerbehinderteneigenschaft während des laufenden Jahres anerkannt, besteht der Anspruch auf Zusatzurlaub anteilig.

Früher in Rente

In der heutigen Zeit wird das Rentenalter immer weiter erhöht. Wer sich dennoch früher zur Ruhe setzen möchte, muss mit Rentenabschlägen rechnen. Für schwerbehinderte Beschäftigte gilt hier eine besondere Regelung.

Wichtig: Eine Rente wegen voller Erwerbsminderung erhalten die Betroffenen nur, wenn sie in den letzten fünf Jahren vor dem Eintritt der Erwerbsminderung drei Jahre lang Pflichtbeiträge gezahlt haben und die allgemeine Wartezeit von fünf Jahren erfüllt wurde.

Voll erwerbsunfähig ist, wer aus gesundheitlichen Gründen auf dem allgemeinen Arbeitsmarkt keine drei Stunden täglich mehr tätig sein kann. Dabei kommt es nicht auf das Lebensalter an.

Wichtig: Beruht die Minderung der Erwerbsfähigkeit auf einem Arbeitsunfall oder einer Schädigung während des Wehr- oder Zivildienstes, genügt bereits ein einziger Pflichtbeitrag, um die Wartezeit zu erfüllen. Für Berufsanfänger gilt ebenfalls eine Sonderregelung.

Auf die allgemeine Wartezeit werden u.a. folgende Zeiten angerechnet:

- Beitragszeiten (Pflicht- und freiwillige Beiträge)
- Kindererziehungszeiten
- Zeiten aus dem Versorgungsausgleich (nach Scheidung)

Erwerbsminderungsrente

Renten wegen verminderter Erwerbsfähigkeit waren bis Ende 2000 in Berufs- und Erwerbsunfähigkeitsrenten unterteilt. Zum 1.1.2001 entfällt diese Unterscheidung. Seitdem richtet sich die Erwerbsminderungsrente grundsätzlich allein nach dem vorhandenen körperlichen Leistungsvermögen. Dabei gelten folgende Abstufungen:

Mögliche Arbeitszeit	Rentenanspruch
Täglich unter drei Std.	Volle Rente
Täglich drei bis unter sechs Std.	Halbe Rente
Täglich sechs Std. oder mehr	Keine Rente

Wichtig: Voraussetzung für eine volle oder teilweise Erwerbsminderungsrente ist u.a., dass der Betroffene in den letzten fünf Jahren vor Eintritt der Erwerbsminderung drei Jahre lang Pflichtbeiträge gezahlt und die allgemeine Wartezeit von fünf Jahren erfüllt hat.

Wichtig: Erwerbsminderungsrenten werden in der Regel auf maximal drei Jahre befristet. Danach wird der Anspruch erneut überprüft.

Rentenabschläge

Wird die Rente wegen voller Erwerbsminderung vor dem 63. Lebensjahr in Anspruch genommen, muss mit Rentenkürzungen gerechnet werden. Der Rentenabschlag beträgt dann pro Kalendermonat, für den die Rente wegen voller Erwerbsminderung vor dem 63. Lebensjahr beansprucht wird, 0,3 Prozent, höchstens jedoch 10,8 Prozent. Eine Ausnahme besteht für Versicherte, die Vertrauensschutz genießen.

Praxis-Tipp:

Fragen Sie in jedem Fall Ihren zuständigen Träger der gesetzlichen Rentenversicherung. Fragen Sie unter Umständen auch nach der individuellen Hinzuverdienstgrenze.

Kündigungsschutz

Eine Schwerbehinderung oder Gleichstellung mit Schwerbehinderten ist für die Betroffenen keinesfalls ein Freibrief dafür, dass sie sich jetzt alles erlauben können. Denn es gibt genügend Fälle, in denen kein Kündigungsschutz besteht.

Beispiele für fehlenden Kündigungsschutz:

- Es liegt ein zeitlich befristeter Feststellungsbescheid vor, der aber nicht mehr gültig ist. Ein Neuantrag wurde nicht gestellt.
- Es wurde ein Antrag auf Feststellung der Schwerbehinderteneigenschaft gestellt, der allerdings abgelehnt wurde. Widerspruch bzw. Klage sind anhängig.
- Der GdB beträgt 40. Es wurde ein Antrag auf Gleichstellung gestellt. Die Agentur für Arbeit hat den Antrag abgelehnt. Widerspruch bzw. Klage sind anhängig.
- Das Arbeitsverhältnis besteht weniger als sechs Monate.

Wichtig: Der besondere Kündigungsschutz besteht nicht für Arbeitnehmer, deren Schwerbehinderung zum Zeitpunkt der Kündigung nicht nachgewiesen ist.

Beispiele für bestehenden Kündigungsschutz:

- Es liegt ein Feststellungsbescheid mit einem GdB von mindestens 50 vor.
- Es liegt ein Gleichstellungsbescheid der Agentur für Arbeit vor.
- Ein Antrag auf Gleichstellung durch die Agentur für Arbeit wurde gestellt. Ein Bescheid liegt aber noch nicht vor.

Wichtig: Die fristgerechte Kündigung eines Schwerbehinderten oder gleichgestellten behinderten Menschen durch den Arbeitgeber bedarf vorher grundsätzlich der Zustimmung des Integrationsamtes.

3. Sonstige Nachteilsausgleiche

Es gibt viele Möglichkeiten des Nachteilsausgleichs, die je nach Bundesland, Kreis und Gemeinde unterschiedlich sind. Sie alle zu beschreiben, würde den Umfang dieses Ratgebers sprengen. Daher sind nur die wesentlichsten Punkte genannt.

Praxis-Tipp:

Erkundigen Sie sich in jedem Fall wegen möglicher finanzieller Vorteile bei dem für Sie zuständigen Sozialamt.

So sind z.B. Menschen mit Behinderung grundsätzlich von der Wehrpflicht und von der Musterungspflicht befreit. Ebenfalls ist für Schwerbehinderte in vielen Gemeinden eine Ermäßigung der Kurtaxe vorgesehen. Des Weiteren sind behinderte Menschen (insbesondere Kriegsbeschädigte) bei vielen Behörden von möglichen Gebühren befreit.

Wohngeld

Wohngeld können Mieter in Form eines Mietzuschusses erhalten, wenn sie bestimmte Einkommensgrenzen nicht überschreiten. Dasselbe gilt auch für Besitzer eines Eigenheims bzw. einer Eigentumswohnung; in diesem Fall handelt es sich um einen Lastenzuschuss.

Wichtig: Empfänger von Sozialgeld und Arbeitslosengeld II haben grundsätzlich keinen Anspruch auf Wohngeld. Angemessene Unterkunftskosten werden hier bereits im Rahmen der Leistungen nach SGB II und SGB XII vollständig übernommen.

Die Gewährung von Wohngeld ist u.a. von folgenden Faktoren abhängig:

- Anzahl der im Haushalt lebenden Familienmitglieder
- Höhe des gesamten Familieneinkommens
- Höhe der monatlichen Miete

Wichtig: Bei der Ermittlung des Gesamteinkommens werden Freibeträge (1.200 bis 1.500 Euro) je nach GdB berücksichtigt. Ebenfalls spielt es eine Rolle, ob der Betroffene häuslich pflegebedürftig ist.

Darüber hinaus kann für Heimbewohner, die einer Pflegestufe zugeordnet sind, vom zuständigen Sozialhilfeträger Pflegewohngeld gewährt werden. Das Pflegewohngeld ist abhängig vom Einkommen und Vermögen.

Beitrags- und Eintrittsermäßigungen

Für viele Kulturveranstaltungen bieten die Veranstalter schwerbehinderten Menschen vergünstigte Eintrittskarten an. Außerdem werden an manchen Veranstaltungsstätten bestimmte Plätze für Rollstuhlfahrer und ihre Begleitperson reserviert.

Praxis-Tipp:

Erkundigen Sie sich bei Veranstaltern vor Ort nach entsprechenden Vergünstigungen für Schwerbehinderte.

Vergünstigungen beim Autokauf

Manche Automobilhersteller gewähren einen Preisnachlass beim Neuwagenkauf. Voraussetzung hierfür ist ein gültiger Schwerbehindertenausweis mit dem Merkzeichen G, aG, Gl oder Bl.

Praxis-Tipp:

Erkundigen Sie sich beim Bund behinderter Auto-Besitzer e.V., 66443 Bexbach, Postfach 1202, Tel./Fax: (06826) 5782, Internet: www.bbab. de.

Menschen, die aufgrund ihrer Behinderung zum Erreichen des Ausbildungs- oder Arbeitsplatzes auf die Benutzung eines Kraftfahrzeugs angewiesen sind, können vom Rehabilitationsträger Finanzierungshilfen zur Beschaffung eines geeigneten Fahrzeugs erhalten. Die Hilfen schließen eine behindertengerechte Zusatzausstattung ein.

Praxis-Tipp:

Auskünfte hierzu erhalten Sie u.a. von den Agenturen für Arbeit und den Integrationsämtern.

Leistungen der Krankenkassen

10

Dieser Ratgeber befasst sich nicht mit medizinischen Leistungen der Krankenkassen, sondern mit möglichen finanziellen Hilfen für Menschen mit Behinderung. Daher beschränkt sich dieses Kapitel auf die wenigen Maßnahmen, die für behinderte Menschen einen finanziellen Vorteil darstellen können. Wie sich im Folgenden zeigt, kommen hier ausschließlich die gesetzlichen Krankenkassen infrage (z.B. Fahrten zum Arzt mit dem Taxi).

1. Private Krankenversicherung

Jede private Krankenversicherung macht ihre Antragsannahme im Gegensatz zur GKV von Eintrittsalter, Geschlecht und Gesundheitszustand abhängig. Somit haben Schwerbehinderte grundsätzlich keine Möglichkeit, sich dort neu zu versichern, da sie die strengen Gesundheitsfragen wahrheitsgemäß beantworten müssen.

Aber nicht nur eine Neuaufnahme ist nahezu unmöglich. Es besteht für Privatversicherte auch kaum mehr die Chance, die Versicherungsgesellschaft zu wechseln. Zwar erlauben Versicherungsbedingungen innerhalb der Gesellschaft einen Tarifwechsel. Für diesen wird aber nur dann auf Gesundheitsfragen verzichtet, wenn keine Leistungsverbesserung beantragt wird.

Wichtig: Die Beiträge zur PKV steigen oft überproportional. Um diese Preisspirale zu stoppen, müssten Sie ständig eine Reduzierung der Leistungen vereinbaren. Aber ist das der Sinn einer privaten Krankenversicherung?

Fazit: Die PKV ist für Schwerbehinderte denkbar ungeeignet. Und niemand weiß, ob er nicht auch irgendwann einmal zu diesem Personenkreis gehört.

2. Gesetzliche Krankenversicherung

Grundsätzlich ist es nicht einfach, von einer privaten Krankenversicherung zurück in die gesetzliche Krankenversicherung zu wechseln. Die Aussage „einmal privat – immer privat" ist für die Betroffenen in vielen Fällen traurige Wahrheit.

Praxis-Tipp:

Als schwerbehinderter Mensch haben Sie die Möglichkeit des freiwilligen Beitritts in die GKV. Dabei wird jedoch vorausgesetzt, dass der freiwillige Beitritt innerhalb von drei Monaten nach der Feststellung der Schwerbehinderteneigenschaft erfolgt.

Ebenfalls wird vorausgesetzt, dass die betroffene Person, ein Elternteil oder der Ehegatte in den letzten fünf Jahren vor dem Beitritt mindestens drei Jahre lang versichert war; es sei denn, sie konnten diese Voraussetzung wegen der Behinderung nicht erfüllen.

Wichtig: Die Krankenkasse kann dieses Beitrittsrecht vom Alter des Schwerbehinderten abhängig machen. Fragen Sie bei jener GKV nach, die infrage kommt.

Voraussetzungen für Fahrten mit dem Taxi

Dieses Thema betrifft grundsätzlich nur gesetzlich Krankenversicherte. Die Krankenkasse übernimmt Fahrtkosten, wenn diese im Zusammenhang mit einer Leistung der Krankenkasse aus zwingenden medizinischen Gründen notwendig sind.

Wichtig: Fahrtkosten im Zusammenhang mit einer ambulanten Behandlung können von der Krankenkasse nur in besonderen Ausnahmefällen nach vorheriger Genehmigung übernommen werden.

Die Krankenkassen genehmigen Fahrten zur ambulanten Behandlung grundsätzlich nur, wenn diese ärztlich verordnet sind und wenn der Versicherte einen Schwerbehindertenausweis mit dem Merkzeichen „aG", „Bl" oder „H" besitzt oder Leistungen der gesetzlichen Pflegeversicherung (mindestens nach Pflegestufe 2) erhält. Fahrten zur stationären Behandlung müssen grundsätzlich nicht vorher genehmigt werden.

Wichtig: Der Taxischein muss immer gesondert für eine Hin- und Rückfahrt ausgestellt werden.

Der Gesetzgeber sieht für jede Fahrt eine Zuzahlung in Höhe von 10 Prozent der Kosten vor (mindestens 5 Euro, höchstens 10 Euro, jedoch nicht mehr als die Kosten der Fahrt selbst). Ist eine Person von der Zuzahlungspflicht befreit, entfällt diese Verpflichtung.

Praxis-Tipp:

Bei Serienfahrten zur Strahlen- bzw. Chemotherapie ist die gesetzliche Zuzahlung nur für die erste und letzte Fahrt zu entrichten.

Befreiung von Zuzahlungen

Gesetzlich Krankenversicherte müssen grundsätzlich Zuzahlungen leisten. Das betrifft nicht nur die Praxisgebühr von 10 Euro je Quartal, sondern grundsätzlich auch Arznei-, Verband-, Heil- und Hilfsmittel, Fahrtkosten, Zahnersatz, stationäre Vorsorge- und Rehabilitationsmaßnahmen.

Die Zuzahlung für verschreibungspflichtige Arznei-, Verband-, Heil- und Hilfsmittel beträgt mindestens 5 Euro und maximal 10 Euro je Mittel. Gleiches gilt auch für eventuelle Fahrtkosten mit dem Taxi. Für Zahnersatz gelten Festzuschüsse.

Wichtig: Liegen die Kosten des Mittels unter 5 Euro, muss nur der tatsächliche Preis bezahlt werden.

Es gibt aber eine vollständige und teilweise Befreiung. Von der Zuzahlung vollständig befreit sind grundsätzlich:

- Kinder und Jugendliche, die das 18. Lebensjahr noch nicht vollendet haben und nicht berufstätig sind (Ausnahmen: Kieferorthopädie und Fahrtkosten).

Teilweise von Zuzahlungen befreit sind grundsätzlich:

- chronisch Kranke

Wichtig: Wird die im Gesetz festgelegte Einkommensgrenze überschritten, übernimmt die Krankenkasse die Zuzahlung ab einer bestimmten einkommensabhängigen Höhe. Für Zahnersatz gelten andere Regelungen. Fragen Sie im Zweifelsfall bei ihrer Krankenkasse nach.

Praxis-Tipp:

Behinderte Personen, die medizinische Leistungen von Trägern der Unfallversicherung, der sozialen Entschädigung und aus der Sozialhilfe erhalten, müssen die Rezeptgebühr für Arznei-, Verband- und Heilmittel nicht bezahlen.

Zuzahlungen auf einen Blick:

<table>
<tr><th>Leistungen der gesetzlichen Krankenversicherung</th><th>Höhe der Zuzahlung</th><th>Befreiungsmöglichkeiten</th></tr>
<tr><td>Verschreibungspflichtige Arznei- und Verbandmittel</td><td>10 % der Kosten, mindestens 5 EUR, höchstens 10 EUR</td><td rowspan="10">Nach Erreichen der Belastungsgrenze erfolgt eine Befreiung für den Rest des Kalenderjahres. Diese Grenze beträgt
■ 2 % des Familieneinkommens (brutto) bzw.
■ 1 % für chronisch Kranke.
■ Kinder und Jugendliche unter 18 Jahren sind von der Zuzahlung grundsätzlich befreit (Ausnahmen: Kieferorthopädie und Fahrtkosten).</td></tr>
<tr><td>Heilmittel</td><td>10 % der Kosten plus 10 EUR je Verordnung</td></tr>
<tr><td>Hilfsmittel</td><td rowspan="2">10 % der Kosten, mindestens 5 EUR, höchstens 10 EUR</td></tr>
<tr><td>Fahrtkosten</td></tr>
<tr><td>Stationärer Aufenthalt</td><td>10 EUR pro Tag, längstens für 28 Tage</td></tr>
<tr><td>Häusliche Krankenpflege</td><td>10 % je einzelner Leistung plus 10 EUR je Verordnung (höchstens 28 Tage)</td></tr>
<tr><td>Stationäre Vorsorge- und Rehabilitationsmaßnahmen</td><td>10 EUR täglich (für unbegrenzte Dauer)</td></tr>
<tr><td>Anschluss-Rehabilitation</td><td>10 EUR täglich (höchstens 28 Tage)</td></tr>
<tr><td>Mütterkuren</td><td>10 EUR täglich</td></tr>
<tr><td>Haushaltshilfe</td><td>10 % der Kosten, mindestens 5 EUR, höchstens 10 EUR pro Tag</td></tr>
<tr><td>Zahnersatz</td><td colspan="2">Es gelten Festzuschüsse, die sich bei regelmäßiger Vorsorge erhöhen.</td></tr>
</table>

Wichtig: Härtefallregelungen, durch die man von den Zuzahlungen vollständig befreit werden kann, gibt es nicht mehr. Eine Ausnahme stellt der Zahnersatz dar. Bei Unterschreiten einer bestimmten Einkommensgrenze fallen hier keine Zuzahlungen an.

Freiwillige Leistungen öffentlicher Institutionen

11

Es gibt viele Leistungen, die ein behinderter Mensch in Anspruch nehmen kann. Leider ist es oft so, dass nicht immer auf derartige Ansprüche aufmerksam gemacht wird. Ein Beispiel ist der Zentralschlüssel für Behindertentoiletten.

Es gibt nämlich einen einheitlichen Zentralschlüssel, mit dem alle Behindertentoiletten auf deutschen Autobahnraststätten aufgeschlossen werden können. Einen solchen Schlüssel können Behinderte kostenpflichtig erhalten. Das gilt auch für manche Behindertentoiletten in vielen Städten und Gemeinden in Deutschland und im europäischen Ausland. Näheres erfahren Sie beim Club Behinderter und ihrer Freunde Darmstadt e.V., Tel: (0 61 51) 81 22-0.

Praxis-Tipp:

Den Schlüssel können Sie kostenpflichtig erhalten, wenn Sie im Schwerbehindertenausweis das Merkzeichen „aG“, „B“, „H“ oder „Bl“ haben. Alternativ reicht ein GdB von mindestens 70 und das Merkzeichen „G“.

1. Behinderten-Fahrdienste

Eine weitere Leistung vieler Städte oder Gemeinden ist der Fahrdienst für Behinderte. Dieser Fahrdienst wird meistens von Wohlfahrtsverbänden wie Malteser-Hilfsdienst, Johanniter, AWO etc. durchgeführt. Hier können die Fahrten terminiert werden. Dabei kann es sich um Besuche bei Freunden oder Verwandten handeln oder um das Erledigen von Einkäufen. Diese Fahrten sind grundsätzlich auf das Gebiet Ihres Kreises begrenzt.

Wichtig: Grundsätzlich können Behinderte diesen Fahrdienst in Anspruch nehmen, wenn sie einen Schwerbehindertenausweis mit dem Merkzeichen „aG“ haben und kein eigenes Fahrzeug besitzen. Die Anzahl der Fahrten ist meistens auf drei oder vier je Monat begrenzt. Oder es wird ein Kostenbudget vorgegeben, das die Freifahrten mit einem bestimmten Taxiunternehmen regelt.

Praxis-Tipp:

Erkundigen Sie sich bei Ihrer zuständigen Gemeinde, Kreis- oder Stadtverwaltung nach den Möglichkeiten eines Fahrdienstes. Zuständig ist dort das Sozialamt.

2. Kostenlose Platzreservierung in IC-, ICE- und EC-Zügen

Wer auf die Benutzung eines Rollstuhls angewiesen oder sehbehindert bzw. blind ist und im Schwerbehindertenausweis das Merkzeichen „B" (ständige Begleitung) hat, kann eine kostenfreie Platzreservierung in allen IC-, ICE-, EC- und IR-Zügen im Service- bzw. Großraumwagen der 2. Klasse buchen.

Wichtig: In internationalen Reisezügen ist eine kostenlose Abteilreservierung für Rollstuhlfahrer nur dann möglich, wenn der Einsteigebahnhof im Bereich der Deutschen Bahn AG liegt.

Praxis-Tipp:

Züge, die rollstuhlgerechte Wagen führen, sind im Zugverzeichnis zum Kursbuch durch ein Rollstuhlsymbol gekennzeichnet.

3. BahnCard zum halben Preis

Schwerbehinderte Menschen mit einem GdB von wenigstens 70 und Erwerbsunfähigkeitsrentner können von der Deutschen Bahn AG eine BahnCard zum halben Preis erhalten.

Finanzielle Leistungen der Pflegeversicherung

12

1. Grundsätzliches

Die Pflegeversicherung ist ein eigenständiger Zweig der Sozialversicherung. Es handelt sich dabei um eine Pflichtversicherung, die nicht an den beruflichen Status oder bestimmte Einkommen gebunden ist. Somit sind alle Krankenversicherten kraft Gesetzes auch in die Pflegeversicherung einbezogen. Der Leistungsumfang ist grundsätzlich bei allen gesetzlichen und privaten Versicherern gleich.

Der Gesetzestext legt fest, wer pflegebedürftig ist:

„Pflegebedürftig im Sinne des § 14 SGB XI sind Personen, die wegen einer körperlichen, geistigen oder seelischen Krankheit oder Behinderung für die gewöhnlichen und regelmäßig wiederkehrenden Verrichtungen im Ablauf des täglichen Lebens auf Dauer, mindestens jedoch voraussichtlich für sechs Monate, in erheblichem Maße Hilfe benötigen."

Wichtig: Seit dem 1.1.2000 muss der Versicherte in den letzten zehn Jahren vor Inanspruchnahme von Leistungen mindestens fünf Jahre lang in die Pflegekasse eingezahlt haben. Für mitversicherte Kinder gilt diese Zeit als erreicht, wenn ein Elternteil diese Bedingung erfüllt.

Die Leistungen der Pflegeversicherung umfassen u.a. folgende Bereiche:

- Pflegegeld
- Pflegesachleistung (häusliche Pflegehilfe)
- Kombination von Geld- und Sachleistung
- teilstationäre Pflege
- vollstationäre Pflege
- Kurzzeitpflege
- Pflegehilfsmittel
- technische Hilfsmittel

Wichtig: Die finanzielle Leistung richtet sich nach der Pflegestufe und Art der Pflege (häuslich, teil- oder vollstationär).

2. Die Pflegestufen

Für die Gewährung von Leistungen an Pflegebedürftige wurden drei Pflegestufen eingerichtet:

Erheblich Pflegebedürftige (Pflegestufe I)

Hierbei handelt es sich um Personen, die bei der Körperpflege, der Ernährung oder der Mobilität für wenigstens zwei Verrichtungen aus einem oder mehreren Bereichen mindestens einmal täglich der Hilfe bedürfen und zusätzlich mehrfach in der Woche Hilfe bei der hauswirtschaftlichen Versorgung benötigen. Erforderlicher Zeitaufwand: mindestens 90 Minuten, davon mehr als 45 Minuten Grundpflege.

Schwer Pflegebedürftige (Pflegestufe II)

Hierbei handelt es sich um Personen, die bei der Körperpflege, der Ernährung oder der Mobilität mindestens dreimal täglich zu verschiedenen Tageszeiten der Hilfe bedürfen und zusätzlich mehrfach in der Woche Hilfe bei der hauswirtschaftlichen Versorgung benötigen. Erforderlicher Zeitaufwand: wöchentlich im Tagesdurchschnitt mindestens drei Stunden, davon mindestens zwei Stunden Grundpflege.

Schwerst Pflegebedürftige (Pflegestufe III)

Hierbei handelt es sich um Personen, die bei der Körperpflege, der Ernährung oder der Mobilität täglich rund um die Uhr (auch nachts) der Hilfe bedürfen und zusätzlich mehrfach in der Woche Hilfe bei der hauswirtschaftlichen Versorgung benötigen. Erforderlicher Zeitaufwand: wöchentlich im Tagesdurchschnitt mindestens fünf Stunden, davon mindestens vier Stunden Grundpflege.

3. So viel zahlt die Pflegekasse

Zunächst einmal müssen folgende Pflegeleistungen unterschieden werden:

- Pflegegeld
- häusliche Pflege
- teilstationäre Pflege
- vollstationäre Pflege

Pflegegeld kann gezahlt werden, wenn der/die Pflegebedürftige die erforderliche Grundpflege und hauswirtschaftliche Versorgung selbst sicherstellt. Das kann z.B. durch Nachbarn, Freunde oder Familienangehörige sein. In dem Fall beträgt das Pflegegeld:

Bei Pflegestufe I: monatlich bis zu 225 Euro

Bei Pflegestufe II: monatlich bis zu 430 Euro

Bei Pflegestufe III: monatlich bis zu 685 Euro

Wichtig: Ist die Pflegekraft verhindert (z.B. durch Urlaub oder Krankheit), übernimmt die Pflegekasse einmal jährlich bis zu vier Wochen die Kosten für die notwendige Ersatzpflege. Für diese häusliche Pflege bei Verhinderung der Pflegeperson zahlt die Pflegekasse bei Pflegestufe I einmalig im Jahr 225 Euro, bei Pflegestufe II einmalig 430 Euro und bei Pflegestufe III einmalig 685 Euro, wenn diese Ersatzpflege ehrenamtlich ausgeführt wird. Eine erwerbsmäßige Ersatzpflegekraft wird bis zu 1.510 Euro bezuschusst. Bei Inanspruchnahme einer nicht erwerbsmäßig pflegenden Person ist die Leistung auf den Zahlbetrag des Pflegegeldes der festgestellten Pflegestufe begrenzt (maximal sind 1.510 Euro möglich).

Bei häuslicher Pflege (Sachleistung) besteht Anspruch auf Grundpflege und hauswirtschaftliche Versorgung. Die Pflegekasse übernimmt in dem Fall je Kalendermonat:

Bei Pflegestufe I: monatlich bis zu 440 Euro

Bei Pflegestufe II: monatlich bis zu 1.040 Euro

Bei Pflegestufe III: monatlich bis zu 1.510 Euro

Wichtig: In besonderen Härtefällen können Pflegeeinsätze bis zu einem Gesamtwert von 1.918 Euro bezahlt werden.

Bei teilstationärer Pflege (Sachleistung) wird vorausgesetzt, dass eine häusliche Pflege nicht in ausreichendem Maß sichergestellt werden kann. Die Pflegekasse übernimmt bei teilstationärer Pflege:

Bei Pflegestufe I: monatlich bis zu 440 Euro

Bei Pflegestufe II: monatlich bis zu 1.040 Euro

Bei Pflegestufe III: monatlich bis zu 1.510 Euro

Wichtig: Die teilstationäre Pflege umfasst auch die notwendige Beförderung des/der Pflegebedürftigen von der Wohnung zur Pflegeeinrichtung.

Eine vollstationäre Pflege (Sachleistung) kommt infrage, wenn häusliche oder teilstationäre Pflege nicht möglich sind. Die Pflegekasse übernimmt in diesem Fall pflegebedingte Aufwendungen für Pflegebedürftige wie folgt:

Bei Pflegestufe I: monatlich bis zu 1.023 Euro

Bei Pflegestufe II: monatlich bis zu 1.279 Euro

Bei Pflegestufe III: monatlich bis zu 1.510 Euro

Wichtig: Ist der/die Pflegebedürftige als Härtefall anerkannt, übernimmt die Pflegekasse pflegebedingte Aufwendungen bis zur Höhe von 1.750 Euro monatlich.

Praxis-Tipp:

Pflegebedürftige haben Anspruch auf eine Versorgung mit Pflegehilfsmitteln (z.B. Rollator, Treppenlift), sofern diese nicht von der Krankenkasse übernommen werden. Auch steht ihnen ein Zuschuss für Maßnahmen zur Verbesserung des Wohnumfeldes von bis zu 2.557 Euro zu.

Wichtig: 2008 ist ein Persönliches Budget für Behindertenpflege eingeführt worden. Damit hat der Betroffene selbst die finanzielle Verantwortung. Für die Pflegekassen bedeutet das in jedem Fall eine Einsparung.

Übrigens: Das Pflegegeld steigt bis zum Jahr 2012 schrittweise. Bei der Pflege durch Angehörige beträgt es dann:

Bei Pflegestufe I: monatlich bis zu 235 Euro

Bei Pflegestufe II: monatlich bis zu 440 Euro

Bei Pflegestufe III: monatlich bis zu 700 Euro

Kommt ein Pflegedienst zum Pflegebedürftigen nach Hause, sind es:

Bei Pflegestufe I: monatlich bis zu 450 Euro

Bei Pflegestufe II: monatlich bis zu 1.100 Euro

Bei Pflegestufe III: monatlich bis zu 1.550 Euro

Die Sätze für eine Heimunterbringung verändern sich nicht.

Achtung: Zur Finanzierung steigt der Pflegeversicherungsbeitrag seit 1. Juli 2008 um 0,25 Prozent auf 1,95 Prozent des Bruttolohns.

Bei Fragen zu Leistungen der Pflegeversicherung wenden Sie sich bitte an Ihre zuständige Krankenversicherung (Pflegekasse).

4. Das Finanzamt erhöht den Pauschbetrag

Wie bereits erwähnt, gibt es Behinderten-Pauschbeträge, die sich nach der Höhe des Behinderungsgrades richten. Dieser Pauschbetrag erhöht sich auf jährlich 3.700 Euro, wenn der behinderte Mensch hilflos ist. Als Nachweis dient der Schwerbehindertenausweis mit dem Merkzeichen „H". Dieser höhere Pauschbetrag steht auch blinden Menschen zu.

Praxis-Tipp:

Es reicht auch der entsprechende Bescheid über die Behinderung oder ein Bescheid der Pflegeklasse über die Einstufung in die Pflegestufe III.

Wichtig: Der Behinderten-Pauschbetrag ist ein Jahresbetrag, der auch dann in voller Höhe gewährt wird, wenn die Behinderung im Laufe des Jahres eintritt oder wegfällt.

Der Steuerpflichtige hat selbstverständlich auch die Möglichkeit, anstelle des Pauschbetrags die tatsächlich entstandenen Aufwendungen nachzuweisen und steuerlich abzusetzen.

Wichtig: Bei einem Einzelnachweis der Kosten wird allerdings eine zumutbare Belastung berücksichtigt und in Abzug gebracht.

5. Was ist die Grundsicherung?

Die Grundsicherung stellt eine spezielle Leistung der Sozialhilfe dar (SGB XII). Sie soll den grundlegenden Bedarf für den Lebensunterhalt von dauerhaft erwerbsgeminderten Personen sicherstellen.

Wichtig: Einkommen und Vermögen werden bei der Ermittlung des Leistungsanspruchs berücksichtigt, sodass unter Umständen eventuelle Leistungen gekürzt werden können.

Werden die Voraussetzungen erfüllt, können nach diesem Gesetz folgende Personen Leistungen erhalten:

- Personen mit gewöhnlichem Aufenthalt in der BRD, die das 65. Lebensjahr vollendet haben,
- Personen mit gewöhnlichem Aufenthalt in der BRD, die das 18. Lebensjahr vollendet haben und dauerhaft voll erwerbsgemindert sind,
- Personen, die in Einrichtungen (z.B. Pflegeheim) leben.

Wichtig: Anspruch auf Leistungen haben Personen, die ihren Lebensunterhalt nicht aus eigenem Einkommen und Vermögen bestreiten können.

Folgende Personen haben keinen Anspruch auf Leistung:

- Personen, deren Eltern oder Kinder ein Einkommen von jährlich mehr als 100.000 Euro haben,
- Personen, die in den letzten zehn Jahren die Bedürftigkeit vorsätzlich oder grob fahrlässig herbeigeführt haben,
- ausländische Staatsbürger, die Leistungen nach dem Asylbewerberleistungsgesetz erhalten.

Praxis-Tipp:

Erkundigen Sie sich bei Ihrer Kreis- oder Stadtverwaltung nach diesen Leistungen.

Wenn Kinder oder Jugendliche betroffen sind

13

1. Grundsätzliches

Bei Kindern und Jugendlichen werden dieselben Maßstäbe zugrunde gelegt wie bei Erwachsenen. Allerdings wird bei der Beurteilung von Hilflosigkeit (Merkzeichen „H“) die alterstypische Hilfsbedürftigkeit nicht berücksichtigt.

Des Weiteren besteht ein Anspruch auf Kindergeld ohne zeitliche Begrenzung, wenn das Kind wegen der Behinderung nicht in der Lage ist, sich selbst zu unterhalten.

Wichtig: Kindergeld wird nur dann ohne zeitliche Begrenzung gezahlt, wenn die Behinderung vor der Vollendung des 25. Lebensjahres eingetreten ist und festgestellt wurde. Wenn die Kinder bzw. Jugendlichen das Kindergeld selbst erhalten, endet die Zahlung jedoch mit der Vollendung des 25. Lebensjahres.

2. Eine Waisenrente kann unbegrenzt sein

Behinderte Kinder erhalten eine Waisenrente nach dem Bundesversorgungsgesetz (BVG) auch über das 18. Lebensjahr hinaus auf unbegrenzte Dauer. Allerdings endet eine mögliche Waisenrente aus der gesetzlichen Unfallversicherung mit der Vollendung des 25. Lebensjahres.

3. Fahrten zur Schule

Behinderte Kinder können mit einem Fahrdienst zur Schule gebracht werden. Dieser Fahrdienst wird u.a. von Institutionen wie Malteser Hilfsdienst, Johanniter, Deutsches Rotes Kreuz, AWO etc. durchgeführt. Auch private Taxiunternehmen kommen als Anbieter von Fahrdiensten infrage.

Nicht nur behinderte Kinder und Jugendliche können einen solchen Fahrdienst nutzen. Dieser steht auch Erwachsenen zur Verfügung, um zur Arbeit zu kommen, wenn kein eigenes Fahrzeug vorhanden ist.

4. Kinderbetreuungskosten und Freibetrag für Ausbildung

Auch hier spielt wieder § 33c EStG eine Rolle. Der Steuerpflichtige kann anfallende Betreuungskosten steuermindernd als außergewöhnliche Belastung geltend machen, wenn das Kind nicht älter als 14 Jahre ist oder wegen einer Behinderung, die vor dem 27. Lebensjahr eingetreten ist, außerstande ist, sich selbst zu unterhalten.

Des Weiteren kann der Steuerpflichtige einen Freibetrag nach § 33a Abs. 2 EStG erhalten, wenn Kosten für die Berufsausbildung eines volljährigen Kindes entstehen, für das er einen Freibetrag oder Kindergeld erhält und wenn das Kind auswärtig untergebracht ist.

Praxis-Tipp:

Fragen Sie hierzu stets einen fachkundigen Steuerberater.

Sonstige finanzielle Unterstützungen

14

1. Übersicht der finanziellen Hilfen je Bundesland

Es gibt Finanzspritzen, die so wenig bekannt sind, dass sie sogar vielen Sozialämtern nicht geläufig sind. Oft werden nicht nur die Betroffenen im Unklaren gelassen, sondern auch die Stellen, bei denen solche Gelder beantragt werden können.

Im Folgenden werden zunächst die allgemein bekannten Mittel der verschiedenen Bundesländer dargestellt.

Die finanziellen Hilfen sind je nach Bundesland leider sehr unterschiedlich. Daher folgt nun zunächst ein grober Überblick je nach Bundesland über die verschiedenen Möglichkeiten.

Stand: Juli 2009

Wichtig: In manchen Bundesländern wird der Begriff „Blindengeld“ durch „Blindheitshilfe“ ersetzt.

Wichtig: Für alle Unterstützungsleistungen der einzelnen Bundesländer wird vorausgesetzt, dass die Betroffenen dort ihren Wohnsitz haben.

Baden-Württemberg	
Blindengeld bis 18 Jahre	204,52 Euro
Blindengeld von 18 bis 60 Jahre	409,03 Euro
Blindengeld ab 60 Jahre	409,03 Euro
Blindenhilfe (für hochgradig Sehbehinderte)	–
Freifahrtausweis	in allen Bundesländern gleich
Grundsicherung	laut SGB XII
Kfz-Steuerermäßigung bzw. -befreiung	in allen Bundesländern gleich
Merkzeichen	in allen Bundesländern gleich
Nachteilsausgleich im Arbeits- und Berufsleben	in allen Bundesländern gleich
Private Fahrdienste	in allen Gemeinden unterschiedlich
Steuervorteile	in allen Bundesländern gleich
Wohngeld	individuell verschieden

Wohnungsbauförderung	individuell verschieden
Zusatzurlaub für Schwerbehinderte	in allen Bundesländern gleich

Wichtig: Bei finanziellen Hilfen für Blinde bzw. hochgradig Sehbehinderte werden Leistungen der Pflegeversicherung berücksichtigt und zum Teil angerechnet. Das betrifft vorwiegend Heimbewohner.

Bayern

Blindengeld bis 18 Jahre	518 Euro
Blindengeld von 18 bis 60 Jahre	518 Euro
Blindengeld ab 60 Jahre	518 Euro
Blindenhilfe (für hochgradig Sehbehinderte)	–
Freifahrtausweis	in allen Bundesländern gleich
Grundsicherung	laut SGB XII
Kfz-Steuerermäßigung bzw. -befreiung	in allen Bundesländern gleich
Merkzeichen	in allen Bundesländern gleich
Nachteilsausgleich im Arbeits- und Berufsleben	in allen Bundesländern gleich
Private Fahrdienste	in allen Gemeinden unterschiedlich
Steuervorteile	in allen Bundesländern gleich
Wohngeld	individuell verschieden
Wohnungsbauförderung	individuell verschieden
Zusatzurlaub für Schwerbehinderte	in allen Bundesländern gleich

Wichtig: Bei finanziellen Hilfen für Blinde bzw. hochgradig Sehbehinderte werden Leistungen der Pflegeversicherung berücksichtigt und zum Teil angerechnet. Das betrifft vorwiegend Heimbewohner.

Berlin

Blindengeld bis 18 Jahre	487,16 Euro
Blindengeld von 18 bis 60 Jahre	487,16 Euro
Blindengeld ab 60 Jahre	487,16 Euro
Blindenhilfe (für hochgradig Sehbehinderte)	121,79 Euro
Freifahrtausweis	in allen Bundesländern gleich
Grundsicherung	laut SGB XII
Kfz-Steuerermäßigung bzw. -befreiung	in allen Bundesländern gleich
Merkzeichen	in allen Bundesländern gleich
Nachteilsausgleich im Arbeits- und Berufsleben	in allen Bundesländern gleich
Private Fahrdienste	in allen Gemeinden unterschiedlich
Steuervorteile	in allen Bundesländern gleich
Wohngeld	individuell verschieden
Wohnungsbauförderung	individuell verschieden
Zusatzurlaub für Schwerbehinderte	in allen Bundesländern gleich

Wichtig: Bei finanziellen Hilfen für Blinde bzw. hochgradig Sehbehinderte werden Leistungen der Pflegeversicherung berücksichtigt und zum Teil angerechnet. Das betrifft vorwiegend Heimbewohner.

Brandenburg

Blindengeld bis 18 Jahre	133 Euro
Blindengeld von 18 bis 60 Jahre	266 Euro
Blindengeld ab 60 Jahre	266 Euro
Blindenhilfe (für hochgradig Sehbehinderte)	–
Freifahrtausweis	in allen Bundesländern gleich
Grundsicherung	laut SGB XII
Kfz-Steuerermäßigung bzw. -befreiung	in allen Bundesländern gleich
Merkzeichen	in allen Bundesländern gleich

Nachteilsausgleich im Arbeits- und Berufsleben	in allen Bundesländern gleich
Private Fahrdienste	in allen Gemeinden unterschiedlich
Steuervorteile	in allen Bundesländern gleich
Wohngeld	individuell verschieden
Wohnungsbauförderung	individuell verschieden
Zusatzurlaub für Schwerbehinderte	in allen Bundesländern gleich

Wichtig: Bei finanziellen Hilfen für Blinde bzw. hochgradig Sehbehinderte werden Leistungen der Pflegeversicherung berücksichtigt und zum Teil angerechnet. Heimbewohner erhalten kein Blindengeld.

Bremen

Blindengeld bis 18 Jahre	178,08 Euro
Blindengeld von 18 bis 60 Jahre	356,16 Euro
Blindengeld ab 60 Jahre	356,16 Euro
Blindenhilfe (für hochgradig Sehbehinderte)	–
Freifahrtausweis	in allen Bundesländern gleich
Grundsicherung	laut SGB XII
Kfz-Steuerermäßigung bzw. -befreiung	in allen Bundesländern gleich
Merkzeichen	in allen Bundesländern gleich
Nachteilsausgleich im Arbeits- und Berufsleben	in allen Bundesländern gleich
Private Fahrdienste	in allen Gemeinden unterschiedlich
Steuervorteile	in allen Bundesländern gleich
Wohngeld	individuell verschieden
Wohnungsbauförderung	individuell verschieden
Zusatzurlaub für Schwerbehinderte	in allen Bundesländern gleich

Wichtig: Bei finanziellen Hilfen für Blinde bzw. hochgradig Sehbehinderte werden Leistungen der Pflegeversicherung berücksichtigt und zum Teil angerechnet. Das betrifft vorwiegend Heimbewohner.

Hamburg

Blindengeld bis 18 Jahre	462 Euro
Blindengeld von 18 bis 60 Jahre	462 Euro
Blindengeld ab 60 Jahre	462 Euro
Blindenhilfe (für hochgradig Sehbehinderte)	–
Freifahrtausweis	in allen Bundesländern gleich
Grundsicherung	laut SGB XII
Kfz-Steuerermäßigung bzw. -befreiung	in allen Bundesländern gleich
Merkzeichen	in allen Bundesländern gleich
Nachteilsausgleich im Arbeits- und Berufsleben	in allen Bundesländern gleich
Private Fahrdienste	in allen Gemeinden unterschiedlich
Steuervorteile	in allen Bundesländern gleich
Wohngeld	individuell verschieden
Wohnungsbauförderung	individuell verschieden
Zusatzurlaub für Schwerbehinderte	in allen Bundesländern gleich

Wichtig: Bei finanziellen Hilfen für Blinde bzw. hochgradig Sehbehinderte werden Leistungen der Pflegeversicherung berücksichtigt und zum Teil angerechnet. Das betrifft vorwiegend Heimbewohner.

Hessen

Blindengeld bis 18 Jahre	305,00 Euro
Blindengeld von 18 bis 60 Jahre	523,71 Euro
Blindengeld ab 60 Jahre	523,71 Euro
Blindenhilfe (für hochgradig Sehbehinderte)	30 Prozent des Blindengeldes
Freifahrtausweis	in allen Bundesländern gleich
Grundsicherung	laut SGB XII

Kfz-Steuerermäßigung bzw. -befreiung	in allen Bundesländern gleich
Merkzeichen	in allen Bundesländern gleich
Nachteilsausgleich im Arbeits- und Berufsleben	in allen Bundesländern gleich
Private Fahrdienste	in allen Gemeinden unterschiedlich
Steuervorteile	in allen Bundesländern gleich
Wohngeld	individuell verschieden
Wohnungsbauförderung	individuell verschieden
Zusatzurlaub für Schwerbehinderte	in allen Bundesländern gleich

Wichtig: Bei finanziellen Hilfen für Blinde bzw. hochgradig Sehbehinderte werden Leistungen der Pflegeversicherung berücksichtigt und zum Teil angerechnet. Das betrifft vorwiegend Heimbewohner.

Mecklenburg-Vorpommern

Blindengeld bis 18 Jahre	273,05 Euro
Blindengeld von 18 bis 60 Jahre	430,00 Euro
Blindengeld ab 60 Jahre	430,00 Euro
Blindenhilfe (für hochgradig Sehbehinderte)	25 Prozent des Blindengeldes
Freifahrtausweis	in allen Bundesländern gleich
Grundsicherung	laut SGB XII
Kfz-Steuerermäßigung bzw. -befreiung	in allen Bundesländern gleich
Merkzeichen	in allen Bundesländern gleich
Nachteilsausgleich im Arbeits- und Berufsleben	in allen Bundesländern gleich
Private Fahrdienste	in allen Gemeinden unterschiedlich
Steuervorteile	in allen Bundesländern gleich
Wohngeld	individuell verschieden
Wohnungsbauförderung	individuell verschieden
Zusatzurlaub für Schwerbehinderte	in allen Bundesländern gleich

Wichtig: Bei finanziellen Hilfen für Blinde bzw. hochgradig Sehbehinderte werden Leistungen der Pflegeversicherung berücksichtigt und zum Teil angerechnet. Das betrifft vorwiegend Heimbewohner.

Niedersachsen

Blindengeld von 18 bis 25 Jahre	320 Euro
Blindengeld nach dem 25. Lebensjahr	265 Euro
Blindengeld ab 60 Jahre	265 Euro
Blindenhilfe (für hochgradig Sehbehinderte)	100 Euro *
Freifahrtausweis	in allen Bundesländern gleich
Grundsicherung	laut SGB XII
Kfz-Steuerermäßigung bzw. -befreiung	in allen Bundesländern gleich
Merkzeichen	in allen Bundesländern gleich
Nachteilsausgleich im Arbeits- und Berufsleben	in allen Bundesländern gleich
Private Fahrdienste	in allen Gemeinden unterschiedlich
Steuervorteile	in allen Bundesländern gleich
Wohngeld	individuell verschieden
Wohnungsbauförderung	individuell verschieden
Zusatzurlaub für Schwerbehinderte	in allen Bundesländern gleich

* bei Aufenthalt in einer stationären Einrichtung

Wichtig: Bei finanziellen Hilfen für Blinde bzw. hochgradig Sehbehinderte werden Leistungen der Pflegeversicherung berücksichtigt und zum Teil angerechnet. Das betrifft vorwiegend Heimbewohner.

Nordrhein-Westfalen

Blindengeld bis 18 Jahre	304,48 Euro
Blindengeld von 18 bis 60 Jahre	608,96 Euro
Blindengeld ab 60 Jahre	473,00 Euro

Blindenhilfe (für hochgradig Sehbehinderte)	77 Euro
Freifahrtausweis	in allen Bundesländern gleich
Grundsicherung	laut SGB XII
Kfz-Steuerermäßigung bzw. -befreiung	in allen Bundesländern gleich
Merkzeichen	in allen Bundesländern gleich
Nachteilsausgleich im Arbeits- und Berufsleben	in allen Bundesländern gleich
Private Fahrdienste	in allen Gemeinden unterschiedlich
Steuervorteile	in allen Bundesländern gleich
Wohngeld	individuell verschieden
Wohnungsbauförderung	individuell verschieden
Zusatzurlaub für Schwerbehinderte	in allen Bundesländern gleich

Wichtig: Bei finanziellen Hilfen für Blinde bzw. hochgradig Sehbehinderte werden Leistungen der Pflegeversicherung berücksichtigt und zum Teil angerechnet. Das betrifft vorwiegend Heimbewohner.

Rheinland-Pfalz

Blindengeld bis 18 Jahre	205 Euro
Blindengeld von 18 bis 60 Jahre	410 Euro
Blindengeld ab 60 Jahre	410 Euro
Blindenhilfe (für hochgradig Sehbehinderte)	–
Freifahrtausweis	in allen Bundesländern gleich
Grundsicherung	laut SGB XII
Kfz-Steuerermäßigung bzw. -befreiung	in allen Bundesländern gleich
Merkzeichen	in allen Bundesländern gleich
Nachteilsausgleich im Arbeits- und Berufsleben	in allen Bundesländern gleich
Private Fahrdienste	in allen Gemeinden unterschiedlich
Steuervorteile	in allen Bundesländern gleich

Wohngeld	individuell verschieden
Wohnungsbauförderung	individuell verschieden
Zusatzurlaub für Schwerbehinderte	in allen Bundesländern gleich

Wichtig: Bei finanziellen Hilfen für Blinde bzw. hochgradig Sehbehinderte werden Leistungen der Pflegeversicherung berücksichtigt und zum Teil angerechnet. Das betrifft vorwiegend Heimbewohner.

Saarland

Blindengeld bis 18 Jahre	293 Euro
Blindengeld von 18 bis 60 Jahre	438 Euro
Blindengeld ab 60 Jahre	438 Euro
Blindenhilfe (für hochgradig Sehbehinderte)	– (aber Bestandsschutz für frühere Empfänger von „Sehschwachenhilfe")
Freifahrtausweis	in allen Bundesländern gleich
Grundsicherung	laut SGB XII
Kfz-Steuerermäßigung bzw. -befreiung	in allen Bundesländern gleich
Merkzeichen	in allen Bundesländern gleich
Nachteilsausgleich im Arbeits- und Berufsleben	in allen Bundesländern gleich
Private Fahrdienste	in allen Gemeinden unterschiedlich
Steuervorteile	in allen Bundesländern gleich
Wohngeld	individuell verschieden
Wohnungsbauförderung	individuell verschieden
Zusatzurlaub für Schwerbehinderte	in allen Bundesländern gleich

Wichtig: Bei finanziellen Hilfen für Blinde bzw. hochgradig Sehbehinderte werden Leistungen der Pflegeversicherung berücksichtigt und zum Teil angerechnet. Das betrifft vorwiegend Heimbewohner.

Sachsen

Blindengeld bis 18 Jahre	166,50 Euro (aber keine Leistung vor dem 1. Lebensjahr)
Blindengeld von 18 bis 60 Jahre	333 Euro
Blindengeld ab 60 Jahre	333 Euro
Blindenhilfe (für hochgradig Sehbehinderte)	52 Euro
Freifahrtausweis	in allen Bundesländern gleich
Grundsicherung	laut SGB XII
Kfz-Steuerermäßigung bzw. -befreiung	in allen Bundesländern gleich
Merkzeichen	in allen Bundesländern gleich
Nachteilsausgleich im Arbeits- und Berufsleben	in allen Bundesländern gleich
Private Fahrdienste	in allen Gemeinden unterschiedlich
Steuervorteile	in allen Bundesländern gleich
Wohngeld	individuell verschieden
Wohnungsbauförderung	individuell verschieden
Zusatzurlaub für Schwerbehinderte	in allen Bundesländern gleich

Wichtig: Bei finanziellen Hilfen für Blinde bzw. hochgradig Sehbehinderte werden Leistungen der Pflegeversicherung berücksichtigt und zum Teil angerechnet. Das betrifft vorwiegend Heimbewohner.

Sachsen-Anhalt

Blindengeld bis 18 Jahre	250 Euro
Blindengeld von 18 bis 60 Jahre	350 Euro
Blindengeld ab 60 Jahre	350 Euro
Blindenhilfe (für hochgradig Sehbehinderte)	41 Euro
Freifahrtausweis	in allen Bundesländern gleich
Grundsicherung	laut SGB XII
Kfz-Steuerermäßigung bzw. -befreiung	in allen Bundesländern gleich

Merkzeichen	in allen Bundesländern gleich
Nachteilsausgleich im Arbeits- und Berufsleben	in allen Bundesländern gleich
Private Fahrdienste	in allen Gemeinden unterschiedlich
Steuervorteile	in allen Bundesländern gleich
Wohngeld	individuell verschieden
Wohnungsbauförderung	individuell verschieden
Zusatzurlaub für Schwerbehinderte	in allen Bundesländern gleich

Wichtig: Bei finanziellen Hilfen für Blinde bzw. hochgradig Sehbehinderte werden Leistungen der Pflegeversicherung berücksichtigt und zum Teil angerechnet. Das betrifft vorwiegend Heimbewohner.

Schleswig-Holstein

Blindengeld bis 18 Jahre	200 Euro
Blindengeld von 18 bis 60 Jahre	400 Euro
Blindengeld ab 60 Jahre	400 Euro
Blindenhilfe (für hochgradig Sehbehinderte)	–
Freifahrtausweis	in allen Bundesländern gleich
Grundsicherung	laut SGB XII
Kfz-Steuerermäßigung bzw. -befreiung	in allen Bundesländern gleich
Merkzeichen	in allen Bundesländern gleich
Nachteilsausgleich im Arbeits- und Berufsleben	in allen Bundesländern gleich
Private Fahrdienste	in allen Gemeinden unterschiedlich
Steuervorteile	in allen Bundesländern gleich
Wohngeld	individuell verschieden
Wohnungsbauförderung	individuell verschieden
Zusatzurlaub für Schwerbehinderte	in allen Bundesländern gleich

Wichtig: Bei finanziellen Hilfen für Blinde bzw. hochgradig Sehbehinderte werden Leistungen der Pflegeversicherung berücksichtigt und zum Teil angerechnet. Das betrifft vorwiegend Heimbewohner.

Thüringen	
Blindengeld bis 27 Jahre	220 Euro
Blindengeld über 27 Jahre	220 Euro
Blindengeld ab 60 Jahre	220 Euro
Blindenhilfe (für hochgradig Sehbehinderte)	–
Freifahrtausweis	in allen Bundesländern gleich
Grundsicherung	laut SGB XII
Kfz-Steuerermäßigung bzw. -befreiung	in allen Bundesländern gleich
Merkzeichen	in allen Bundesländern gleich
Nachteilsausgleich im Arbeits- und Berufsleben	in allen Bundesländern gleich
Private Fahrdienste	in allen Gemeinden unterschiedlich
Steuervorteile	in allen Bundesländern gleich
Wohngeld	individuell verschieden
Wohnungsbauförderung	individuell verschieden
Zusatzurlaub für Schwerbehinderte	in allen Bundesländern gleich

Wichtig: Bei finanziellen Hilfen für Blinde bzw. hochgradig Sehbehinderte werden Leistungen der Pflegeversicherung berücksichtigt und zum Teil angerechnet. Das betrifft vorwiegend Heimbewohner.

Achtung: Zuständig für Schwerbehindertenangelegenheiten sind je nach Bundesland die Versorgungs- und Sozialämter, Landesämter oder Gemeinden und Kreise.

2. Finanzielle Hilfen, die Sie nicht erwarten

Praxis-Tipp:

Lassen Sie nichts unversucht auf dem Weg, finanzielle Hilfe zu erhalten.

Geld vom Bundespräsidenten

Eine finanzielle Unterstützung, die kaum jemand kennt, ist der Fonds des Bundespräsidenten. Dieser Fonds ist allerdings nicht nur für behinderte Menschen gedacht, sondern für alle, die sich in einem wirtschaftlichen Engpass befinden. Es handelt sich grundsätzlich um eine einmalige finanzielle Zuwendung von häufig 500 Euro zur Linderung der persönlichen wirtschaftlichen Notlage. Diese Zuwendung kann z.B. für medizinische Sondernahrung (oder Zusatz- bzw. Ergänzungsnahrung) gewährt werden, die nicht von der Krankenkasse gezahlt wird.

Praxis-Tipp:

Im Bedarfsfall wenden Sie sich an das Bundespräsidialamt, 11010 Berlin.
Internet: www.bundespraesident.de

Was Krebspatienten erwarten können

An dieselbe Anschrift können sich Krebspatienten wenden, wenn ihre gesundheitliche Situation Hilfsmittel erfordert, die von der Krankenkasse nicht bezahlt werden. Eine ähnliche einmalige finanzielle Unterstützung können Krebspatienten durch die Deutsche Krebshilfe erhalten. Auch diese Hilfe ist einkommensabhängig.

Praxis-Tipp:

Diesen Härtefonds bietet die Deutsche Krebshilfe e.V., Buschstr. 32, 53113 Bonn. Tel.: 0228-7299094.

Es gibt sogar ein Sterbegeld

Als weitere Finanzspritze wird unter bestimmten Voraussetzungen ein Sterbegeld gezahlt. Obwohl die gesetzlichen Krankenkassen diese finanzielle Hilfe schon lange abgeschafft haben, wird sie unter bestimmten Voraussetzungen durch den Kreis gewährt.

Allerdings ist diese Zahlung an bestimmte Voraussetzungen gebunden. Zunächst wird zwischen Sterbegeld und Bestattungsgeld unterschieden. Relevante Gesetzestexte hierzu finden Sie im Bundesversorgungsgesetz (BVG).

Gemäß § 36 BVG wird beim Tode eines rentenberechtigten Kriegsbeschädigten ein Bestattungsgeld in Höhe von 1.498 Euro gewährt, wenn der Tod die Folge einer solchen Schädigung ist. Andernfalls beträgt das Bestattungsgeld 751 Euro.

Stirbt ein nichtrentenberechtigter Beschädigter an den Folgen seiner Kriegsbeschädigung, wird ein Bestattungsgeld bis zu 1.498 Euro gezahlt, sofern in dieser Höhe Bestattungskosten entstanden sind.

Wichtig: Wird aufgrund anderer gesetzlicher Vorschriften für den gleichen Zweck eine finanzielle Leistung erbracht, wird das Bestattungsgeld reduziert.

Sterbegeld wird nur beim Tod eines rentenberechtigten Beschädigten gezahlt. Es entspricht einem Betrag in Höhe der dreifachen Versorgungsbezüge, die ihm für den Sterbemonat zustanden. Dabei wird eine Pflegezulage höchstens nach Stufe II zugestanden.

Wichtig: Bestattungsgeld und Sterbegeld können nur auf Antrag gewährt werden. Einen entsprechenden Antrag erhalten Sie vom zuständigen Sozialamt.

Örtliche Fürsorgestellen können helfen

Weitere finanzielle Hilfen können Sie von Ihrer örtlichen Fürsorgestelle erhalten. Das betrifft schwerbehinderte und gleichgestellte behinderte Menschen. Laut § 102 Abs. 3 SGB IX können Schwerbehinderte ein Darlehen oder Zinszuschüsse zur Gründung oder Erhaltung einer selbstständigen beruflichen Existenz in Anspruch nehmen.

Voraussetzungen:

- der Betroffene erfüllt die erforderliche persönliche und fachliche Eignung zur Ausübung der Tätigkeit
- die Tätigkeit stellt voraussichtlich auf Dauer den Lebensunterhalt im Wesentlichen sicher

- die Tätigkeit ist in Bezug auf Lage und Entwicklung des Arbeitsmarktes zweckmäßig
- die Erfolgsaussichten für eine dauerhafte Selbstständigkeit sind gut

Praxis-Tipp:

Erkundigen Sie sich nach diesen Hilfen, wenn Sie beabsichtigen, sich selbstständig zu machen. Der zuständige Ansprechpartner ist die örtliche Fürsorgestelle.

Des Weiteren können die örtlichen Fürsorgestellen laut SGB IX Hilfe in besonderen Lebenslagen gewähren. Im Rahmen dieser finanziellen Hilfe können Darlehen oder Zuschüsse gewährt werden, die nicht im Leistungskatalog des Schwerbehindertengesetzes geregelt sind.

Wichtig: Diese finanzielle Hilfe wird grundsätzlich nur dann gewährt, wenn ohne ihre Bewilligung der Verlust des Arbeitsplatzes drohen würde. Die Höhe der Zuschüsse bzw. des Darlehens hängt ausschließlich vom Einzelfall ab.

Außerdem kann der Schwerbehinderte einen Zuschuss für Maßnahmen zum Erreichen des Arbeitsplatzes erhalten. Das betrifft allerdings nur schwerbehinderte Personen, die im Arbeits- und Berufsleben stehen.

Wichtig: Bei sozialversicherungspflichtiger Beschäftigung ist der Reha-Träger zuständig; bei Selbstständigen und Beamten ist die örtliche Fürsorgestelle der Ansprechpartner.

Es können u.a. folgende Maßnahmen gefördert werden:

- Beschaffung eines Kfz (bis zu einer bestimmten Höhe)
- behindertengerechte Zusatzausstattung
- Erlangen einer Fahrerlaubnis
- Eintragungen, Untersuchungen etc. zum Erlangen der Fahrerlaubnis

Wichtig: Die meisten der genannten Zuschüsse sind von der Höhe Ihres persönlichen Einkommens abhängig.

Wichtig: Der entsprechende Antrag auf Förderung muss vor Kauf des Fahrzeugs gestellt werden. Eine nachträgliche Bezuschussung ist nicht möglich.

3. Vorzeitige Verfügung über Bausparverträge

Für schwerbehinderte Menschen und deren Ehepartner ist eine vorzeitige Verfügung über einen Bausparvertrag möglich, wenn ihr GdB mindestens 95 beträgt.

Wichtig: Ferner wird vorausgesetzt, dass der Bausparvertrag vor Feststellung der Behinderung abgeschlossen wurde. In diesen Fällen sind die Bausparprämien nicht gefährdet; das gilt auch dann, wenn die Sperrfrist noch nicht abgelaufen ist.

Dasselbe gilt auch für Sparverträge, die nach dem Vermögensbildungsgesetz abgeschlossen wurden und für die eine Arbeitnehmersparzulage gewährt wurde. Auch hier ist es Voraussetzung, dass der Sparvertrag vor Feststellung der Behinderung abgeschlossen wurde.

4. Telefonieren kann preiswerter sein

Wer in seinem Behindertenausweis das Merkzeichen „RF" hat, ist von der Rundfunkgebührenpflicht befreit. Damit ermäßigt sich auch die monatliche Grundgebühr bei der Deutschen Telekom um 6,94 Euro.

Wer blind, gehörlos oder sprachbehindert ist, bekommt bei einem GdB von mindestens 90 durch die Telekom eine Ermäßigung von monatlich 8,72 Euro. Diese soziale Leistung (Sozialtarif) ist freiwillig und kann jederzeit widerrufen werden. Die genannten Beträge werden mit den Telefonkosten verrechnet.

Wichtig: Die Deutsche Telekom AG bietet für hör- und bewegungsbehinderte Menschen besondere Telefoneinrichtungen an.

Auch im Mobilfunkbereich von D2 Vodafone gibt es einen Sondertarif für Behinderte mit einem GdB von mindestens 80. Es werden 11 Euro Nachlass auf den monatlichen Basispreis für die D2-Classic-Karte gewährt.

Wichtig: BAföG-Empfänger erhalten ebenfalls den Sozialtarif und damit die Vergünstigung von monatlich 6,94 Euro, sofern sie von der Rundfunkgebührenpflicht befreit sind.

5. Kostenfreie Mitversicherung von Rollstühlen in der Privathaftpflichtversicherung

Schwerbehinderte, die auf die Benutzung eines Rollstuhls angewiesen sind, können Rollstühle, die nicht mit einem Verbrennungsmotor betrieben werden, in der Privathaftpflichtversicherung kostenfrei mitversichern. Dieser Empfehlung durch den Gesamtverband der deutschen Versicherungswirtschaft sind die meisten Gesellschaften gefolgt.

Praxis-Tipp:

Falls ein Versicherer dieses Risiko nicht automatisch kostenfrei mit einschließt, sollte sich der Rollstuhlfahrer vor Vertragsabschluss schriftlich bestätigen lassen, dass der Rollstuhl prämienfrei mitversichert ist.

6. Rabatt in der Kfz-Versicherung

Es gibt heute nur noch wenige Versicherungsgesellschaften, die bei der Kfz-Versicherung einen Sonderrabatt gewähren, weil dieser Rabatt mit der Freigabe der Versicherungsbedingungen gestrichen wurde. Das betrifft die Kfz-Haftpflicht- sowie die Voll- und Teilkaskoversicherung.

Praxis-Tipp:

Erkundigen Sie sich nach günstigen Versicherungsbeiträgen. Eine Gesellschaft, die keinen Sonderrabatt für Schwerbehinderte gewährt, kann trotzdem preiswerter sein als ein Anbieter mit Sonderrabatten.

Wichtig: Für Autofahrer kommt als Sparmöglichkeit meistens nur noch die Steuerermäßigung bzw. Steuerbefreiung infrage.

15 Ansprüche und Vergünstigungen von A–Z

Ablehnungsbescheid

Vom zuständigen Sozialamt erhalten Sie einen Ablehnungsbescheid, wenn der GdB weniger als 20 beträgt. Somit besteht keine Möglichkeit, irgendwelche Nachteilsausgleiche für Menschen mit Behinderung in Anspruch zu nehmen. Gegen einen Ablehnungsbescheid können Sie grundsätzlich innerhalb eines Monats Widerspruch einlegen.

Wichtig: Denken Sie daran, dass ein Schwerbehindertenausweis erst ab einem GdB von 50 ausgestellt wird. Einen „Gleichstellungsantrag" können Sie bereits ab einem GdB von 30 stellen.

Altersrente für Schwerbehinderte

Eine Altersrente erhalten Schwerbehinderte auf Antrag, wenn sie das 60. Lebensjahr vollendet haben. Als Voraussetzung müssen sie bei Rentenbeginn schwerbehindert, berufs- oder erwerbsunfähig nach dem am 31.12.2000 geltenden Recht sein. Auch muss die Wartezeit von 35 Jahren erfüllt sein und der GdB mindestens 50 betragen.

Für Versicherte der Geburtsjahrgänge ab 1941 wird die Altersgrenze stufenweise auf das 63. Lebensjahr angehoben. Bei Inanspruchnahme der Altersrente vor dem 63. Lebensjahr müssen Rentenabschläge hingenommen werden.

Versicherte genießen Vertrauensschutz, wenn sie bis zum 16.11.1950 geboren wurden und am 16.11.2000 schwerbehindert, berufs- oder erwerbsunfähig waren. Diese Versicherten können die Altersrente für Schwerbehinderte nach Vollendung des 60. Lebensjahres ohne Abschläge beanspruchen.

Wichtig: Das Vorliegen einer Berufs- oder Erwerbsunfähigkeit reicht ab dem 1.1.2001 als Nachweis nicht mehr aus. Danach muss grundsätzlich die Schwerbehinderteneigenschaft nachgewiesen werden.

Ausnahme: Versicherte, die vor dem 1.1.1951 geboren wurden, haben auch dann einen Anspruch auf Altersrente für Schwerbehinderte, wenn sie bei Beginn der Altersrente nach dem am 31.12.2000 geltenden Recht berufs- oder erwerbsunfähig sind.

Ansprüche behinderter Kinder

Die Ansprüche behinderter Kinder sind im Grunde die gleichen, die Erwachsene auch haben. Darüber hinaus besteht Anspruch auf Kindergeld über das 25. Lebensjahr hinaus, wenn die Kinder nicht in der Lage sind, sich selbst zu unterhalten. Voraussetzung: Die Behinderung muss vor der Vollendung des 25. Lebensjahres eingetreten sein.

Wichtig: Für Kinder, die das Kindergeld selbst erhalten, weil es keinen anderen Berechtigten gibt, endet die Zahlung mit der Vollendung des 25. Lebensjahres.

Eine Waisenrente nach dem Bundesversorgungsgesetz wird dagegen über das 18. Lebensjahr hinaus unbegrenzt gezahlt.

Änderungsantrag

Ähnlich wie beim Erstantrag prüft das zuständige Sozialamt nach der Antragstellung, ob sich der Gesundheitszustand des Betroffenen geändert hat. Die Überprüfung kann dazu führen, dass sich der GdB erhöht oder vermindert.

Eine wesentliche Änderung liegt auch vor, wenn die entscheidenden gesundheitlichen Voraussetzungen für einen Nachteilsausgleich für Behinderte erstmals erfüllt werden oder im Gegenteil entfallen sind.

Wichtig: Eine Änderung des Gesundheitszustands wird nur dann dokumentiert, wenn sich der GdB um mindestens zehn Prozent erhöht oder vermindert hat. Ebenfalls wird vorausgesetzt, dass der veränderte Gesundheitszustand mindestens sechs Monate oder mehr angehalten hat oder voraussichtlich anhalten wird.

Ausweis

Der Ausweis dient als Nachweis der Eigenschaft als Schwerbehinderter. Hier werden u.a. der GdB und eventuelle Merkzeichen eingetragen. Der Ausweis enthält keine Angaben zu konkreten Gesundheitsstörungen. Ein Ausweis wird erst ab einem GdB von 50 ausgestellt.

Außergewöhnliche Belastungen

Das Finanzamt gewährt Schwerbehinderten steuerliche Vorteile durch die Berücksichtigung von außergewöhnlichen Aufwendungen als Belastungen (siehe §§ 33, 33a, 33b und 33c EStG). Allerdings wird eine zumutbare Belastung berücksichtigt und von den Gesamtkosten abgezogen. Die Höhe dieser „zumutbaren Belastung" richtet sich nach dem Gesamtbetrag der Einkünfte, der Anzahl zu berücksichtigender Kinder und dem anzuwendenden Steuertarif.

Wichtig: Fragen Sie in jedem Fall einen Steuerberater oder das Finanzamt.

BahnCard

Wer eine BahnCard 50 besitzt, kann Fahrkarten für Züge (z.B. IC oder ICE) zum halben Preis kaufen. Das rechnet sich im Grunde nur für Reisende, welche die Bahn häufig nutzen. Voll Erwerbsgeminderte und Schwerbehinderte (GdB von mindestens 70) erhalten die BahnCard 50 zum halben Preis.

Bausparverträge

Bausparverträge unterliegen grundsätzlich einer Sperrfrist, in der sie nicht ohne Weiteres prämienunschädlich oder steuerunschädlich gekündigt werden können. Allerdings dürfen Schwerbehinderte oder deren Ehepartner vorzeitig über das Guthaben verfügen.

Voraussetzung: Der GdB beträgt mindestens 95 und der Bausparvertrag wurde vor Feststellung der Behinderung abgeschlossen.

Dasselbe gilt auch für Sparverträge nach dem Vermögensbildungsgesetz, für die Sie eine Arbeitnehmersparzulage erhalten haben.

Befreiung von der Rundfunkgebührenpflicht

Die GEZ kann eine Befreiung von der Rundfunkgebührenpflicht gewähren, wenn die entsprechenden Voraussetzungen erfüllt sind. Hierzu gehört das Merkzeichen „RF" im Schwerbehindertenausweis. Die Voraussetzungen werden ausschließlich vom jeweiligen Sozialamt geprüft.

Für eine Befreiung wird vorausgesetzt, dass der behinderte Mensch allgemein von öffentlichen Zusammenkünften ausgeschlossen ist. Ebenfalls muss der GdB mindestens 80 betragen.

Eine Befreiung von der Rundfunkgebührenpflicht wird in der Regel für längstens drei Jahre gewährt. Danach kann eine Verlängerung erfolgen.

Wichtig: Behinderte, die noch an öffentlichen Veranstaltungen teilnehmen können, erfüllen diese Voraussetzung nicht. Ist der Behinderte berufstätig, gilt dies grundsätzlich als Beweis, dass öffentliche Veranstaltungen zumindest gelegentlich besucht werden können.

Praxis-Tipp:

Der Antrag muss gestellt werden bei: GEZ, 50656 Köln

Begleitung

Wenn der Behinderte auf eine ständige Begleitung angewiesen ist, wird auf der Vorderseite des Ausweises das vorgedruckte Merkzeichen „B" nicht durchgestrichen.

Wichtig: Das Merkzeichen „B" wird nur dann gewährt, wenn der Behinderte erheblich oder außergewöhnlich gehbehindert ist (Merkzeichen „aG") und tatsächlich auf eine Begleitung angewiesen ist.

Dieses Merkzeichen berechtigt die Betroffenen, im öffentlichen Personenverkehr ohne km-Begrenzung kostenlos eine Begleitperson mitzunehmen, auch wenn diese selbst bezahlen müssen. Das kann z.B. die Fahrt mit einem IC oder ICE sein.

Behindertenparkplätze

Schwerbehinderte, in deren Behindertenausweis das Merkzeichen „aG" oder „Bl" eingetragen ist, können Parkerleichterungen erhalten. Hierzu kann beim zuständigen Straßenverkehrsamt eine Ausnahmegenehmigung (Parkausweis) eingeholt werden.

Damit darf man u.a. im eingeschränkten Halteverbot bis zu drei Stunden parken, im Zonenhalteverbot die zugelassene Parkdauer überschreiten, auf Parkplätzen für Anwohner bis zu drei Stunden parken sowie an Parkuhren bzw. Parkscheinautomaten gebührenfrei und ohne zeitliche Begrenzung parken, allerdings nur dann, wenn in zumutbarer Entfernung keine andere Parkmöglichkeit besteht.

Siehe auch „Parkerleichterungen"

Behinderten-Pauschbeträge

Behinderte Menschen können statt einer Steuerermäßigung nach § 33 EStG einen Behinderten-Pauschbetrag geltend machen. Der GdB muss hierfür grundsätzlich 50 betragen (mindestens 25 bei Rentenbezug wegen der Behinderung). Als Behinderten-Pauschbeträge werden je nach GdB folgende Summen berücksichtigt:

GdB	Pauschbetrag
von 25 und 30	310 EUR
von 35 und 40	430 EUR
von 45 und 50	570 EUR
von 55 und 60	720 EUR
von 65 und 70	890 EUR
von 75 und 80	1.060 EUR
von 85 und 90	1.230 EUR
von 95 und 100	1.420 EUR

Behindertentoilette

Behindertentoiletten an deutschen Autobahnen können mit einem einheitlichen Schlüssel geöffnet werden. Das gilt ebenso für Behindertentoiletten in vielen Städten und Gemeinden Deutschlands, oft auch für jene im europäischen Ausland. Der Schlüssel ist kostenpflichtig. Nähere Informationen erhalten Sie beim Club Behinderter und ihrer Freunde Darmstadt e.V., Tel. (0 61 51) 81 22-0.

Beiblatt zum Ausweis

Wer einen Schwerbehindertenausweis besitzt und kostenlos mit Bus und Bahn fahren will, muss nicht nur den üblichen 50 km-Radius beachten, sondern auch über eine gültige Wertmarke verfügen. Wer die „Freifahrt" beantragt hat, erhält vom zuständigen Sozialamt ein Beiblatt mit Wertmarke als Nachweis der Berechtigung.

Wichtig: Wer im Ausweis das Merkzeichen „H" oder „Bl" hat, muss für die Wertmarke nichts bezahlen. Die Wertmarke wird auch an folgende schwerbehinderte Personen kostenlos ausgegeben: Empfänger von Arbeitslosengeld II, Sozialhilfeempfänger und Bezieher von Krankengeld in Höhe des zuvor gezahlten Arbeitslosengeldes II.

Die Freifahrtberechtigung ohne km-Begrenzung bezieht sich nur auf Züge, die in Verkehrsverbünden fahren, und auf alle S-Bahnen; ansonsten gilt der 50 km-Radius.

Beitragsermäßigung bei Automobilclubs

Viele Automobilclubs gewähren ihren schwerbehinderten Mitgliedern Beitragsermäßigungen. In der Regel wird dafür ein GdB von 50 vorausgesetzt.

Praxis-Tipp:

Ein kostenloses Merkblatt „Vergünstigungen für Behinderte" können Mitglieder beziehen bei: ADAC-Zentrale, Am Westpark 8, Abt. Verkehrsmedizin, 81015 München. Weitere Informationen gibt es auch im Internet unter www.adac.de, Rubrik „Behinderte mobil".

Benutzung der 1. Klasse

Schwerbehinderte, die in ihrem Ausweis das Merkzeichen „1. Wagenklasse (1. Kl.)" haben, dürfen mit einem Fahrausweis für die 2. Wagenklasse in der 1. Wagenklasse fahren. Diese Voraussetzung erfüllen u.a. nur Schwerkriegsbeschädigte.

Blindengeld

Es gibt zwar ein Gesetz über Hilfen für Blinde und Gehörlose (GHBG), aber die Leistungen sind Ländersache und somit von Bundesland zu Bundesland verschieden.

Praxis-Tipp:

Erkundigen Sie sich in jedem Fall bei der für Sie zuständigen Behörde (Sozialamt). Oder fragen Sie beim Bundesministerium für Arbeit und Soziales nach – Bürgertelefon: (0 18 05) 67 67-15 (Infos für behinderte Menschen).

Nachfolgende Aussagen beziehen sich nicht auf alle Bundesländer: Finanzielle Hilfen gibt es für Gehörlose, hochgradig sehbehinderte und blinde Menschen. Eine monatliche finanzielle Hilfe in Höhe von 77 Euro können hochgradig Sehbehinderte und Gehörlose erhalten. Diese Hilfe wird grundsätzlich unabhängig von Einkommen und Vermögen gezahlt. Bei der Bewilligung anderer Sozialleistungen (z.B. Wohngeld, Sozialhilfe oder Arbeitslosengeld) wird diese Hilfe nicht als Einkommen gewertet.

Quelle: Landschaftsverband Rheinland

Voraussetzungen für hochgradig Sehbehinderte: Der Betroffene muss mindestens 16 Jahre alt sein und dessen besseres Auge mit Gläserkorrektur eine Sehschärfe von nicht mehr als fünf Prozent haben. Als blind gelten Personen, deren besseres Auge eine Sehschärfe von nicht mehr als zwei Prozent hat.

Überblick: So viel können Sie in NRW erhalten

Status	Betrag in EUR (monatlich)
Blinde Kinder + Jugendliche	293 EUR
Blinde unter 60 Jahre	588 EUR
Blinde über 60 Jahre	473 EUR

Stand: Januar 2008

Wichtig: Bis zur Vollendung des 60. Lebensjahres werden diese Leistungen unabhängig von Einkommen und Vermögen gezahlt. Nach der Vollendung des 60. Lebensjahres darf das Einkommen bestimmte Grenzen nicht überschreiten; ansonsten erfolgt eine Kürzung.

Blindenhilfe

Blindengeld wird nach den Vorschriften über die Blindenhilfe gemäß § 72 des SGB XII gezahlt (siehe auch „Blindengeld"). Diese Hilfe kommt zum Tragen, wenn der Blinde das 60. Lebensjahr vollendet hat und die Einkommensgrenze für das Blindengeld überschritten wird. Für diese ergänzende Blindenhilfe werden allerdings ebenfalls bestimmte Einkommens- und Vermögensgrenzen vorausgesetzt, die nicht überschritten werden dürfen.

Einziehung des Ausweises

Der Ausweis wird mit sofortiger Wirkung eingezogen, wenn der Behinderte nicht mehr im Geltungsbereich des Gesetzes wohnt. Wird der GdB auf unter 50 herabgesetzt, behält der Behinderte den Ausweis bis zum Ablauf einer Schutzfrist (in der Regel drei Monate).

Erleichterungen im Flugverkehr

Mobilitätseingeschränkte Personen können bei vielen deutschen Fluggesellschaften mit Erleichterungen rechnen. Diese können u.a. sein:

- kostenlose Beförderung von Rollstühlen und sonstigen Hilfsmitteln
- kostenlose Beförderung von Blindenhunden im Passagierraum
- Bereitstellung von Leihrollstühlen
- eigene Schalter für Schwerbehinderte (an vielen Flughäfen)
- Reservierung von speziellen Sitzen

Wichtig: Die Fluggesellschaften befördern grundsätzlich nur zusammenklappbare Rollstühle, die nicht motorbetrieben sind.

Praxis-Tipp:

Buchen Sie rechtzeitig und machen Sie detaillierte Angaben zu eventuell benötigten Hilfen. Aus Sicherheitsgründen ist nämlich die Anzahl der behinderten Personen pro Flug eingeschränkt.

Weitere Informationen können Sie aus den Broschüren der Arbeitsgemeinschaft Deutscher Verkehrsflughäfen erhalten. Kontakt: Tel.: (0 30) 31 01 18-0 oder www.adv-net.org

Ermäßigter Fahrpreis

Schwerbehinderte mit einem GdB von mindestens 70 und Erwerbsunfähigkeitsrentner können die BahnCard 50 der Deutschen Bahn zum halben Preis erwerben.

Ermäßigung der Kurtaxe und bei kulturellen Veranstaltungen

Viele Kultureinrichtungen und Veranstalter bieten schwerbehinderten Menschen vergünstigte Eintrittskarten an. Die Vergünstigungen betragen oft bis zu 50 Prozent. Auch werden an den meisten Veranstaltungsstätten geeignete Plätze für Rollstuhlfahrer reserviert.

Praxis-Tipp:

Erkundigen Sie sich bei den Veranstaltern vor Ort nach vergünstigten Konditionen für schwerbehinderte Menschen.

Darüber hinaus können Schwerbehinderte an ihrem Urlaubsort Ermäßigungen hinsichtlich der Kurtaxe erhalten. Die Kurtaxe ist eine kommunale Abgabe, die in der jeweiligen Gemeindesatzung geregelt ist. Viele Gemeinden bieten für Schwerbehinderte Ermäßigungen bis zu 50 Prozent an.

Erwerbsminderungsrente

Bis Ende 2000 waren Erwerbsminderungsrenten in Berufs- und Erwerbsunfähigkeitsrenten unterteilt. Heute gibt es diesbezüglich nur noch eine Rente wegen verminderter Erwerbsfähigkeit. Die Rente wegen Erwerbsminderung richtet sich nur noch nach dem vorhandenen körperlichen Leistungsvermögen. Dabei gelten folgende Abstufungen:

Mögliche Arbeitszeit	Rentenanspruch
Täglich unter drei Std.	Volle Rente
Täglich drei bis unter sechs Std.	Halbe Rente
Täglich sechs Std. oder mehr	Keine Rente

Fahrdienste

Diese Leistung wird in allen Städten und Gemeinden unterschiedlich gehandhabt. Grundsätzlich ist es Bedingung, dass der/die Behinderte einen Schwerbehindertenausweis mit dem Merkzeichen aG besitzt und der GdB mindestens 80 beträgt. Darüber hinaus wird vorausgesetzt, dass dem Betroffenen kein eigenes Fahrzeug zur Verfügung steht. Die Häufigkeit der Inanspruchnahme ist ebenfalls unterschiedlich geregelt.

Praxis-Tipp:

Erkundigen Sie sich bei Ihrem zuständigen Sozialamt in der Kreisverwaltung, ob für Ihren Wohnort ein Fahrdienst angeboten wird.

Fahrten mit öffentlichen Verkehrsmitteln

Alle Behinderten, die einen Schwerbehindertenausweis mit dem Merkzeichen „G" oder „Gl" haben und ein Beiblatt mit gültiger Wertmarke besitzen, können die Freifahrt mit öffentlichen Verkehrsmitteln beanspruchen.

Wichtig: Die Freifahrt darf mit diesen Merkzeichen nur dann beansprucht werden, wenn der Behinderte keine Kfz-Steuerermäßigung erhält.

Schwerbehinderte mit dem Merkzeichen „aG" dürfen hingegen sowohl die Freifahrt (gültige Wertmarke erforderlich) als auch eine Kfz-Steuerbefreiung beanspruchen.

Die Wertmarke ist grundsätzlich kostenpflichtig, Blinde oder Hilflose erhalten diese aber kostenlos. Dasselbe gilt auch für behinderte Bezieher von Arbeitslosenhilfe und Sozialhilfe.

Wichtig: Die Freifahrt bezieht sich nur auf Züge des Nahverkehrs innerhalb eines 50 km-Radius (siehe Streckenverzeichnis). Für Busse und S-Bahnen gilt dieser Umkreis nicht. Ebenfalls gilt die Beschränkung nicht, sofern die Züge im Verkehrsverbund fahren.

EC, IC und ICE sind grundsätzlich von der unentgeltlichen Benutzung ausgeschlossen.

Freibetrag für die Ausbildung eines Kindes

Dieser Freibetrag ist in § 33a Abs. 2 EStG geregelt. Der Steuerpflichtige kann wegen des Sonderbedarfs für die Ausbildung eines Kindes einen Freibetrag erhalten, wenn ihm Aufwendungen für die Berufsausbildung entstehen.

Voraussetzung: Das Kind muss volljährig sein und der Steuerpflichtige muss für das Kind einen Kinderfreibetrag oder Kindergeld erhalten. Ferner muss das Kind auswärtig untergebracht sein.

Der Freibetrag beträgt 924 Euro und wird um die eigenen Einkünfte des Kindes gekürzt, sofern diese 1.848 Euro übersteigen. Der Freibetrag wird ebenfalls gekürzt, wenn das Kind Ausbildungsbeihilfen aus öffentlichen Mitteln erhält.

Freifahrtausweis

Siehe „Beiblatt zum Ausweis“

Gebührenbefreiung bei Behörden

Unter bestimmten Voraussetzungen können behinderte Menschen (insbesondere Kriegsbeschädigte) von Gebühren bei Behörden befreit werden. Das bezieht sich z.B. auf gerichtliche Beurkundungen und Grundbucheintragungen. Die rechtliche Grundlage hierzu finden Sie in § 64 SGB X.

Gebührenfreie Platzreservierung im Zug

Die Deutsche Bahn AG reserviert für Schwerbehinderte auf Wunsch einen oder zwei Plätze in ihren Zügen. Dieser Service ist kostenlos, wenn Sie aufgrund einer außergewöhnlichen Gehbehinderung oder einer Sehbehinderung auf ständige Begleitung angewiesen sind (Merkzeichen „aG“, „Bl“ und „B“ im Schwerbehindertenausweis). Für internationale Reisezüge gilt, dass der Einsteigebahnhof in Deutschland sein muss.

Gesetzliche Krankenversicherung

Im Gegensatz zur privaten Krankenversicherung (PKV) sind die Leistungen bei der gesetzlichen Krankenversicherung (GKV) grundsätzlich gleich. Die Beiträge richten sich jeweils nach dem Einkommen der Versicherten. Familienmitglieder ohne eigenes Einkommen sind in der Regel kostenfrei mitversichert.

Praxis-Tipp:

Privatversicherte Schwerbehinderte haben die Möglichkeit des freiwilligen Beitritts in die GKV innerhalb von drei Monaten nach der Feststellung der Schwerbehinderteneigenschaft.

Voraussetzung ist, dass die schwerbehinderte Person, ein Elternteil oder sein Ehepartner in den letzten fünf Jahren vor dem Beitritt in die GKV dort mindestens drei Jahre versichert war.

Wichtig: Die Krankenkasse kann das Recht zum Beitritt in die GKV vom Alter des Schwerbehinderten abhängig machen.

Gleichstellung

Behinderte Menschen mit einem GdB von weniger als 50 erhalten keinen Schwerbehindertenausweis. Sofern die Betroffenen aber einen GdB von mindestens 30 haben, können sie bei der Agentur für Arbeit einen Gleichstellungsantrag einreichen, sofern sie wegen ihrer Behinderung ansonsten keinen geeigneten Arbeitsplatz erlangen oder behalten können.

Praxis-Tipp:

Mit der Gleichstellung erlangen Sie grundsätzlich den gleichen Status wie Schwerbehinderte. Das bedeutet für Sie u.a., dass Sie einen besonderen Kündigungsschutz genießen.

Allerdings können gleichgestellte Menschen keinen Zusatzurlaub, kein vorgezogenes Altersruhegeld und keine unentgeltliche Beförderung in Anspruch nehmen.

Gültigkeitsdauer

Ein Schwerbehindertenausweis wird für die Dauer von maximal fünf Jahren ausgestellt. Nur wenn eine wesentliche Änderung des Gesundheitszustands nicht zu erwarten ist, kann der Ausweis unbefristet ausgestellt werden.

Wichtig: Bei Schwerbehinderten unter zehn Jahren wird der Ausweis grundsätzlich bis zur Vollendung des zehnten Lebensjahres befristet. Bei schwerbehinderten Jugendlichen zwischen zehn und 15 Jahren wird die Gültigkeitsdauer des Ausweises bis maximal zur Vollendung des 20. Lebensjahres befristet.

Grad der Behinderung (GdB)

Die Minderung der Erwerbsfähigkeit (MdE) und der GdB werden nach gleichen Grundsätzen bemessen. Beide Begriffe sind ein Maß für die körperlichen, geistigen, seelischen und sozialen Auswirkungen einer gesundheitlichen Beeinträchtigung. Der GdB wird in Zehnergraden von 20 bis 100 festgelegt.

Wichtig: Es spielt keine Rolle, ob die gesundheitliche Beeinträchtigung angeboren, Folge eines Unfalls oder einer Krankheit ist. Alterstypische Beeinträchtigungen werden nicht berücksichtigt.

Haushaltshilfe

Kosten für die Beschäftigung einer Haushaltshilfe können steuerlich nach § 33a Abs. 3 EStG (außergewöhnliche Belastung) abgesetzt werden. Schwerbehinderte müssen hierfür einen GdB von mindestens 50 nachweisen oder das Merkzeichen „H" (hilflos) besitzen. Der steuerlich absetzbare Betrag beläuft sich jährlich auf 624 Euro bzw. 924 Euro.

Wichtig: Es genügt auch ein Bescheid der Pflegekasse über die Einstufung als Schwerstpflegebedürftiger in Pflegestufe III.

Hilfe für hochgradig Sehbehinderte

Sehbehinderte und blinde Menschen (Merkzeichen „Bl" im Schwerbehindertenausweis) erhalten unabhängig von ihrer Einkommenssituation Blindengeld nach dem Gesetz über die Hilfen für Blinde und Gehörlose (GHBG). Dabei wird vorausgesetzt, dass die Sehschärfe des besseren Auges nicht mehr als $^{1}/_{50}$ beträgt.

Das Blindengeld beträgt vor der Vollendung des 18. Lebensjahres 293 Euro, danach 585 Euro. Ab der Vollendung des 60. Lebensjahres beträgt das Blindengeld 473 Euro, wobei nun gleichzeitig eine Anrechnung von Einkommen und Vermögen erfolgt.

Hochgradig Sehbehinderte erhalten unabhängig von ihrer Einkommenssituation eine Hilfe von 77 Euro monatlich. Bei hochgradig Sehbehinderten wird vorausgesetzt, dass die Sehschärfe des besseren Auges mit Gläserkorrektur, aber ohne besondere optische Hilfsmittel nicht mehr als $^{1}/_{20}$ beträgt.

Wichtig: Die Höhe des Blindengeldes richtet sich nach den Vorschriften über die Blindenhilfe gemäß § 67 BSHG. Seit dem 1.1.2005 kommen zusätzlich die Vorschriften über die Blindenhilfe gemäß § 72 SGB XII infrage.

Wichtig: Es handelt sich bei den vorgenannten Ausführungen um Bestimmungen aus Nordrhein-Westfalen. Dabei wird vorausgesetzt, dass die betroffenen Personen dort ihren gewöhnlichen Aufenthalt haben.

Praxis-Tipp:

Erkundigen Sie sich bei der für Sie zuständigen Behörde (Sozialamt). Oder fragen Sie beim Bundesministerium für Arbeit und Soziales nach – Bürgertelefon (0 18 05) 67 67-15 (Infos für behinderte Menschen).

Hilfe für Gehörlose

Das Merkzeichen auf dem Schwerbehindertenausweis für Gehörlose ist „Gl". Die betroffenen Personen erhalten nach dem Gesetz über die Hilfen für Blinde und Gehörlose (GHBG) eine Hilfe von monatlich 77 Euro. Diese wird unabhängig von ihrer Einkommenssituation gewährt.

Wichtig: Personen gelten als gehörlos, wenn die Taubheit entweder angeboren oder bis zum 18. Lebensjahr eingetreten ist. Diese Bestimmungen sind nur für Nordrhein-Westfalen gültig. Es wird vorausgesetzt, dass dort der gewöhnliche Aufenthaltsort liegt. In anderen Bundesländern können diese Regelungen abweichen.

Hinzuverdienst

Die Hinzuverdienstgrenzen für Bezieher von Renten wegen teilweiser Erwerbsminderung errechnen sich u.a. aus dem persönlichen Verdienst der letzten drei Kalenderjahre vor dem Eintritt der Erwerbsminderung. Je nach Höhe des Hinzuverdienstes kann die Rente auch teilweise gewährt werden.

Der Bezieher einer Rente wegen voller Erwerbsminderung darf im Jahr 2010 brutto 400 Euro monatlich hinzuverdienen ($^1/_7$ der monatlichen Bezugsgröße). Wer mehr verdient, erhält eine gekürzte Rente von $^1/_4$, $^1/_2$ oder $^3/_4$. Hier gilt eine individuelle Hinzuverdienstgrenze, die sich u.a. aus dem Entgelt der letzten drei Kalenderjahre vor dem Eintritt der vollen Erwerbsminderung ergibt.

Hundesteuererlass

Die Hundesteuer ist eine kommunale Abgabe. Die Gemeinden können die Hundesteuer ermäßigen oder erlassen, wenn der Hund beispielsweise zum Schutz und zur Hilfe von Blinden, Gehörlosen und Hilflosen gehalten wird.

Wichtig: Für Blindenführhunde werden in der Regel keine Steuern erhoben. Grundsätzlich wird hier ein GdB von 100 und das Merkzeichen „B", „Bl", „aG" oder „H" vorausgesetzt.

Kfz-Steuer

Von der Kfz-Steuer sind behinderte Halter eines Kraftfahrzeugs befreit, wenn folgende Merkzeichen in ihrem Schwerbehindertenausweis eingetragen sind: „Bl" (Blinde), „H" (Hilflose) oder „aG" (außergewöhnlich Gehbehinderte). Zusätzlich dürfen diese Behinderten eine Wertmarke erwerben, die zur Freifahrt im öffentlichen Personennahverkehr berechtigt.

Gehbehinderte (Merkzeichen „G") und Gehörlose (Merkzeichen „Gl") können wählen, ob sie die Freifahrt im öffentlichen Personennahverkehr oder eine um 50 Prozent reduzierte Kfz-Steuer bevorzugen.

Wichtig: Wer die Steuerbefreiung oder -ermäßigung gewählt hat, muss Einschränkungen hinsichtlich der Benutzung seines Autos hinnehmen. Das Auto darf grundsätzlich entweder nur vom behinderten Menschen selbst gefahren werden oder von anderen nur im Beisein des Behinderten.

Wichtig: Die Steuerbefreiung bzw. -ermäßigung stehen dem Behinderten nur für ein Fahrzeug zu. Außerdem muss das Fahrzeug, für das eine Befreiung oder Ermäßigung von der Kfz-Steuer beantragt wird, auf den Namen des Behinderten zugelassen sein.

Kindergeld

Für behinderte Kinder wird das Kindergeld für unbegrenzte Dauer gezahlt, sofern die Behinderung vor der Vollendung des 25. Lebensjahres eingetreten ist und das Kind wegen der körperlichen, geistigen oder seelischen Behinderung außerstande ist, für sich selbst zu sorgen.

Wichtig: Führt der Kinderfreibetrag zu einer Steuerermäßigung, die höher ist als das Kindergeld, ändert das Finanzamt das Verfahren zugunsten des Steuerpflichtigen.

Praxis-Tipp:

Informieren Sie sich zu diesem Thema bei der Familienkasse (bei der Agentur für Arbeit) oder beim zuständigen Finanzamt.

Kostenfreie Mitversicherung von Rollstühlen

Die meisten Versicherungsgesellschaften sind in dieser Hinsicht einer Empfehlung des Gesamtverbands gefolgt. Dieser befürwortete den kostenlosen Versicherungsschutz für Rollstühle ohne Verbrennungsmotor in der Privathaftpflichtversicherung.

Praxis-Tipp:

Sieht Ihr Versicherungsvertrag dieses Wagnis nicht bedingungsgemäß vor, sollten Sie sich den Risikoeinschluss schriftlich bestätigen lassen. Achten Sie darauf, dass der Einschluss beitragsfrei ist.

Kündigungsschutz

Schwerbehinderte sind vor Kündigungen besser geschützt als andere Arbeitnehmer. Bevor ein Arbeitgeber einem Schwerbehinderten oder Gleichgestellten kündigen kann, muss er zuvor die Zustimmung des Integrationsamtes beantragen. Es sei denn, das Arbeitsverhältnis besteht seit weniger als sechs Monaten.

Wichtig: Der Kündigungsschutz ist im SGB IX geregelt. Ist die Kündigung im Verhalten des Arbeitnehmers begründet, verliert der besondere Kündigungsschutz seine Wirkung.

Ist die Schwerbehinderung zum Zeitpunkt der Kündigung noch nicht nachgewiesen, besteht kein besonderer Kündigungsschutz.

Kulturveranstaltungen

Viele Kultureinrichtungen bieten Schwerbehinderten vergünstigte Eintrittskarten an. Oft betragen diese Vergünstigungen bis zu 50 Prozent.

Praxis-Tipp:

Erkundigen Sie sich bei den jeweiligen Veranstaltern vor Ort nach entsprechenden Vergünstigungen für Schwerbehinderte.

Leistungen am Arbeitsplatz

Oft ist es erforderlich, den Arbeitsplatz behindertengerecht zu gestalten. Dadurch sollen Belastungen für die Betroffenen möglichst reduziert werden, um weitere Gesundheitsstörungen zu vermeiden. Eine weitere Leistung am Arbeitsplatz ist der Zusatzurlaub für den schwerbehinderten Arbeitnehmer.

Wichtig: Für viele Maßnahmen (u.a. zur behindertengerechten Arbeitsplatzgestaltung) kann der Arbeitgeber Zuschüsse erhalten.

Merkzeichen

Im Schwerbehindertenausweis können Merkzeichen wie „G“, „aG“, „Bl“, „H“, „Gl“, „EB“ oder „VB“ eingetragen werden. Die jeweiligen Zeichen geben Auskunft über die grundsätzliche Art der Behinderung.

Mehrarbeit

Mehrarbeit (Überstunden) wird oft vom Arbeitgeber verlangt, weil es die wirtschaftliche Situation erfordert. Allerdings können schwerbehinderte und ihnen gleichgestellte behinderte Arbeitnehmer auf ihr Verlangen hin von Mehrarbeit freigestellt werden.

Wichtig: Die Freistellung von Mehrarbeit begründet kein Ablehnungsrecht für Nachtarbeit oder Arbeit an Sonn- und Feiertagen. Der betroffene Arbeitnehmer darf auch keinesfalls einfach wegbleiben oder seinen Arbeitsplatz am Ende der regelmäßigen Arbeitszeit verlassen.

Nach einem Urteil des Bundesarbeitsgerichts von 1989 kann Mehrarbeit von Schwerbehinderten und gleichgestellten Behinderten abgelehnt werden, wenn eine tägliche Arbeitszeit von acht Stunden bzw. 48 Stunden wöchentlich überschritten wird.

Wichtig: Diesen Anspruch behinderter Arbeitnehmer dürfen Arbeitgeber bei Vorliegen von Notfällen oder außergewöhnlichen Ereignissen ablehnen.

Minderung der Erwerbsfähigkeit (MdE)

Siehe „Grad der Behinderung (GdB)“

Mobilfunk

Einige Mobilfunkanbieter gewähren Schwerbehinderten, die einen GdB von mindestens 80 nachweisen können, einen Sondertarif.

Praxis-Tipp:

Erkundigen Sie sich beim Anbieter Ihrer Wahl nach möglichen Sondertarifen und Preisnachlässen.

Nachteilsausgleich

Schwerbehinderte und gleichgestellte Behinderte können unterschiedliche Möglichkeiten des Nachteilsausgleichs in Anspruch nehmen. Es kommt darauf an, ob und welche Merkzeichen im

Schwerbehindertenausweis eingetragen sind und wie hoch der GdB ist. Der Nachteilsausgleich erfolgt u.a. durch:

- unentgeltliche Beförderung im öffentlichen Personennahverkehr
- Kündigungsschutz
- Zusatzurlaub
- Freistellung von Mehrarbeit
- Steuerermäßigungen
- Parkerleichterungen
- Rundfunkgebührenbefreiung
- Blindengeld
- Kfz-Steuerermäßigung
- Telefon-Sozialtarife
- Wehrdienstbefreiung

Nachteilsausgleich bedeutet entweder direkte finanzielle Vorteile oder sonstige Privilegien, z.B. die Wehrdienstbefreiung.

Örtliche Fürsorgestellen

Schwerbehinderte und gleichgestellte behinderte Menschen können von örtlichen Fürsorgestellen finanzielle Hilfe erwarten, wenn sie damit einen bestimmten Zweck verfolgen (z.B. selbstständige Existenzgründung) oder etwa ein behindertengerechtes Auto brauchen, um den Arbeitsplatz zu erreichen. Eine solche finanzielle Hilfe kann in Form eines Darlehens oder Zuschusses gewährt werden.

Parkerleichterungen

Schwerbehinderte mit dem Ausweismerkzeichen „aG“ oder „Bl“ können vom Straßenverkehrsamt einen Parkausweis erhalten. Damit darf im eingeschränkten Halteverbot und auf für Anwohner reservierten Parkplätzen bis zu drei Stunden geparkt werden. Selbstverständlich dürfen Sie mit dem Parkausweis auch reservierte Parkplätze nutzen, die durch ein Schild mit dem Rollstuhlfahrersymbol gekennzeichnet sind.

Wichtig: Legen Sie jeweils den Parkausweis und zusätzlich eine Parkscheibe hinter die Windschutzscheibe.

Des Weiteren dürfen Sie mit dem Parkausweis u.a. im Zonenhalteverbot und auf gekennzeichneten öffentlichen Parkflächen die zugelassene Parkdauer überschreiten, in Fußgängerzonen während der Ladezeiten parken sowie an Parkuhren und Parkscheinautomaten ohne Gebühr parken.

Pauschbetrag

Das Steuerrecht sieht für Schwerbehinderte diverse Pauschbeträge vor. Dabei handelt es sich um Beträge, die pauschal steuermindernd geltend gemacht werden können, ohne dass Einzelnachweise erbracht werden müssen.

Siehe auch „Behinderten-Pauschbetrag“

Pflegebedürftigkeit

Personen sind pflegebedürftig, wenn sie wegen einer körperlichen, geistigen oder seelischen Krankheit bzw. Behinderung für die gewöhnlichen und regelmäßig wiederkehrenden Verrichtungen des täglichen Lebens auf Dauer (voraussichtlich für mindestens sechs Monate) in erheblichem oder höherem Maße der Hilfe bedürfen.

Es werden drei Stufen der Pflegebedürftigkeit unterschieden: Pflegestufe I (erhebliche Pflegebedürftigkeit), Pflegestufe II (schwere Pflegebedürftigkeit) und Pflegestufe III (schwerste Pflegebedürftigkeit). Die Pflegekassen bieten für die Versorgung pflegebedürftiger Personen ambulante bzw. stationäre Leistungen an.

Wichtig: Die Pflegekassen lassen durch den Medizinischen Dienst der Krankenkassen prüfen, ob die Voraussetzungen für die Pflegebedürftigkeit vorliegen und in welche Pflegestufe der Betroffene eingestuft wird.

Rundfunk- und Fernsehgebührenbefreiung

Für diese Gebührenbefreiung muss im Ausweis das Merkzeichen „RF“ eingetragen sein. Damit ist gleichzeitig eine Ermäßigung der monatlichen Grundgebühr bei der Deutschen Telekom verbunden.

Wichtig: Die Rundfunkgebührenbefreiung gilt nicht für private Rundfunksender (z.B. Pay-TV).

Ebenfalls gilt die Befreiung von der Rundfunkgebührenpflicht nicht für die Eltern von schwerbehinderten Kindern, deren Ausweis das Merkzeichen „RF" aufweist.

Praxis-Tipp:

Der Antrag auf Befreiung von der Rundfunkgebührenpflicht muss bei der Gebühreneinzugszentrale der öffentlich-rechtlichen Rundfunkanstalten in der Bundesrepublik Deutschland gestellt werden. Die Anschrift lautet: GEZ, 50656 Köln

Schwerbehinderte Menschen

Schwerbehindert sind Personen, bei denen ein GdB von mindestens 50 festgestellt wurde. Wichtige Voraussetzung: Sie müssen im Bundesgebiet leben und arbeiten. Bei einem geringeren GdB (mindestens 30) kann eine „Gleichstellung" erfolgen.

Sterbegeld

Das Sterbegeld wurde von den gesetzlichen Krankenkassen abgeschafft. Allerdings gibt es für Kriegsbeschädigte gemäß Bundesversorgungsgesetz noch Geld vom zuständigen Kreis. Dabei wird unterschieden, ob der Betroffene infolge der Kriegsverletzung verstorben ist oder nicht. Andere Leistungen werden auf das Sterbegeld und Bestattungsgeld angerechnet.

Wichtig: Sterbegeld und Bestattungsgeld werden nur auf Antrag vom zuständigen Sozialamt gezahlt.

Steuerermäßigungen

Die wesentlichsten Steuerermäßigungen finden Sie im Bereich der Werbungskosten, außergewöhnlichen Belastungen und Pauschbeträge für behinderte Menschen. Wichtig ist in diesem Zusammenhang § 33 EStG. Der Steuerpflichtige kann wählen, ob er den sogenannten Pauschbetrag ohne Nachweis von tatsächlich entstandenen Kosten steuerlich geltend macht oder die echten Kosten absetzt.

Wichtig: Bei einem Einzelnachweis der Kosten wird eine zumutbare Belastung abgezogen.

Neben dem Behinderten-Pauschbetrag, der die außergewöhnlichen Belastungen abdeckt, sind u.a. abzugsfähig:

- Krankheitskosten aus akutem Anlass
- Aufwendungen für eine krankheits- oder behinderungsbedingte Heimunterbringung
- behinderungsbedingte Aufwendungen, die nicht laufend anfallen
- Kosten für die behinderungsbedingte Umrüstung eines Kfz

Praxis-Tipp:

Fragen Sie auf jeden Fall einen Steuerberater, welche Aufwendungen Sie steuerlich geltend machen können.

Streckenverzeichnis

Wer als Schwerbehinderter die unentgeltliche Beförderung mit öffentlichen Verkehrsmitteln in Anspruch nehmen möchte, muss beim zuständigen Sozialamt eine Wertmarke erwerben. Mit dem Ausweis erhalten die Betroffenen auch ein Streckenverzeichnis. Darin sind alle Strecken im Umkreis von 50 km aufgeführt, die unentgeltlich mit Nahverkehrszügen zurückgelegt werden dürfen.

Wichtig: Unabhängig von dem 50 km-Umkreis dürfen die Betroffenen mit allen Bussen und S-Bahnen fahren. Außerhalb des 50 km-Radius dürfen Sie ebenfalls alle Nahverkehrszüge benutzen, sofern diese im Verkehrsverbund fahren.

Teilzeit

Falls wegen der Art oder Schwere der Behinderung eine Verkürzung der Arbeitszeit erforderlich ist, können schwerbehinderte und gleichgestellte behinderte Menschen bei ihrem Arbeitgeber Teilzeit beantragen.

Wichtig: Die Gewährung von Teilzeitarbeit muss für den Arbeitgeber zumutbar sein. Unzumutbarkeit ist dann gegeben, wenn zwingende Gründe vorliegen. Das kann z.B. der Fall sein, wenn auf dem Arbeitsmarkt keine zusätzliche Arbeitskraft zur Verfügung steht oder wenn die notwendigen Räumlichkeiten hierfür nicht vorhanden sind.

Praxis-Tipp:

Ein Anspruch auf Teilzeit besteht, wenn die vertraglich vereinbarte Arbeitsleistung in Vollzeit aufgrund der Behinderung nicht mehr in vollem Umfang erbracht werden kann.

Die Rechtsgrundlagen hierzu finden Sie in § 81 Abs. 5 SGB IX.

Telefon/Sozialtarif

Die Deutsche Telekom gewährt bestimmten Behinderten den sogenannten Sozialtarif. Es handelt sich hierbei um eine freiwillige Leistung der Telekom, die jederzeit widerrufen werden kann. Für diesen Sozialtarif kommt u.a. folgender Personenkreis infrage:

- Blinde, Gehörlose oder Sprachbehinderte mit einem GdB von mindestens 90
- Schwerbehinderte mit dem Ausweismerkzeichen „RF"

Wichtig: Statt der früher üblichen Ermäßigung auf den monatlichen Grundpreis wird hierbei der Betrag des Sozialtarifs in Höhe von 8,72 Euro für blinde, gehörlose und sprachbehinderte Menschen mit einem GdB von wenigstens 90 bzw. 6,94 Euro für schwerbehinderte Menschen, die in ihrem Ausweis das Merkzeichen „RF" haben, mit den normalen Telefonkosten verrechnet. Dabei ist es wichtig, dass die Gespräche über das Netz der Deutschen Telekom geführt werden.

TÜV und Straßenverkehrsamt

Besitzt der Behinderte ein Kfz und lässt besondere behindertengerechte Bedienungseinrichtungen einbauen, müssen diese grundsätzlich durch TÜV und Straßenverkehrsamt in den Kfz-Brief und den Kfz-Schein eingetragen werden. Somit können zusätzliche Gebühren entstehen, die ermäßigt oder erlassen werden können.

Wichtig: Gebühren, die auch ohne Behinderung anfallen würden, z.B. die regelmäßige TÜV-Untersuchung, sind in voller Höhe zu entrichten.

Übergangsgeld

Reichen die Leistungen für Behinderte während der Teilnahme an Maßnahmen der beruflichen Aus- und Weiterbildung sowie die Hilfen zur dauerhaften Teilnahme am Arbeitsleben wegen der Art und Schwere der Behinderung nicht aus, können Leistungen zum Lebensunterhalt (Übergangsgeld) erbracht werden. Übergangsgeld wird von der Agentur für Arbeit gezahlt.

Wichtig: Anspruch auf Übergangsgeld besteht nur dann, wenn der Behinderte innerhalb der letzten drei Jahre vor dem Beginn der Teilnahme an den genannten Maßnahmen mindestens zwölf Monate sozialversicherungspflichtig gearbeitet oder Arbeitslosengeld bekommen hat.

Unentgeltliche Beförderung einer Begleitperson

Wer bei der Benutzung von öffentlichen Verkehrsmitteln ständig auf Begleitung angewiesen ist, erhält die Eintragung des Merkzeichens „B" auf der Vorderseite des Schwerbehindertenausweises.

Bei folgenden Schwerbehinderten ist eine ständige Begleitung grundsätzlich notwendig:

- Querschnittsgelähmte
- Personen ohne Hände
- Blinde
- erheblich Sehbehinderte
- geistig Behinderte
- Anfallskranke

Das Merkzeichen „B" wird grundsätzlich nur eingetragen, wenn zusätzlich eine außergewöhnliche Gehbehinderung vorliegt (Merkzeichen „aG").

Praxis-Tipp:

Der Behinderte darf auch Züge benutzen, für die er zahlen muss (z.B. IC oder ICE). Für die Begleitperson ist grundsätzlich keine Fahrkarte erforderlich.

Wichtig: Trotz Merkzeichen „B" im Behindertenausweis darf der behinderte Mensch öffentliche Verkehrsmittel auch ohne Begleitung benutzen. Eine gegenseitige Begleitung zweier behinderter Menschen in zahlungspflichtigen Zügen ist hingegen ausgeschlossen.

Unentgeltliche Beförderung in öffentlichen Verkehrsmitteln

Die unentgeltliche Beförderung von Schwerbehinderten setzt voraus, dass der Ausweisinhaber eine gültige Wertmarke besitzt und in seinem Ausweis eines der folgenden Merkzeichen eingetragen ist: „G", „aG", „Bl", „H" oder „Gl". Personen mit den Merkzeichen „Bl" oder „H" erhalten die Wertmarke kostenlos.

Unentgeltliche Beförderung von Hilfsmitteln

Schwerbehinderte Menschen, die auf die Benutzung eines Rollstuhls angewiesen sind, können diesen in Zügen der Deutschen Bahn AG unentgeltlich mitnehmen. Voraussetzung ist, dass sie im Zug an den dafür vorgesehenen Stellen untergebracht werden können.

Wichtig: Für elektrische Rollstühle gilt eine Sonderregelung. Sie werden zwar auch kostenlos befördert, müssen sich aber grundsätzlich für die Beförderung eignen. Außerdem muss die Ver- und Entladung innerhalb des Zugaufenthalts möglich sein.

Verlängerung des Ausweises

Ein Schwerbehindertenausweis wird höchstens zweimal verlängert. Dafür ist die Gemeinde- bzw. Stadtverwaltung zuständig. Nach zweimaliger Verlängerung wird ein neuer Ausweis ausgestellt.

Vermögensbildung

Siehe „Bausparverträge"

Versorgungsamt

Das Versorgungsamt dokumentiert die Eigenschaft als schwerbehinderter Mensch nach dem Schwerbehindertenrecht (SGB IX). Nach der Antragstellung werden die behandelnden Ärzte, Krankenhäuser, Kuranstalten und sonstige Stellen (z.B. Rentenversicherungsträger) nach Befundberichten bezüglich des aktuellen Gesundheitszustands befragt. Auf dieser Grundlage erfolgt eine Auswertung und Festlegung des GdB. Nachdem das Versorgungsamt in manchen Bundesländern abgeschafft wurde, sind dort nun die Gemeinde-, Kreis- oder Stadtverwaltungen zuständig.

Wehrdienstbefreiung

Schwerbehinderte Menschen müssen keinen Wehrdienst und auch keinen Ersatzdienst leisten. Sie sind nach § 11 Abs. 1 Nr. 4 des Wehrpflichtgesetzes von der Wehrpflicht und auch von der Musterungspflicht nach § 3 der Musterungsverordnung befreit.

Werbungskosten

Zu den abzugsfähigen Werbungskosten gehören u.a. die Kosten für Fahrten zwischen Wohnung und Arbeitsstätte (vergl. § 9 EStG). Ob es sinnvoller ist, eine Entfernungspauschale oder die tatsächlichen Fahrtkosten geltend zu machen, kann Ihnen Ihr Steuerberater sagen.

Praxis-Tipp:

In angemessenem Umfang können auch Kfz-Kosten für Privatfahrten geltend gemacht werden. Dabei gelten jedoch einige Voraussetzungen, u.a. muss der GdB mindestens 80 betragen.

Wertmarke

Siehe „Beiblatt zum Ausweis“

Wohngeld

Bei der Überprüfung, ob und in welcher Höhe Anspruch auf Wohngeld besteht, wird u.a. berücksichtigt, wie viele Familienmitglieder im Haushalt leben und wie hoch das gesamte Familieneinkommen ist. Infrage kommen Schwerbehinderte mit einem GdB von 100 und unter bestimmten Umständen auch Schwerbehinderte mit einem geringeren GdB, sofern häusliche Pflegebedürftigkeit besteht.

Praxis-Tipp:

Wohngeld können sowohl Mieter als auch Eigentümer von Eigenheimen und Eigentumswohnungen erhalten.

Bei der Ermittlung des Gesamteinkommens (§ 2 Abs. 1 und 2 EStG) aller Familienmitglieder werden Freibeträge in unterschiedlicher Höhe berücksichtigt. Erkundigen Sie sich hierzu bei den Wohngeldstellen der jeweiligen Gemeinde- oder Stadtverwaltungen.

Wichtig: Grundsätzlich haben u.a. Empfänger von Sozialgeld und Arbeitslosengeld II keinen Anspruch auf Wohngeld.

Wohnraumförderung und Wohnberechtigungsschein

Die Bewilligung von Fördermitteln der sozialen Wohnraumförderung hängt u.a. von Ihrem Familienstand und dem gesamten Familieneinkommen ab. Dabei werden je nach GdB und eventueller Pflegebedürftigkeit unterschiedliche Beträge in Abzug gebracht.

Entsprechende Einkommensgrenzen gelten grundsätzlich auch für einen Wohnberechtigungsschein (WBS). Mit diesem haben Sie das Recht, eine durch öffentliche Mittel geförderte Mietwohnung zu beziehen (sozialer Wohnungsbau). Der Wohnberechtigungsschein berechtigt nur zum Bezug bestimmter Wohnungsgrößen.

Wichtig: Denken Sie daran, dass die einzelnen Fördermittel und Voraussetzungen je nach Bundesland unterschiedlich sind.

Praxis-Tipp:

Nähere Informationen erhalten Sie beim zuständigen Amt für Wohnungswesen bei der Gemeinde, Stadt- oder Kreisverwaltung.

Wohnungsbauförderung

Je nach Bundesland werden öffentliche Mittel für den Bau oder Kauf von selbstgenutzten Immobilien gewährt. Diese Förderung besteht grundsätzlich aus einem Darlehen. Dabei sind allerdings Einkommensgrenzen zu beachten.

Praxis-Tipp:

Schwerbehinderte Menschen erhalten je nach GdB unterschiedlich hohe Freibeträge, welche das zu versteuernde Einkommen senken.

Zivildienstbefreiung

Siehe „Wehrdienstbefreiung"

Zusatzurlaub

Ein schwerbehinderter Arbeitnehmer hat Anspruch auf Zusatzurlaub. Voraussetzung ist allerdings, dass die Schwerbehinderteneigenschaft das ganze Jahr über bestanden hat. Der Zusatzurlaub beträgt stets eine Arbeitswoche.

Umfasst die Arbeitszeit z.B. fünf Tage pro Woche, beträgt auch die Dauer des Zusatzurlaubs fünf Tage; bei einer regelmäßigen Arbeitszeit von vier Tagen beträgt der Anspruch auf Zusatzurlaub ebenfalls vier Tage; bei sechs Tagen Arbeitszeit pro Arbeitswoche sind es sechs Tage Zusatzurlaub.

Wichtig: Der Anspruch auf Zusatzurlaub entsteht in dem Augenblick, in dem das Versorgungsamt die Schwerbehinderteneigenschaft feststellt. Erfolgt die Feststellung im Laufe des Jahres, gilt ein anteiliger Urlaubsanspruch.

Zuzahlungen – wie viel und wofür?

Nicht alle Versicherten müssen in der gesetzlichen Krankenversicherung Zuzahlungen leisten. Kinder und Jugendliche unter 18 Jahren sind von Zuzahlungen grundsätzlich befreit (Ausnahmen: Kieferorthopädie und Fahrtkosten). Die nachfolgende Übersicht zeigt die wesentlichsten Zuzahlungen:

<table>
<tr><th>Leistungen der gesetzlichen Krankenversicherung</th><th>Höhe der Zuzahlung</th><th>Befreiungsmöglichkeiten</th></tr>
<tr><td>Verschreibungspflichtige Arznei- und Verbandmittel</td><td>10 % der Kosten,
mindestens 5 EUR,
höchstens 10 EUR</td><td rowspan="10">Nach Erreichen der Belastungsgrenze erfolgt eine Befreiung für den Rest des Kalenderjahres. Diese Grenze beträgt
■ 2 % des Familieneinkommens (brutto) bzw.
■ 1 % für chronisch Kranke
■ Kinder und Jugendliche unter 18 Jahren sind von der Zuzahlung grundsätzlich befreit (Ausnahmen: Kieferorthopädie und Fahrtkosten).</td></tr>
<tr><td>Heilmittel</td><td>10 % der Kosten plus
10 EUR je Verordnung</td></tr>
<tr><td>Hilfsmittel</td><td rowspan="2">10 % der Kosten,
mindestens 5 EUR,
höchstens 10 EUR</td></tr>
<tr><td>Fahrtkosten</td></tr>
<tr><td>Stationärer Aufenthalt</td><td>10 EUR pro Tag,
längstens für 28 Tage</td></tr>
<tr><td>Häusliche Krankenpflege</td><td>10 % je einzelner Leistung plus 10 EUR je Verordnung
(höchstens 28 Tage)</td></tr>
<tr><td>Stationäre Vorsorge- und Rehabilitationsmaßnahmen</td><td>10 EUR täglich
(für unbegrenzte Dauer)</td></tr>
<tr><td>Anschluss-Rehabilitation</td><td>10 EUR täglich
(höchstens 28 Tage)</td></tr>
<tr><td>Mütterkuren</td><td>10 EUR täglich</td></tr>
<tr><td>Haushaltshilfe</td><td>10 % der Kosten,
mindestens 5 EUR,
höchstens 10 EUR
pro Tag</td></tr>
<tr><td>Zahnersatz</td><td colspan="2">Es gelten Festzuschüsse, die sich bei regelmäßiger Vorsorge erhöhen.</td></tr>
</table>

Antworten auf häufig gestellte Fragen

16

Ab wann besteht Kündigungsschutz?

Für schwerbehinderte und gleichgestellte behinderte Menschen gilt ein besonderer Kündigungsschutz. Laut Neuntem Buch Sozialgesetzbuch (Teil 2 Schwerbehindertenrecht §§ 85–92) muss vor einer fristgerechten Kündigung die Zustimmung des zuständigen Integrationsamtes beantragt werden.

Von dieser Regelung sind u.a. folgende Fälle ausgenommen:

- das Arbeitsverhältnis hat zum Zeitpunkt der Kündigung noch keine sechs Monate ununterbrochen bestanden,
- der Arbeitnehmer hat selbst gekündigt,
- das Arbeitsverhältnis endet durch einen einvernehmlichen Aufhebungsvertrag oder
- es handelt sich um einen befristeten Vertrag, dessen Zeit abgelaufen ist (Zeitvertrag).

Neben der fristgerechten (ordentlichen) Kündigung gibt es die außerordentliche Kündigung. Eine außerordentliche Kündigung kann personen-, verhaltens- oder betriebsbedingt erfolgen.

Wichtig: Bei Kündigungen, die im Verhalten des schwerbehinderten Mitarbeiters begründet liegen, verliert der besondere Kündigungsschutz nach dem SGB IX die Schutzwirkung.

Bei betriebsbedingten Kündigungen aufgrund von Auftragsrückgängen, Einschränkungen des Betriebs oder gar Stilllegung ist die Entscheidung des Integrationsamtes durch das Gesetz derart eingeschränkt, dass der Kündigung in der Regel zugestimmt wird.

Ab wann hat der Schwerbehinderte Anspruch auf Rente?

Zunächst einmal muss zwischen Altersrente und Rente wegen Erwerbsminderung unterschieden werden. Bei der Erwerbsminderungsrente ist es maßgebend, wie lange der Betroffene noch arbeiten kann. Bei einer Arbeitszeit von weniger als drei Stunden täglich erhält der Betroffene die volle Erwerbsminderungsrente, bei drei bis unter sechs Stunden täglich wird die halbe Erwerbsminderungsrente gewährt und bei sechs Stunden und mehr entfällt der Anspruch auf Erwerbsminderungsrente.

Wichtig: Grundvoraussetzung für den Bezug von Erwerbsminderungsrente ist die sogenannte Wartezeiterfüllung. Das heißt, dass der Betroffene vor dem Eintritt der Erwerbsminderung mindestens fünf Jahre lang versichert gewesen sein muss und davon mindestens drei Jahre lang Pflichtbeiträge gezahlt hat.

Auf die allgemeine Wartezeit werden angerechnet: Beitragszeiten (freiwillige und Pflichtbeiträge), Kindererziehungszeiten, Ersatzzeiten etc.

Wichtig: Die Wartezeit gilt als erfüllt, wenn die Minderung der Erwerbsfähigkeit u.a. durch einen Arbeitsunfall oder eine Schädigung während des Wehr- oder Zivildienstes eingetreten ist. In diesem Fall genügt bereits die Zahlung eines einzigen Pflichtbeitrags.

Für Berufsanfänger gilt die Wartezeit als erfüllt, wenn in den letzten zwei Jahren vor dem Eintritt der vollen Erwerbsminderung mindestens ein Jahr Pflichtbeiträge gezahlt wurden.

Die Altersrente für schwerbehinderte Menschen können Versicherte beantragen, die das 60. Lebensjahr vollendet haben, bei Beginn der Rente schwerbehindert sind (GdB mindestens 50) und eine Wartezeit von 35 Jahren erfüllen.

Wichtig: Die Altersgrenze wird für Versicherte, die ab 1941 geboren wurden, stufenweise auf das 63. Lebensjahr angehoben. Eine vorzeitige Inanspruchnahme ist dann zwar möglich, aber es müssen Rentenabschläge hingenommen werden.

Praxis-Tipp:

Es gibt aber Versicherte, die einen sogenannten Vertrauensschutz genießen. Fragen Sie für nähere Informationen bei Ihrem Rentenversicherungsträger nach.

Ab welchem GdB wird ein Schwerbehindertenausweis ausgestellt?

Um das Vorhandensein der Eigenschaft als Schwerbehinderter, den GdB und weitere gesundheitliche Merkmale dokumentieren zu können, wird ein Schwerbehindertenausweis ausgestellt. Damit wird auch die Voraussetzung für die Inanspruchnahme von Rechten und Nachteilsausgleichen nach dem SGB IX und anderen Vorschriften geschaffen.

Wichtig: Einen Schwerbehindertenausweis erhalten Sie nur, wenn der GdB mindestens 50 beträgt.

Bei welcher Institution muss der Antrag auf Feststellung der Schwerbehinderteneigenschaft gestellt werden?

Der Antrag auf Feststellung der Schwerbehinderteneigenschaft muss bei dem für Ihren Wohnsitz zuständigen Sozialamt gestellt werden. Dort werden dann der GdB sowie die gesundheitlichen Merkmale für die Gewährung von Nachteilsausgleichen festgestellt.

Der Antrag kann zunächst formlos gestellt werden. Daraufhin bestätigt das Sozialamt dem Antragsteller den Eingang und sendet diesem einen Antragsvordruck zu.

Praxis-Tipp:

In einigen Bundesländern besteht die Möglichkeit, einen Schwerbehindertenantrag online zu stellen (u.a. in Bayern, Niedersachsen und Nordrhein-Westfalen). Für nahezu alle Bundesländer stehen die entsprechenden Formulare im Internet als PDF zur Verfügung.

Nach derzeitiger Rechtsprechung genießen Personen, die beim zuständigen Sozialamt einen Antrag auf Feststellung der Schwerbehinderteneigenschaft stellen, bis zum rechtskräftigen Abschluss des Verfahrens einen Sonderkündigungsschutz.

Bestehen Vergünstigungen beim Telefon?

Es gibt den sogenannten „Sozialtarif" der Deutschen Telekom. Diesen Tarif können nicht nur Sozialhilfeempfänger erhalten, sondern auch Schwerbehinderte mit dem Ausweismerkzeichen „RF".

Wichtig: Statt der früher üblichen Ermäßigung auf den monatlichen Grundpreis wird hierbei der Betrag des Sozialtarifs in Höhe von 8,72 Euro für blinde, gehörlose und sprachbehinderte Menschen mit einem GdB von wenigstens 90 bzw. 6,94 Euro für schwerbehinderte

Menschen, die in ihrem Ausweis das Merkzeichen „RF" haben, mit den normalen Telefonkosten verrechnet. Dabei ist es wichtig, dass die Gespräche über das Netz der Deutschen Telekom geführt werden.

Das Versorgungsamt ist in einigen Bundesländern seit dem 1.1.2008 aufgelöst. Wer ist jetzt für Schwerbehindertenangelegenheiten zuständig?

Ab diesem Zeitpunkt müssen Sie die zuständige Kreisverwaltung kontaktieren. Aber auch die jeweiligen Gemeinde- oder Stadtverwaltungen stehen Ihnen mit Rat und Tat zur Verfügung. Ebenfalls verteilt sich ein Teil des Aufgabenbereichs auf die Landschaftsverbände. Das betrifft jedoch nicht alle Bundesländer, denn teilweise bleiben die Versorgungsämter nach wie vor bestehen.

Für wen gilt die unentgeltliche Beförderung im öffentlichen Personennahverkehr?

Die unentgeltliche Beförderung im Personennahverkehr steht Schwerbehinderten mit folgenden Merkzeichen zu: „G, aG, Bl, H, Gl, VB und EB". Allerdings ist die kostenlose Beförderung nur mit einem zusätzlichen Beiblatt zum Schwerbehindertenausweis inklusive gültiger Wertmarke möglich.

Wichtig: Die Wertmarke ist grundsätzlich kostenpflichtig. Eine Ausnahme hiervon bilden Schwerbehinderte mit den Merkzeichen „Bl" (Blindheit) oder „H" (Hilflosigkeit) sowie Sozialhilfeempfänger.

Für wen wird wie viel Sterbegeld gezahlt – und von wem?

Das Sterbegeld wurde von allen gesetzlichen Krankenkassen abgeschafft. Allerdings gibt es nach dem Bundesversorgungsgesetz (BVG) vom jeweiligen Sozialamt ein Bestattungs- und Sterbegeld für Kriegsbeschädigte. Beim Tod eines rentenberechtigten Kriegsbeschädigten kann ein Bestattungsgeld von bis zu 1.498 Euro gewährt werden, sofern der Tod die Folge einer solchen Schädigung ist. Andernfalls kann ein Betrag von 751 Euro gewährt werden.

Beim Tod eines rentenberechtigten Beschädigten gibt es Sterbegeld in Höhe der dreifachen Versorgungsbezüge, die diesem für den Sterbemonat nach den §§ 30–33, 34 und 35 BVG zustanden. Eine Pflegezulage wird jedoch maximal bis Stufe II berücksichtigt.

Wichtig: Bestattungsgeld und Sterbegeld werden nur auf Antrag gewährt. Machen Sie gegebenenfalls das beauftragte Beerdigungsinstitut darauf aufmerksam.

Gibt es Beitragsermäßigungen?

Schwerbehinderte Menschen müssen für kulturelle Veranstaltungen oder sonstige Eintritte bzw. Gebühren oft weniger bezahlen. Eine Nachfrage beim jeweiligen Veranstalter lohnt sich. Weitere Sparmöglichkeiten ergeben sich bei diversen Automobilclubs.

Gibt es eine Vergünstigung beim Neuwagenkauf?

Schwerbehinderte Menschen mit einem GdB von mindestens 50 und einem Merkzeichen „G", „aG", „Gl" oder „Bl" bekommen bei vielen Automobilherstellern Sondernachlässe.

Praxis-Tipp:

Erkundigen Sie sich beim Bund behinderter Autobesitzer e.V., 66443 Bexbach, Postfach 1202, Tel./Fax (0 68 26) 57 82, Internet: www.bbab.de.

Gibt es einen Sonderrabatt in der Kfz-Versicherung?

Manche Versicherungsgesellschaften bieten schwerbehinderten Fahrzeughaltern einen Sonderrabatt für die Kfz-Versicherung an. Aber seit der Freigabe der Versicherungsbedingungen (Mitte 1994) haben die meisten Versicherer diesen Beitragsnachlass gestrichen.

Praxis-Tipp:

Es gibt viele Gesellschaften, die keinen Sonderrabatt für Schwerbehinderte gewähren, aber trotzdem preiswerter sind als andere Anbieter mit Sonderrabatt.

Inwiefern können örtliche Fürsorgestellen helfen?

Schwerbehinderte und gleichgestellte behinderte Menschen können von der zuständigen öffentlichen Fürsorgestelle finanzielle Hilfe erhalten. Das kann einerseits ein Darlehen sein, andererseits kann es sich um Zuschüsse handeln. Gefördert wird u.a. die Gründung einer selbstständigen beruflichen Existenz, ein Kraftfahrzeug zum Erreichen der Arbeitsstätte etc.

Praxis-Tipp:

Als Ansprechpartner in dieser Angelegenheit kommen nicht nur örtliche Fürsorgestellen infrage, sondern auch Reha-Träger.

Ist der Schwerbehinderte zur Mehrarbeit verpflichtet?

Unabhängig von der Art des Beschäftigungsverhältnisses sind schwerbehinderte Arbeitnehmer und ihnen gleichgestellte Behinderte auf Verlangen von Mehrarbeit freizustellen.

Wichtig: Diese Freistellung begründet aber kein Ablehnungsrecht bezüglich Nachtarbeit und Arbeit an Sonn- und Feiertagen.

Rechtsgrundlagen hierzu finden Sie unter § 124 SGB IX.

Ist eine rückwirkende Steuerermäßigung möglich?

Bei der Inanspruchnahme mancher Steuerermäßigungen kommt es darauf an, ab wann die Eigenschaft als Schwerbehinderter, der GdB oder gesundheitliche Merkmale nachgewiesen sind. Das gilt nicht nur für den möglichen Zusatzurlaub, sondern auch für die Inanspruchnahme mancher Steuerermäßigungen.

Wichtig: Einige Steuerermäßigungen können rückwirkend für ein ganzes Jahr in Anspruch genommen werden; selbst dann, wenn die Schwerbehindertenéigenschaft nur für einen einzigen Kalendertag im Jahr festgestellt wurde.

Praxis-Tipp:

Bei Unfällen oder beginnenden Erkrankungen können Sie in Ihrem Antrag angeben: „Ich bitte um rückwirkende Feststellung der Schwerbehinderteneigenschaft ab ..." – Fragen Sie hierzu auf jeden Fall bei einem Steuerberater nach!

Kann der Schwerbehindertenausweis eingezogen werden?

Wird der GdB auf unter 50 herabgesetzt, darf der Betroffene in der Regel den Ausweis bis zum Ablauf der Schutzfrist (drei Monate) behalten; danach wird er eingezogen. Wohnt der Behinderte nicht mehr im Geltungsbereich des Gesetzes, wird der Ausweis ohne Schutzfrist eingezogen.

Wichtig: Der Ausweis wird nicht eingezogen, wenn ein behinderter deutscher Arbeitnehmer durch eine deutsche Firma für eine bestimmte Zeit ins Ausland versetzt wird.

Können Schwerbehinderte wieder in die GKV eintreten, wenn sie zuvor privatversichert waren?

Die Krankenversicherung ist ein häufig diskutiertes Thema. Gesetzlich oder privat heißt die Frage, wobei oft behauptet wird „einmal privat – immer privat". Im Grunde stimmt diese Behauptung, denn es ist sehr schwierig, von der privaten wieder in die gesetzliche Krankenkasse zu wechseln.

Wichtig: Wer privat krankenversichert ist und dann schwer erkrankt, ist grundsätzlich für den Rest seines Lebens dieser einen Versicherungsgesellschaft ausgeliefert; denn keine andere Gesellschaft nimmt Schwerkranke auf.

Zwar hat der Versicherte das Recht auf einen Tarifwechsel (§ 178f VVG), das gilt aber nur für einen gleichwertigen oder schlechteren Versicherungsschutz. So steigen entweder die Beiträge überproportional oder die Leistungen werden immer mehr reduziert. Und ein Zurück in die GKV ist nahezu unmöglich.

Praxis-Tipp:

Ein Zurück in die gesetzliche Krankenversicherung in Form des freiwilligen Beitritts ist grundsätzlich nur innerhalb von drei Monaten nach der Feststellung der Schwerbehinderteneigenschaft möglich. Als Voraussetzung hierfür muss ein Elternteil oder der Ehegatte in den letzten fünf Jahren vor dem Beitritt mindestens drei Jahre dort versichert gewesen sein.

Muss der Behindertenausweis jedes Jahr erneuert werden?

Ein Schwerbehindertenausweis wird grundsätzlich auf längstens fünf Jahre befristet. Schwerbehinderte Kinder unter zehn Jahren erhalten den Ausweis befristet bis zur Vollendung des zehnten Lebensjahres. Danach wird der Ausweis mit einem Lichtbild versehen. Für schwerbehinderte Kinder zwischen zehn und 15 Jahren wird die Gültigkeit des Ausweises maximal bis zur Vollendung des 20. Lebensjahres befristet.

Wichtig: Ein Schwerbehindertenausweis kann höchstens zweimal verlängert werden; danach muss er neu ausgestellt werden.

Praxis-Tipp:

Ist eine wesentliche Änderung des Gesundheitszustands nicht zu erwarten, kann die Gültigkeitsdauer unbefristet sein.

Muss ein Behinderter die Sperrfrist bei einem Bausparvertrag einhalten?

Mit dem Abschluss eines Bausparvertrags ist u.a. eine Wohnungsbauprämie oder die Arbeitnehmersparzulage verbunden. Der Sparer kann entweder ein Bauspardarlehen beanspruchen oder sich das angesammelte Guthaben auszahlen lassen. Das ist grundsätzlich prämienunschädlich, wenn die sogenannte Sperrfrist (sieben bzw. zehn Jahre) abgelaufen ist.

Schwerbehinderte mit einem GdB von mindestens 95 können über ihren Bausparvertrag vorzeitig verfügen. Dasselbe gilt auch für den Ehegatten eines Behinderten. Es spielt dabei keine Rolle, ob es sich um den Abschluss eines Bausparvertrags handelt oder um vermögenswirksame Leistungen.

Wichtig: Wurde ein Bausparvertrag oder ein Sparvertrag nach dem Vermögensbildungsgesetz vor der Feststellung der Behinderung abgeschlossen, so ist eine Auszahlung vor dem Ablauf der Sperrfrist prämienunschädlich. Das gilt auch, wenn bei Aufwendungen für den Erwerb von Vermögensbeteiligungen die Sperrfrist nicht eingehalten wird.

Unter welchen Voraussetzungen kann ein Fahrdienst für Privatfahrten in Anspruch genommen werden?

Hierbei handelt es sich um Leistungen des jeweiligen Kreises. Diese Leistungen sind derart individuell und unterschiedlich geregelt, dass hierauf nicht ausführlicher eingegangen wird. Es gibt auch Kreise, in denen überhaupt kein Fahrdienst angeboten wird. Dann können diese Zeilen vielleicht eine nützliche Anregung sein, um ein solches Angebot für Behinderte ins Leben zu rufen.

Wichtig: Behindertenfahrten werden u.a. von folgenden Institutionen durchgeführt: Malteser Hilfsdienst, Johanniter, AWO, Rotes Kreuz etc.

Beispiel,
wie der Fahrdienst in manchen Kreisen angeboten wird:

Voraussetzung: Schwerbehinderte mit dem Merkzeichen aG und einem GdB von mindestens 80 ohne eigenes Fahrzeug.

Wohin? – Innerhalb des gesamten Kreises des Wohnorts.

Wann? – An jedem Wochentag von 7 bis 22 Uhr.

Sinn und Zweck: Privatfahrten zum Einkaufen und zum Besuch von Freunden, Verwandten oder Bekannten.

Wie oft? – Maximal dreimal pro Monat.

Unter welcher Voraussetzung ist eine Ermäßigung oder Befreiung bei der Kfz-Steuer möglich?

Schwerbehinderte, die im Ausweis die Merkzeichen „G" oder „Gl" haben, können wählen, ob sie beim zuständigen Finanzamt eine 50-prozentige Kfz-Steuerermäßigung beantragen möchten oder einen Freifahrtausweis für die Benutzung öffentlicher Verkehrsmittel wünschen.

Wichtig: Eine Kombination von Kfz-Steuerermäßigung und „Freifahrt" ist bei den genannten Merkzeichen nicht möglich.

Die 50-prozentige Steuerermäßigung muss beim zuständigen Finanzamt beantragt werden. Hierzu müssen Sie beim Sozialamt ein

Beiblatt zum Ausweis ohne Wertmarke und ein Antragsformular anfordern. Damit können Sie dann die Kfz-Steuerermäßigung beim Finanzamt beantragen.

Wichtig: Das Finanzamt vermerkt die Steuerermäßigung auf dem Beiblatt und im Fahrzeugschein.

Eine 100-prozentige Kfz-Steuerbefreiung erhalten nur Schwerbehinderte mit den Merkzeichen „H", „Bl" oder „aG". Unter Umständen ist die Kfz-Steuerbefreiung auch für Schwerbehinderte mit den Merkzeichen „EB" oder „VB" möglich.

Praxis-Tipp:

Schwerbehinderte mit den Merkzeichen „H", „Bl" oder „aG" können neben der 100-prozentigen Kfz-Steuerbefreiung zusätzlich die „Freifahrt" beanspruchen.

Wichtig: Das Fahrzeug, für welches der Behinderte eine Steuerermäßigung oder -befreiung beantragt, muss auf seinen Namen zugelassen sein.

Wann darf eine Begleitperson kostenlos öffentliche Verkehrsmittel benutzen?

Erhält der Schwerbehindertenausweis das Merkzeichen „B" („Die Notwendigkeit ständiger Begleitung ist nachgewiesen."), darf der Betroffene in allen Personenzügen kostenlos eine Begleitperson mitnehmen. Eine Kilometerbegrenzung gibt es dabei nicht. Den Gesetzestext finden Sie in § 145 SGB IX.

Praxis-Tipp:

Die kostenlose Begleitung in Personenzügen gilt auch dann, wenn der Behinderte selbst bezahlen muss (z.B. bei Fahrten mit dem IC oder ICE).

Wichtig: Trotz Merkzeichen „B" im Behindertenausweis darf der Betroffene öffentliche Verkehrsmittel selbstverständlich auch ohne Begleitung benutzen.

Haben zwei Behinderte das Merkzeichen „B“ in ihren Ausweisen, ist allerdings eine gegenseitige Begleitung ausgeschlossen.

Wann darf man auf Behindertenparkplätzen parken?

Nur wer einen entsprechenden Parkausweis hat, darf u.a. auf reservierten Parkplätzen parken, die durch ein Schild mit Rollstuhlfahrersymbol gekennzeichnet sind. Einen Parkausweis erhalten schwerbehinderte Menschen mit den Ausweismerkzeichen „aG“ oder „Bl“. Es spielt dabei keine Rolle, ob der Behinderte selbst ein Auto besitzt.

Praxis-Tipp:

Den Parkausweis können Sie beim zuständigen Straßenverkehrsamt beantragen.

Wichtig: Wer sein Auto unberechtigt auf einem Behindertenparkplatz abstellt, muss mit einem Verwarnungsgeld in Höhe von derzeit 35 Euro rechnen. Unberechtigt abgestellte Fahrzeuge können darüber hinaus grundsätzlich abgeschleppt werden.

Wann erhalten Sie einen Schwerbehindertenausweis?

Ein Schwerbehindertenausweis dient zum Nachweis der Schwerbehinderteneigenschaft, des GdB und gesundheitlicher Merkmale, um entsprechende Nachteilsausgleiche beanspruchen zu können.

Wichtig: Ein Ausweis wird erst ab einem GdB von 50 ausgestellt. Dabei ist es Voraussetzung, dass Ihr gewöhnlicher Aufenthaltsort in Deutschland liegt.

Wann gilt für Arbeitnehmer ein erweiterter Kündigungsschutz?

Schwerbehinderte und gleichgestellte behinderte Arbeitnehmer genießen einen besonderen Kündigungsschutz gemäß den §§ 85–92 SGB IX. Jede ordentliche (fristgerechte) Kündigung durch den Arbeitgeber bedarf ausdrücklich der vorherigen Zustimmung durch das Integrationsamt.

Von dieser Regelung sind folgende Fälle ausgenommen:

- das Beschäftigungsverhältnis bestand zum Zeitpunkt der Kündigung noch keine sechs Monate
- der Arbeitnehmer hat gekündigt
- das Arbeitsverhältnis wurde durch einen einvernehmlichen Aufhebungsvertrag zwischen Arbeitgeber und Arbeitnehmer beendet
- es handelt sich um einen Zeitvertrag

Wichtig: Bei Kündigungen, die im Verhalten des schwerbehinderten Mitarbeiters begründet liegen, verliert der besondere Kündigungsschutz nach dem SGB IX seine Wirkung.

Wann ist eine Befreiung von der Zuzahlungspflicht für Arzneimittel möglich?

Wer gesetzlich krankenversichert ist, muss nicht unbegrenzt Zuzahlungen leisten. Grundsätzlich sind maximal zwei Prozent des jährlichen Familienbruttoeinkommens zu bezahlen. Für chronisch kranke Versicherte beträgt die Belastungsgrenze ein Prozent des jährlichen Familienbruttoeinkommens.

Wichtig: Beim Zahnersatz kommt die sogenannte Härtefallregelung zum Tragen. Diese kann zu einer vollständigen Befreiung von Zuzahlungen führen. Fragen Sie im Bedarfsfall bei Ihrer Krankenkasse nach.

Wann ist eine Platzreservierung in Zügen der Deutschen Bahn kostenlos?

Als Voraussetzung für eine kostenlose Sitzplatzreservierung in Zügen der Deutschen Bahn AG muss der Schwerbehinderte auf ständige Begleitung angewiesen sein. Hat also jemand im amtlichen Schwerbehindertenausweis das Merkzeichen „B“ und ist der Vermerk „Die Notwendigkeit ständiger Begleitung ist nachgewiesen“ nicht gelöscht, darf der Betroffene einen oder zwei Sitzplätze kostenlos reservieren lassen.

Wichtig: Der Einsteigebahnhof muss sich in Deutschland befinden. Und: Die Reservierung muss entweder telefonisch erfolgen oder in einem DB-Reisezentrum abgeholt werden. Hierfür ist die Vorlage des Schwerbehindertenausweises erforderlich.

Wann ist eine Wehrdienstbefreiung möglich?

Schwerbehinderte Jugendliche sind von der Ableistung des Wehrdienstes grundsätzlich befreit. Die Befreiung müssen Sie beim zuständigen Kreiswehrersatzamt beantragen. Somit besteht ebenfalls eine Befreiung von der Musterungspflicht.

Wann ist man erwerbsunfähig?

Heute unterscheidet man nicht mehr zwischen Berufs- und Erwerbsunfähigkeit, sondern ausschließlich danach, wie viele Stunden täglich der betroffene Arbeitnehmer tätig sein kann. Daran orientiert sich auch der Anspruch auf Rente (siehe nachfolgende Übersicht):

Mögliche Arbeitszeit	Rentenanspruch
Täglich unter drei Std.	Volle Rente
Täglich drei bis unter sechs Std.	Halbe Rente
Täglich sechs Std. oder mehr	Keine Rente

Wann können Hilfen in besonderen Lebenslagen gewährt werden?

Örtliche Fürsorgestellen können Zuschüsse und/oder Darlehen für Leistungen gewähren, die nicht im Leistungskatalog des Schwerbehindertengesetzes geregelt sind. Grundsätzlich wird diese finanzielle Hilfe aber nur dann gewährt, wenn ansonsten der Verlust des Arbeitsplatzes drohen würde. Die Höhe dieser finanziellen Unterstützung hängt vom jeweiligen Einzelfall ab.

Wann müssen Rentenabschläge hingenommen werden?

Schwerbehinderte können vorzeitig Altersrente beantragen, wenn sie 35 anrechnungsfähige Versicherungsjahre nachweisen. Die Altersgrenze hierfür wurde bis Ende 2003 von 60 auf 63 Jahre angehoben. Allerdings kann die Rente auch weiterhin ab der Vollendung des 60. Lebensjahres bezogen werden.

Wichtig: Im Falle der vorzeitigen Inanspruchnahme muss mit einer Rentenkürzung gerechnet werden (0,3 Prozent der Rente für jeden Monat der vorzeitigen Inanspruchnahme).

Für Versicherte, die bis zum 16.11.1950 geboren sind und am 16.11.2000 bereits schwerbehindert, berufs- oder erwerbsunfähig waren, gilt weiterhin die Altersgrenze von 60 Jahren.

Wann soll man einen Schwerbehindertenantrag stellen?

Sobald ein Arzt festgestellt hat, dass eine zu behandelnde Erkrankung nicht nur vorübergehend ist und eine dauernde Beeinträchtigung vorliegen wird, sollte sich der Betroffene an das zuständige Sozialamt wenden und dort einen Antrag auf Schwerbehinderung stellen.

Praxis-Tipp:

Wenden Sie sich für die Antragstellung an das zuständige Sozialamt oder das kommunale Bürgerbüro. Dort erhalten Sie nicht nur einen Antragsvordruck, sondern auch Hilfe beim Ausfüllen.

Wann soll man einen Verschlimmerungsantrag stellen?

Bei Verschlechterung des Gesundheitszustands sollte in jedem Fall ein Verschlimmerungsantrag gestellt werden. Zuständig ist hierfür das jeweilige Sozialamt. Je nach GdB und Art des jeweiligen Merkzeichens sind damit Steuervorteile und sonstige Nachteilsausgleiche verbunden.

Was bedeuten die einzelnen Merkzeichen?

Je nach Art der Behinderung geben die einzelnen Merkzeichen Auskunft darüber, welche Nachteilsausgleiche in Anspruch genommen werden können. Nachfolgend ist deren jeweilige Bedeutung erklärt:

„G" Der Ausweisinhaber ist gehbehindert und in der Bewegungsfähigkeit im Straßenverkehr erheblich beeinträchtigt. Das Merkzeichen „G" erhält derjenige, der infolge einer altersunabhängigen Einschränkung des Gehvermögens Wegstrecken bis 2 km bei einer Gehdauer von etwa einer halben Stunde nicht ohne erhebliche Schwierigkeiten oder Gefahren gehen kann.

„aG" Der Ausweisinhaber ist außergewöhnlich gehbehindert und kann sich nur mit fremder Hilfe oder großer Anstrengung bewegen.

„Bl" Der Ausweisinhaber ist blind. Ihm fehlt entweder das Augenlicht vollständig oder die Sehkraft beträgt nicht mehr als $^{1}/_{50}$.

„Gl" Der Ausweisinhaber ist gehörlos. Dabei handelt es sich um behinderte Menschen, bei denen beiderseitige Taubheit vorliegt. Auch Hörbehinderte erhalten dieses Merkzeichen, wenn eine Schwerhörigkeit beiderseits vorliegt, die an Taubheit grenzt, und darüber hinaus schwere Sprachstörungen bestehen.

„B" Dieses Merkzeichen wird auf der Vorderseite des Ausweises eingetragen und bedeutet, dass eine ständige Begleitung erforderlich ist. Die jeweilige Begleitperson darf öffentliche Verkehrsmittel kostenfrei benutzen, selbst dann, wenn der Behinderte zahlen muss.

„H" Der Ausweisinhaber ist hilflos. Er bedarf infolge seiner Behinderung dauernd fremder Hilfe.

„RF" Der Ausweisinhaber erfüllt die gesundheitlichen Voraussetzungen für die Befreiung von der Rundfunkgebührenpflicht. Dieses Merkzeichen können Behinderte erhalten, die einen GdB von mindestens 80 haben und wegen ihres Leidens allgemein von öffentlichen Veranstaltungen ausgeschlossen sind.

„1. Kl." Der Ausweisinhaber ist kriegsbeschädigt oder Verfolgter im Sinne des Bundesentschädigungsgesetzes. Er darf in Zügen mit einer Fahrkarte für die 2. Klasse die 1. Klasse benutzen. Der GdB muss mindestens 70 betragen. Der körperliche Zustand muss die Unterbringung in der ersten Wagenklasse erfordern.

„VB" Dieses Merkzeichen wird auf der Vorderseite des Ausweises eingetragen und bedeutet, dass der Ausweisinhaber versorgungsberechtigt ist. Der GdB muss mindestens 50 betragen.

„EB" Dieses Merkzeichen wird ebenfalls auf der Vorderseite des Ausweises eingetragen. Die Erwerbsfähigkeit ist nach den Vorschriften des Bundesentschädigungsgesetzes um mindestens 50 Prozent vermindert.

Was bedeuten „Nachteilsausgleiche"?

Nachteilsausgleiche sind Vorteile, die ein Schwerbehinderter nutzen kann. Im Arbeits- und Berufsleben sind das u.a. Kündigungsschutz, Zusatzurlaub, Freistellung von Mehrarbeit etc. Ferner gehören dazu Gebühren- und Steuerermäßigungen.

Ein anderer Nachteilsausgleich kann die Rundfunkgebührenbefreiung sein. Zusätzliche Vergünstigungen, z.B. Beitrags- oder Gebührenermäßigungen und Parkerleichterungen, kommen hinzu. Darüber hinaus besteht die Möglichkeit der unentgeltlichen Beförderung in öffentlichen Nahverkehrsmitteln.

Sonstige Nachteilsausgleiche (also Vergünstigungen) können sein: Blindengeld, Blindenhilfe, Wohnraumförderung, Kindergeldzahlung etc.

Wichtig: Die Nachteilsausgleiche richten sich u.a. nach dem GdB und den jeweiligen Merkzeichen.

Was bedeutet „Gleichstellung"?

Wer behindert ist und einen GdB von weniger als 50, aber mindestens 30 hat, kann von der Agentur für Arbeit schwerbehinderten Menschen gleichgestellt werden, wenn er ohne die Gleichstellung keinen geeigneten Arbeitsplatz erlangen oder behalten kann.

Wichtig: Mit der Gleichstellung erlangen Betroffene grundsätzlich den gleichen Status wie Schwerbehinderte. Das betrifft vorwiegend den Kündigungsschutz. Nachteilsausgleiche wie Zusatzurlaub, unentgeltliche Beförderung oder vorgezogene Altersrente können dagegen nicht in Anspruch genommen werden.

Wichtig: Der Antrag auf Gleichstellung kann formlos bei der zuständigen Agentur für Arbeit gestellt werden. Behinderte können allerdings nur gleichgestellt werden, wenn ihre wöchentliche Arbeitszeit mindestens 18 Stunden beträgt.

Was bedeutet „Grundsicherung"?

Für die Grundsicherung kommen nur Menschen infrage, die ihren Lebensunterhalt nicht selbst bestreiten können und die ihren ständigen Wohnsitz in Deutschland haben. Des Weiteren müssen sie entweder das 65. Lebensjahr vollendet haben oder das 18. Lebensjahr vollendet haben und aus medizinischen Gründen dauerhaft voll erwerbsgemindert sein.

Wichtig: Rechtsgrundlagen hierzu finden Sie im Sozialgesetzbuch (SGB) XII. Die Grundsicherung können Sie bei der zuständigen Kreis- oder Stadtverwaltung beantragen.

Folgende Personen haben keinen Anspruch auf Grundsicherung:

- Personen, deren Eltern oder Kinder jährlich mehr als 100.000 Euro verdienen
- Personen, die ihre Bedürftigkeit in den letzten zehn Jahren vorsätzlich oder grob fahrlässig herbeigeführt haben
- ausländische Staatsangehörige, die Leistungen nach dem Asylbewerberleistungsgesetz erhalten

Wichtig: Die eigenen Einkünfte des Bedürftigen werden bei der Berechnung abgezogen. Sind die Einkünfte niedriger als der rechnerische Bedarf, wird der Differenzbetrag als Grundsicherung ausgezahlt. Eigenes Vermögen muss aber zuerst aufgebraucht werden.

Was bedeutet „Wartezeit"?

Die Wartezeit ist für die gesetzliche Rente im Alter oder bei geminderter Erwerbsfähigkeit von Bedeutung, denn wer die Wartezeiterfüllung nicht nachweisen kann, geht grundsätzlich leer aus.

Die Wartezeit für die Altersrente beträgt 35 Jahre. Auf diese allgemeine Wartezeit sind folgende Zeiten anzurechnen:

- Beitragszeiten (Pflicht- und freiwillige Beiträge),
- Kindererziehungszeiten,
- Zeiten aus dem Versorgungsausgleich und dem Rentensplitting unter Ehegatten,
- Zeiten geringfügiger Beschäftigung mit Beitragszahlung des Arbeitnehmers,
- Zuschläge an Entgeltpunkten für Arbeitsentgelt aus geringfügiger, versicherungsfreier Beschäftigung,
- Ersatzzeiten (z.B. Kriegsdienst, Kriegsgefangenschaft),
- Anrechnungszeiten (z.B. Schulausbildung nach der Vollendung des 17. Lebensjahres),
- Berücksichtigungszeiten (z.B. Erziehung des Kindes bis zur Vollendung des zehnten Lebensjahres).

Wichtig: Die Wartezeit gilt grundsätzlich als erfüllt, wenn die Minderung der Erwerbsfähigkeit u.a. aufgrund eines Arbeitsunfalls oder einer Schädigung während des Wehr- oder Zivildienstes eingetreten ist. In dem Fall genügt bereits ein einziger gezahlter Pflichtbeitrag.

Für Berufsanfänger gilt die Wartezeit ebenfalls als erfüllt. Als solche gelten Versicherte, die vor dem Ablauf von sechs Jahren nach der Beendigung einer Ausbildung voll erwerbsgemindert wurden und in den letzten zwei Jahren vor dem Eintritt der vollen Erwerbsminderung mindestens ein Jahr lang Pflichtbeiträge gezahlt haben.

Wichtig: Der Zeitraum von zwei Jahren vor dem Eintritt der vollen Erwerbsminderung verlängert sich um Zeiten der schulischen Ausbildung nach Vollendung des 17. Lebensjahres von bis zu sieben Jahren.

Was ist der Unterschied zwischen Blinden und hochgradig Sehbehinderten?

Als Blinde im Sinne des Gesetzes gelten nicht nur tatsächlich Blinde, sondern auch Personen, deren Sehschärfe auf dem besseren Auge nicht mehr als 0,02 Prozent (also $^{1}/_{50}$) beträgt.

Hochgradig sehbehindert sind laut Gesetz Personen, deren besseres Auge mit Gläserkorrektur ohne besondere optische Hilfsmittel eine Sehschärfe von nicht mehr als 0,05 Prozent (also $^{1}/_{20}$) aufweist.

Welche Ansprüche haben behinderte Kinder?

Für Kinder und Jugendliche gelten grundsätzlich dieselben Maßstäbe wie für Erwachsene. Eine alterstypische Hilfsbedürftigkeit wird bei der Feststellung einer Behinderung nicht berücksichtigt.

Welche Eingliederungshilfen gibt es für Schwerbehinderte?

Auch hier sind wieder je nach Bundesland große Unterschiede zu verzeichnen. Zum einen gibt es Eingliederungshilfen für behinderte Menschen, die eine Hochschule besuchen möchten. Diese Hochschulförderung soll behinderten Studierenden helfen, einen akademischen Berufsabschluss zu erwerben. Auch können eventuelle Kosten für persönliche Hilfen und Sachmittel bezuschusst werden.

Wichtig: Diese Leistungen werden grundsätzlich nur dann gewährt, wenn kein anderer Träger (z.B. Agentur für Arbeit oder Rentenversicherungsträger) zuständig ist und gewisse Einkommensgrenzen nicht überschritten werden.

Wichtig: Hat der Behinderte bereits eine Berufsausbildung abgeschlossen, erfolgt keine Förderung mehr.

Zum anderen gibt es eine berufliche Eingliederungshilfe für Behinderte, die nicht mehr in der Lage sind, ihren erlernten Beruf oder ihre bisherige Tätigkeit auszuüben. Zu diesem Zweck existieren gemeinnützige, überregionale Einrichtungen (Berufsförderungswerke), die berufliche Rehabilitation zur Fortbildung und Umschulung Behinderter anbieten.

Des Weiteren können Arbeitgeber einen Eingliederungszuschuss erhalten, wenn sie Schwerbehinderte oder gleichgestellte Behinderte einstellen.

Praxis-Tipp:

Leistungen der Agentur für Arbeit müssen vor dem Abschluss eines entsprechenden Arbeitsvertrages beantragt werden.

Welche Parkerleichterungen gibt es?

Schwerbehinderte mit einer außergewöhnlichen Gehbehinderung (Merkzeichen „aG“ im Schwerbehindertenausweis) können bei der zuständigen Straßenverkehrsbehörde eine Ausnahmegenehmigung beantragen. Diese berechtigt sie, ihr Fahrzeug dort abzustellen, wo dies für andere verboten ist (z.B. im eingeschränkten Halteverbot).

Praxis-Tipp:

An Parkuhren und bei Parkscheinautomaten darf mit dieser Ausnahmegenehmigung zeitlich unbegrenzt und ohne Gebühr geparkt werden.

Welche Steuerermäßigungen gibt es?

Es existieren derart viele steuerliche Ermäßigungen, dass diese ein eigenes Buch füllen würden. Deshalb finden Sie nachfolgend lediglich eine kurze Zusammenfassung der wesentlichsten Steuerermäßigungen:

- Werbungskostenabzug
- außergewöhnliche Belastungen
- Behinderten-Pauschbetrag
- Pflegepauschbetrag
- Kinderbetreuungskosten
- sonstige Steuerermäßigungen

Praxis-Tipp:

Fragen Sie im Hinblick auf steuerliche Vorteile stets einen fachkundigen Steuerberater.

Welcher Unterschied besteht zwischen behindert und schwerbehindert?

Von einer Behinderung ist die Rede, wenn körperliche Funktionen, geistige Fähigkeiten oder die seelische Gesundheit eingeschränkt sind – und das nicht nur vorübergehend. Von schwerbehinderten Menschen ist die Rede, wenn der GdB mindestens 50 beträgt.

Wichtig: Für die Inanspruchnahme von Nachteilsausgleichen ist es Voraussetzung, dass der schwerbehinderte Mensch in der Bundesrepublik wohnt, seinen gewöhnlichen Aufenthalt dort hat oder hier beschäftigt ist.

Welcher Unterschied besteht zwischen Blindengeld und Blindenhilfe?

Auch bei dieser finanziellen Hilfe bestehen enorme regionale Unterschiede, denn in jedem Bundesland existieren andere Vorschriften und verschieden hohe finanzielle Hilfen.

Einer der wesentlichen Unterschiede liegt in der Sehschärfe. Wer auf dem besseren Auge eine Sehschärfe von nicht mehr als fünf Prozent hat, kann Blindenhilfe beantragen. Personen, deren besseres Auge eine Sehschärfe von nicht mehr als zwei Prozent hat, gelten als blind und können daher Blindengeld beantragen.

Wichtig: Die Einschränkung durch Blindheit muss entweder mit einer augenärztlichen Bescheinigung nachgewiesen werden oder mit einem Schwerbehindertenausweis, der das Merkzeichen „Bl" enthält.

Wer erhält das Beiblatt zum Schwerbehindertenausweis kostenlos?

Grundsätzlich muss die Wertmarke zur Freifahrtberechtigung mit öffentlichen Nahverkehrsmitteln bezahlt werden. Schwerbeschädigte, in deren Ausweis die Merkzeichen „H" oder „Bl" eingetragen sind, brauchen für die Wertmarke nichts bezahlen.

Mit der Eintragung „Kriegsbeschädigt" und dem Merkzeichen „VB" oder „EB" erhält der Versorgungsberechtigte die Wertmarke ebenfalls kostenlos, sofern er bereits am 1.10.1979 freifahrtberechtigt war und die MdE aufgrund der Schädigung heute noch mindestens 70 Prozent beträgt. Oder die MdE beträgt noch 50 bzw. 60 Prozent und das Merkzeichen „G" wurde infolge der Schädigung eingetragen.

Schwerbehinderte, die Arbeitslosengeld II oder Sozialhilfe beziehen, erhalten die Wertmarke ebenfalls kostenlos.

Wer erhält eine BahnCard billiger?

Besitzer einer BahnCard 25 bzw. BahnCard 50 erhalten bei Bahnfahrten eine Ermäßigung von 25 bzw. 50 Prozent. Die BahnCard 50 ist für schwerbehinderte Menschen ab einem GdB von 70 und für Erwerbsminderungsrentner zum halben Preis erhältlich.

Wer erhält eine Befreiung von der Rundfunkgebührenpflicht?

Personen, die in ihrem Schwerbehindertenausweis das Merkzeichen „RF" haben, können eine Befreiung von der Rundfunkgebührenpflicht beantragen. Der Antrag muss bei der Gebühreneinzugszentrale der öffentlich-rechtlichen Rundfunkanstalten in Deutschland gestellt werden. Die Anschrift lautet: GEZ, 50656 Köln.

Wichtig: Wer in seinem Schwerbehindertenausweis das Merkzeichen „RF" hat, bekommt von der Deutschen Telekom den sogenannten Sozialtarif. Damit ermäßigt sich die Grundgebühr. Diese Vergütung wird freiwillig gewährt und kann jederzeit widerrufen werden.

Werden Hilfsmittel kostenlos befördert?

Die Deutsche Bahn AG transportiert Rollstühle und sonstige orthopädische Hilfsmittel unentgeltlich, wenn diese an den dafür vorgesehenen Stellen untergebracht werden können. Näheres können Sie der Informationsbroschüre „Mobil mit Handicap" von der Deutschen Bahn AG entnehmen, die herausgegeben wurde.

Wie hoch ist der Behinderten-Pauschbetrag?

Im Falle einer Steuerermäßigung nach § 33 EStG kann statt des Einzelnachweises außergewöhnlicher Belastungen ein Behinderten-Pauschbetrag geltend gemacht werden. Die Behinderten-Pauschbeträge richten sich nach dem GdB und betragen:

Grad der Behinderung	Pauschbetrag
von 25 und 30	310 EUR
von 35 und 40	430 EUR
von 45 und 50	570 EUR
von 55 und 60	720 EUR
von 65 und 70	890 EUR
von 75 und 80	1.060 EUR
von 85 und 90	1.230 EUR
von 95 und 100	1.420 EUR

Bei behinderten Menschen, die im Schwerbehindertenausweis das Merkzeichen „H" (hilflos) haben oder in die Pflegestufe III eingestuft sind, erhöht sich der Pauschbetrag auf 3.700 Euro.

Wie lange ist ein Behindertenausweis gültig?

Ein Behindertenausweis wird grundsätzlich für maximal fünf Jahre ausgestellt. Falls eine Änderung des Gesundheitszustands nicht zu erwarten ist, kann der Ausweis unbefristet ausgestellt werden.

Wichtig: Der Schwerbehindertenausweis darf höchstens zweimal verlängert werden; danach muss ein neuer Ausweis ausgestellt werden.

Die Gültigkeit eines Ausweises für schwerbehinderte Kinder wird grundsätzlich bis zur Vollendung des zehnten Lebensjahres befristet. Danach wird ein neuer Ausweis mit Lichtbild ausgestellt. Für schwerbehinderte Kinder zwischen zehn und 15 Jahren wird die Gültigkeit maximal bis zur Vollendung des 20. Lebensjahres befristet.

Wie lange wird Kindergeld für behinderte Kinder gezahlt?

Laut Bundeskindergeldgesetz wird das Kindergeld unbegrenzt gezahlt, sofern das Kind wegen seiner Behinderung nicht in der Lage ist, sich selbst zu unterhalten. Voraussetzung: Die Behinderung muss vor der Vollendung des 25. Lebensjahres eingetreten sein.

Wichtig: Der Anspruch endet jedoch mit der Vollendung des 25. Lebensjahres, falls das Kind mangels anderer Berechtigter das Kindergeld selbst erhält.

Wie lange wird Waisenrente für behinderte Kinder gezahlt?

Behinderte Kinder erhalten Waisenrente nach dem Bundesversorgungsgesetz (BVG) auch über das 18. Lebensjahr hinaus für unbegrenzte Dauer. Allerdings endet eine mögliche Waisenrente aus der gesetzlichen Unfallversicherung mit Vollendung des 25. Lebensjahres (§ 67 Abs. 3 SGB XII).

Wie oft darf der Behindertenausweis verlängert werden?

Ein Schwerbehindertenausweis wird maximal für die Dauer von fünf Jahren ausgestellt. Danach darf er höchstens zweimal verlängert werden. Die Ausweisverlängerung erfolgt durch das Versorgungsamt oder eine nach Landesrecht zuständige Behörde.

Wie viel darf der Empfänger einer Erwerbsminderungsrente hinzuverdienen?

Die individuelle Hinzuverdienstgrenze ergibt sich u.a. aus dem persönlichen Verdienst der letzten drei Kalenderjahre vor dem Eintritt der Erwerbsminderung. Für Personen mit teilweiser Erwerbsminderung gilt: Je nach Höhe des Hinzuverdienstes kann auch eine Rente in halber Höhe beansprucht werden.

Wer eine Rente wegen voller Erwerbsminderung bezieht, darf im Jahr 2010 400 Euro hinzuverdienen; das ist $^1/_7$ der monatlichen Bezugsgröße. Diese Bezugsgröße orientiert sich am Durchschnittsentgelt der gesetzlichen Rentenversicherung des vorletzten Kalenderjahres.

Wichtig: Wer eine Rente wegen voller Erwerbsminderung erhält, darf mehr als $^{1}/_{7}$ der monatlichen Bezugsgröße verdienen, wenn er statt der vollen Rente nur $^{1}/_{4}$, $^{1}/_{2}$ oder $^{3}/_{4}$ der Rente bezieht.

Wie viel Geld gibt es bei Pflegebedürftigkeit?

Die Leistungen der Pflegeversicherung sind u.a. von der jeweiligen Pflegestufe und von der Art der Pflege (häuslich oder stationär) abhängig. Nachfolgend finden Sie eine Zusammenfassung der jeweiligen Leistungen:

	Pflegestufe I	**Pflegestufe II**	**Pflegestufe III**
Häusliche Pflege:			
Monatliche Kostenerstattung (max.)	440 EUR	1.040 EUR	1.685 EUR, in Härtefällen bis 1.918 EUR
Pflegegeld (monatl.)	225 EUR	430 EUR	685 EUR
Pflegehilfsmittel (monatlich max.)	31 EUR	31 EUR	31 EUR
Zuschüsse zur Verbesserung des Wohnumfelds (max.)	2.557 EUR je Maßnahme	2.557 EUR je Maßnahme	2.557 EUR je Maßnahme
Häusliche Pflege bei Verhinderung der Pflegeperson	1.510 EUR für vier Wochen je Kalenderjahr	1.510 EUR für vier Wochen je Kalenderjahr	1.510 EUR für vier Wochen je Kalenderjahr
Stationäre Kurzzeitpflege (max.)	1.510 EUR für vier Wochen je Kalenderjahr	1.510 EUR für vier Wochen je Kalenderjahr	1.510 EUR für vier Wochen je Kalenderjahr
Stationäre Pflege	1.023 EUR	1.279 EUR	1.510 EUR Härtefall 1.750 EUR

Wichtig: Die Leistungen für die stationäre Pflege enthalten keine Unterkunfts- und Verpflegungskosten.

Wie viel Zusatzurlaub steht Schwerbehinderten zu?

Jedem Schwerbehinderten mit einem GdB von mindestens 50 steht ein Zusatzurlaub von einer Arbeitswoche zu. Umfasst die Arbeitswoche beispielsweise sechs Tage, beträgt der Anspruch auf Zusatzurlaub ebenfalls sechs Tage; bei einer Arbeitswoche von vier Tagen ergibt sich ein Anspruch auf Zusatzurlaub von vier Tagen.

Der Arbeitnehmer muss diesen Zusatzurlaub beim Arbeitgeber gegen Vorlage des Schwerbehindertenausweises geltend machen. Er kann sich dabei auf § 125 SGB IX berufen.

Wichtig: Behinderte, die schwerbehinderten Arbeitnehmern gleichgestellt sind, haben keinen Anspruch auf Zusatzurlaub.

Wo darf man mit einem Parkausweis parken?

Schwerbehinderte mit den Ausweismerkzeichen „aG" oder „Bl" können beim zuständigen Straßenverkehrsamt einen Parkausweis erhalten. Für Besitzer einer neuen blauen Parkkarte gelten in allen EU-Mitgliedstaaten dieselben Parkvergünstigungen, wie sie dort wohnhafte behinderte Personen genießen.

> **Praxis-Tipp:**
>
> Für Behinderte sind viele Parkplätze mit einem Verkehrszeichen (Rollstuhlsymbol) gekennzeichnet. Parken Sie jedoch nicht auf Plätzen, die durch den Zusatz „mit Parkausweis Nr. ..." für bestimmte Schwerbehinderte reserviert sind.

Wo Sie in Deutschland parken dürfen:

- Sie dürfen auf Straßen, auf denen das Parken – auch in Zonen – verboten ist, bis zu drei Stunden parken.
- Sie dürfen auf Straßen, auf denen das Parken – auch in Zonen – zeitlich beschränkt ist, die zugelassene Parkzeit überschreiten.

- Sie dürfen kostenlos und ohne Zeitbeschränkung auf Parkplätzen mit Parkuhren oder Parkscheinautomaten parken.
- Sie dürfen bis zu drei Stunden auf Parkplätzen für Anwohner parken.
- Sie dürfen in verkehrsberuhigten Bereichen außerhalb der gekennzeichneten Flächen parken, wenn dadurch der durchgehende Verkehr nicht behindert wird.

Wichtig: Diese Regelungen gelten nur dann, wenn in zumutbarer Entfernung keine andere Parkmöglichkeit besteht. Die höchstzulässige Parkzeit beträgt 24 Stunden.

Spielt die deutsche Staatsangehörigkeit eine Rolle für Schwerbehinderte?

Auf die deutsche Staatsangehörigkeit kommt es hier grundsätzlich nicht an. Bei Ausländern ist es jedoch erforderlich, dass eine Aufenthaltserlaubnis oder Niederlassungserlaubnis bzw. eine Aufenthaltsgestattung zur Durchführung des Asylverfahrens erteilt wurde.

Hilfreiche Adressen

17

Adressen der Stadtverwaltungen nach Bundesländern

Baden-Württemberg:
Stadtverwaltung Stuttgart
Eberhardstr. 35–39
70173 Stuttgart
Tel.: (07 11) 21 60

Bayern:
Stadtverwaltung München
Marienplatz 8
80466 München
Tel.: (0 89) 2 33 00

Berlin:
Stadt Berlin
Friedrichstr. 219
10958 Berlin
Tel.: (0 30) 9 02 69-22 00

Brandenburg:
Stadtverwaltung Potsdam
Friedrich-Ebert-Str. 79/81
14469 Potsdam
Tel.: (03 31) 28 90

Bremen:
Stadtamt Bremen
Stresemannstr. 48
28207 Bremen
Tel.: (04 21) 3 61-0

Hamburg:
Stadtverwaltung Hamburg
Amsinckstr. 28
20097 Hamburg
Tel.: (0 40) 42 83-1 24 11

Hessen:
Stadtverwaltung Wiesbaden
Schlossplatz 6
65183 Wiesbaden
Tel.: (06 11) 3 11

Mecklenburg-Vorpommern
Stadtverwaltung Schwerin
Am Packhof 2–6
19053 Schwerin
Tel.: (03 85) 54 50

Niedersachsen:
Stadtverwaltung Hannover
Trammplatz 2
30159 Hannover
Tel.: (05 11) 16 80

Nordrhein-Westfalen:
Stadtverwaltung Düsseldorf
Willi-Becker-Allee 7
40227 Düsseldorf
Tel.: (02 11) 89 91

Rheinland-Pfalz:
Stadtverwaltung Mainz
Kaiserstr. 3–5
55116 Mainz
Tel.: (0 61 31) 12-0

Saarland:
Stadtverwaltung Saarbrücken
Rathausplatz 1
66111 Saarbrücken
Tel.: (06 81) 90 50

Sachsen:
Stadtverwaltung Dresden
Theaterstraße 11
01067 Dresden
Tel.: (03 51) 4 88 60 70

Sachsen-Anhalt:
Stadtverwaltung Magdeburg
Alter Markt 1
39104 Magdeburg
Tel.: (03 91) 54 00

Schleswig-Holstein:
Stadtverwaltung Kiel
Fleethörn 9–17
24103 Kiel
Tel.: (04 31) 90 10

Thüringen:
Stadtverwaltung Erfurt
Fischmarkt 1
99084 Erfurt
Tel.: (03 61) 65 50

Adressen der zuständigen Behörden für Schwerbehindertenangelegenheiten

Baden-Württemberg:
Die Aufgaben des Landesversorgungsamts sind am 1.1.2005 auf das Regierungspräsidium Stuttgart, die Aufgaben der Versorgungsämter auf die 35 Landratsämter übergegangen. Alle Anträge, zu denen noch kein Bescheid erteilt worden ist, werden ab 3.1.2005 von dem für den Wohnort des Antragstellers zuständigen Landratsamt weiter bearbeitet:
Regierungspräsidium Stuttgart
Abteilung 10 – Landesversorgungsamt
Ruppmannstr. 21
70565 Stuttgart
Tel.: (07 11) 90 41 10 00

Bremen:
Versorgungsamt
Friedrich-Rauers-Str. 26
28195 Bremen
Tel.: (04 21) 3 61 55 41

Hessen:
Hessisches Amt für Versorgung und Soziales
John-F.-Kennedy-Str. 4
65189 Wiesbaden
Tel.: (06 11) 7 15 70

Bayern:
Zentrum Bayern Familie und Soziales – Region Oberbayern 1
Richelstr. 17
80634 München
Tel.: (0 89) 13 06 20

Berlin:
Landesamt für Gesundheit und Soziales
Versorgungsamt/Kundencenter
Albrecht-Achilles-Str. 62–65
10709 Berlin
Tel.: (0 30) 90 12-64 64

Brandenburg:
Amt für Soziales und Versorgung
Zeppelinstr. 48
14471 Potsdam
Tel.: (03 31) 2 76 10

Hamburg:
Versorgungsamt Hamburg
Adolph-Schönfelder-Str. 5
22083 Hamburg
Tel.: (0 40) 42 86 30

Mecklenburg-Vorpommern:
Versorgungsamt Schwerin
Friedrich-Engels-Str. 47
19061 Schwerin
Tel.: (03 85) 3 99 10

Niedersachsen:
Versorgungsamt Hannover
Am Waterlooplatz 11
30169 Hannover
Tel.: (05 11) 10 60

Rheinland-Pfalz:
Landesamt für Soziales,
Jugend und Versorgung
Am Rodelberg 21
55131 Mainz
Tel.: (0 61 31) 96 70

Sachsen-Anhalt:
Amt für Versorgung
und Soziales
Halberstädter Str. 39a
39112 Magdeburg
Tel.: (03 91) 6 27 30 00

Sachsen:
Amt für Versorgung
und Soziales
Strehlener Str. 24
01069 Dresden
Tel.: (03 51) 87 32 00

Schleswig-Holstein:
Landesamt für Soziale Dienste
Steinmetzstr. 1–11
24534 Neumünster
Tel.: (0 43 21) 91 35

Nordrhein-Westfalen:
Die Aufgaben der Vorsorgungsämter sind
auf die Städte und
Kreise übergegangen.
Versorgungsamt Düsseldorf
Erkrather Str. 339
40231 Düsseldorf
Tel.: (02 11) 4 58 40

Saarland:
Landesamt für Jugend,
Soziales und Versorgung
Saarbrücken,
Hochstr. 67
66115 Saarbrücken
Tel.: (06 81) 9 97 80

Thüringen:
Landesamt für Soziales
und Familie
Abteilung 3 – Versorgung
und Integrationsamt
Karl-Liebknecht-Str. 4
98527 Suhl
Tel.: (0 36 81) 73 32 22

Hilfreiche Internet-Adressen

Agenturen für Arbeit: www.arbeitsagentur.de

Allgemeiner Behindertenverband in Deutschland e.V. (ABID): www.abbev.de

Arbeitsgemeinschaft Deutscher Verkehrsflughäfen: www.adv-net.org

Baden-Württemberg: Ministerium für Arbeit und Soziales: www.service-bw.de und: www.familienratgeber.de

Bayern: www.zentrum.bayern.familie.und.soziales.de

Behinderte mobil: www.adac.de

Berlin: Landesamt für Gesundheit und Soziales: www.versorgungsamt.de

Blindenverband: www.blindenverband.berlin.de

Brandenburg: Landesamt für Soziales und Versorgung: www.amt.für.soziales.und.versorgung.brandenburg.de

Bremen: Versorgungsamt Bremen: www.versorgungsamt.bremen.de

Bund behinderter Autobesitzer e. V. www.bbab.de

Bundesarbeitsgemeinschaft der Integrationsämter und Hauptfürsorgestellen (BIH): www.integrationsämter.de

Bundesarbeitsgemeinschaft Selbsthilfe von Menschen mit Behinderung und chronischer Erkrankung und ihren Angehörigen e. V.: www.bagh-selbsthilfe.de

Bundesministerium für Arbeit und Soziales: www.bmas.bund.de

Bundespräsidialamt: www.bundespräsident.de

Bundesvereinigung Lebenshilfe für Menschen mit geistiger Behinderung: www.lebenshilfe.de

Deutscher Gehörlosen-Bund e. V.: www.gehoerlosen-bund.de

Deutscher Blinden- und Sehbehindertenverband e. V. Berlin: www.dbsv.org

Deutsches Studentenwerk; Informations- und Beratungsstelle Studium und Behinderung: www.studentenwerke.de

Gehörlosen/Hörgeschädigten-Service
E-mail: info.gehörlos@bmas.de
Hamburg: www.versorgungsamt.hamburg.de
Hessen: www.versorgungsamt.hessen.de
Integrationsämter der jeweiligen Bundesländer:
www.integrationsaemter.de
Landeshauptstadt Dresden: sozialamt@dresden.de
Landeshauptstadt Wiesbaden: www.wiesbaden-barrierefrei.de
Mecklenburg-Vorpommern: www.versorgungsamt.schwerin.de
Ministerium für Arbeit und Soziales Baden-Württemberg:
www.sozialministerium-bw.de
Mobilitätsservicezentrale der Deutschen Bahn:
www.bahn.de/handicap
Niedersachsen:
www.landesamt.für.zentrale.soziale.aufgaben.de.
Nordrhein-Westfalen, Ministerium für Arbeit und Soziales:
www.service-nrw.de
Rentenversicherungsträger:
www.deutsche-rentenversicherung.de
Rheinland-Pfalz: www.versorgungsamt.koblenz.de
Saarland: www.ljvs.saarland.de
Sachsen: www.amt.für.familie.und.soziales.chemnitz.de
Sachsen-Anhalt: www.versorgungsamt.sachsen-anhalt.de
Schleswig-Holstein: www.landesamt.schleswig-holstein.de
Thüringen:
www.landesamt.für.soziales.und.familie.thüringen.de

Anmerkung: Die Aufgaben aller aufgelösten Versorgungsämter sind auf die Städte und Kreise übergegangen. Ansonsten finden Sie hilfreiche Internetadressen unter „Ministerium für Arbeit, Gesundheit und Soziales des jeweiligen Bundeslandes".

Stichwortverzeichnis